고교학점제와 최신 의대면접 핵심 전략

따라 하면 합격하는 실전 의대 입시

고교학점제와 최신 의대면접 핵심 전략

따라 하면 합격하는 실전 의대 입시

펴낸날 2023년 6월 10일 1판 1쇄

지은이 송민호
펴낸이 김영선
편집주간 이교숙
책임교정 나지원
교정·교열 정아영, 이라야
경영지원 최은정
디자인 박유진·현애정
마케팅 신용천

펴낸곳 (주)다빈치하우스-미디어숲
주소 경기도 고양시 덕양구 청초로 66 덕은리버워크지산 B동 2007호~2009호
전화 (02) 323-7234
팩스 (02) 323-0253
홈페이지 www.mfbook.co.kr
이메일 dhhard@naver.com (원고투고)
출판등록번호 제 2-2767호

값 22,000원
ISBN 979-11-5874-192-1 (43370)

따라 하면
합격하는

실전

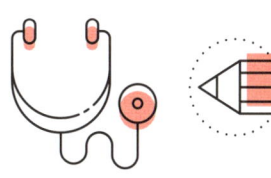

의대

고교학점제와
최신 의대면접 핵심 전략

입시

A medical school entrance examination

송민호 지음

미디어숲

추천사

　제4차 산업혁명 시대가 도래하면서 의료인에게 요구되는 능력은 한층 강화되었다. 인간과 기술 그리고 사회에 대한 이해를 통합적으로 할 수 있는 인재야말로 의료 현장에 필요할 것이다. 실제로 학교 현장에서 보면 인성이 바르고 남들과 협력하면서 학습부문에서 최고의 성취를 보이는 학생들이 의대를 목표로 공부하고 있다. 『따라 하면 합격하는 실전 의대 입시』는 이런 보석 같은 학생들에게 진학의 방향을 제시하고 자신의 목표를 이루려는 동기를 부여하는 역할을 하는 책으로써 가치가 있다.

정영우, 용인한국외국어대부속고 교감

　실제 의료상황에서는 윤리적 딜레마 해결능력, 과학적 추론능력, 촌각을 다투는 상황에서의 정확한 의료판단 능력 등 종합적 사고력을 필요로 하며, 환자를 관심과 애정으로 대할 줄 알아야 한다. 이는 평소 일상생활에서 길러야 하는 자질이며, 특히 의대 MMI면접에서 평가된다. 의대 지원자들이 책에서 소개된 면접이론과 기출문제 등을 참고하여 의료인에게 필요한 자질과 태도를 길러 성숙한 인격을 지닌 의료인이 되기를 희망한다.

강승희, 서울아산병원 피부과 전문의 겸 외래교수

　의료인에게 요구되는 자질은 지적 호기심이다. 의료현장에서 보면 변형되거나 새로운 형태로 나타나는 질병들이 존재한다. 그럴 때마다 질병에 대한 관심과 연구 그리고 치료법에 대한 고민을 평소에 할 줄 알아야 한다. 특히 이 책에 소개된 의대면접 콘텐츠와 인터뷰 모음을 읽어보면서 의료기술의 발전과정을 이해하는 활동을 하며 의료 분야에 대한 진로 의식을 굳건히 하기를 바란다.

최석진, 삼성서울병원 피부과 전문의 겸 외래교수

프롤로그

이 책은 의대 합격자들의 사례 분석, 학교생활기록부 준비와 작성 방법, 그리고 고교학점제를 활용하는 방법을 제시함으로써 2024학년도 의대 입시를 준비하는 데 도움이 될 수 있는 내용을 담았습니다. 특히 대입 수시전형에서 교사 추천서와 자기소개서가 없어짐으로써 내신과 학교생활기록부 내용 평가라는 두 가지가 핵심평가 요소가 되었습니다. 정시전형에서도 서울대의 경우, 지역균형 전형에서 생활기록부의 내용을 평가에 반영하기 때문에 생활기록부의 중요성은 더욱 높아졌습니다. 동시에 2025년부터 고교학점제가 전국의 고등학교에 도입되고 고교학점제에서 배우는 내용이 생활기록부에 기재됩니다. 그러므로 학교생활기록부 내의 학생활동의 기초가 되는 것은 고교학점제에서 선택한 과목과 그에 따른 활동 내용입니다.

이 책을 활용하는 방법

이 책은 6개의 파트로 구성되어 있습니다.

첫 번째 파트에서는 의대 입시구조를 다루었습니다. 수시 및 정시전형의 선발 인원부터 전형까지 총망라하였습니다. 기본적으로 수시전형과 정시전형의 구분을 이해하고 자신에게 유리한 전형을 선택하는 것이 일반적인 방법입니다. 의대는 수능 최저학력 기준이 높기 때문에 결국 수시와 정시를 모두 균형 있게 준비하는 것이 의대 수험생에게 요구됩니다. 따라서 어떤 전형 위주로 준비할 것인지 선택하고 집중하는 '포커스형'으로 입시 전략을 설계하는 것이 아니라, 수시부터 정시까지 어떻게 균형 있게 준비할 것인지 '균형형'으로 입시 전략을 설계하기를 권합니다.

두 번째 파트에서는 서울대에서 발표한 새로운 지식론을 바탕으로 학교생활기록부의 활동 방향과 평가 기준에 대해서 알아보게 됩니다.

지식의 발전사를 볼 때, 단순히 지식을 얻는 것에서부터 지식을 자신의 것으로 바꾸는 단계, 그 이후에는 깊이 있는 학습을 할 수 있는 원동력으로써 지식을 바라볼 수 있습니다. 특히 Chat-GPT 시대가 도래하면서 인공지능에 기반한 데이터 서치가 활성화될 것입니다. 그러므로 단순히 새로운 지식을 가져와서 소개자료 형태로 제시하거나, 그것을 전달하는 수준으로 공부해서는 수준 높은 학습이라고 보기 어렵습니다. 의대 지원자들은 최상위권 학습자들이므로 그들에게 적합한 공부 방향을 제시하는 것이 필요합니다.

일부 수험생들 중에는 고등학생이 되어서도 중학생 시절처럼 여전히 자신의 머리만을 믿고 공부하는 경향이 있습니다. 하지만 고등학교부터는 학습량이 많아지기 때문에 단순 암기로는 감당하기 어려운 학습량을 소화해 내야 합니다. 이 과정에서 핸드폰이나 컴퓨터 기기 사용은 의대 합격이라는 목표를 이루는 데 걸림돌이 될 수 있습니다. 이렇게 학습의 어려움을 겪는 이들을 위한 조언을 세 번째 파트에 담았습니다.

한편, 시험 울렁증이 있는 최상위권 수험생도 있습니다. 학교 내신은 잘 치르는데 모의고사에서는 실수를 종종 하는 친구, 또는 그 반대로 모의고사는 잘 치르는데 내신을 잘 못 치르는 친구들이 있습니다. 이들에게 필요한 마인드 세팅 가이드도 담았습니다.

네 번째 파트에서는 '깊이 있는 학습'을 하기 위한 독서법을 다루었습니다. 수시 학생부종합전형에서 독서 항목이 평가대상에서 빠졌습니다. 그러다 보니 수행평가 중 일부러 독서 후 독후감을 제출하는 과제를 수행하고 있습니다.

독서는 인간이 지식을 얻는 방법 중 효율적이고 학습 능력을 향상시키는 데 도움을 주는 유익한 방법입니다. 따라서 '깊이 있는 학습'이라는 최근 서류평가의 요소를 반영하여 독서하는 사례를 제공합니다. 이는 깊이 있는 학습 역량이 첨가된 독후감을 읽어보면서 스스로 생각하는 법을 깨닫게 되고, 또 이를 통해 더 나은 형태로 자신만의 깊이 있는 학습과 독서를 할 수 있도록 돕습니다.

다섯 번째 파트에서는 의과대학 지원자에게 인사이트를 줄 수 있는 학교생활기록부 콘텐츠 예시를 담았습니다. 학교 수업에서 가르치는 내용을 바탕으로 활동하다 보면 단순해지거나 교과 내용을 반복하는 경향이 있습니다. 이를 넘어서기 위해서는 최신 의학 동향을 파악하여 반영하거나 의료와 관련된 주제 여러 개를 융합한 콘텐츠를 만들 수 있어야 합니다. 여기서는 두 가지 영역에서 콘텐츠를 가져와 융합형으로 만드는 과정과 사례를 보여드립니다. 이러한 콘텐츠를 접하다 보면 자연스럽게 자신만의 콘텐츠를 만들 수 있습니다.

이 책에서는 돌봄사업과 융합의학이라는 최신 트렌드를 반영한 융합 콘텐츠를 선보일 예정입니다. 특히, 일부 의대에서는 의료벤처, 의과학자라는 새로운 직업군을 접해 보기를 권하고 있습니다. 보다 열린 사고로 진로 콘텐츠를 만들어야 할 시대가 되었습니다.

여섯 번째 파트에서는 의대 MMI면접을 대비할 수 있게 구성하였습니다. 특히 7일 동안 기본기를 마스터할 수 있도록 내용이 정리되어 있어서 면접을 준비하는 학생들에게 도움이 될 것입니다.

이 책에 나온 기본원리를 이해한 뒤, 시사 내용, 기출문제, 그리고 새로운 의학 트렌드를 반영한 콘텐츠를 많이 접해 봐야 합니다. 그리고 그 내용들을 면접 문항으로 만들어보는 연습을 해 보기를 권합니다. 이런 연습을 할 수 있도록 부록에 '예비 의과대학생을 위한 사고훈련 워크시트'를 넣었습니다. 워크시트에는 읽을거리와 함께 의학적 사고를 형성하는 데 도움이 되는 단문형, 서술형 문제 등이 담겨 있습니다. 그리고 제시문을 어떻게 해석해야 하는지 구체적으로 설명해 놓았습니다. 처음에는 생소할 수 있지만 여러 번 읽어보고 관련된 미디어 자료들을 찾아본다면 목표한 성과를 낼 수 있을 것입니다.

Chat-GPT 시대, 성공적인 입시를 위하여

의대 입시는 기본적으로 최상위권의 경쟁입니다. 수능점수로만 생각하면 상위 0.1% 안에 들어야 의대 입학이 가능합니다. 따라서 기본적인 학업 역량과 제대로 된 학습 습관은 의대 지원자들에게 요구하는 기본사항일 것입니다.

Chat-GPT 시대에는 경쟁의 방식이 달라지게 됩니다. 기존에는 많은 정보와 최신 정보를 익혀서 단순히 보고서를 작성하거나 활동하는 데 그쳤습니다. 그런데 인공지능 기술이 발달하게 되면서 그러한 일들은 누구나 집에서 컴퓨터를 통해 처리할 수 있게 되었습니다. 이제는 남과 다른 '창의성이 가미된 활동'과 결과물이 주된 평가의 대상이 될 것입니다.

따라서 정보를 논리와 비판적 사고를 통해 이해한 뒤, 이를 창의적으로 재가공하거나 새로운 아이디어를 첨가하는 등의 노력이 필요합니다. 이를 위해서는 학생 스스로 읽고 생각하는 연습이 필요합니다.

의대 수험생들은 극단적인 효율성을 추구하는 경향이 있습니다. 즉, 모든 시간을 공부하는 시간으로 채우는 것입니다. 그러나 창의성은 극단적 효율성을 추구하는 과정에서는 나타나기 힘듭니다. 여유를 가지고 지속적인 노력을 하는 태도와 그에 걸맞은 독서력 등이 뒷받침되어야 합니다.

입시는 정보전입니다. 의대마다 '전형 방법'이 다르고, 원하는 '인재상'이 다릅니다. 그리고 동일한 점수대라도 다른 결과가 나타날 수 있습니다. 따라서 지원자들은 '피해 최소화 전략'이나 '이익 극대화 전략' 중 하나를 선택하거나 시기별로 다른 선택을 해야 합니다.

피해 최소화 전략은 학생이 가진 스펙을 활용하여 평균적으로 낮은 수준의 의대에 합격하는 것을 방지하는 것입니다. 이익 극대화 전략은 학생이 가진 스펙을 활용하여 평균적으로 높은 수준의 의대에 합격할 수 있도록 노력하는 것입니다. 이 두 가지 전략을 구사하기 위해 이 책의 내용이 조금이나마 도움이 되기를 희망합니다.

저자 송민호

 **차례**

PART 6 의대면접의 원리와 준비법

부록

PART 1

의대 입시 구조 파악

A medical school entrance examination

대입 수시 및 정시 전형별 선발인원

2022~2024 수시 및 정시전형 모집인원 비교(정원 외 전형 포함)

구분	2024학년도			2023학년도			2022학년도		
	수시	정시	계	수시	정시	계	수시	정시	계
의예	1,930	1,171	3,101	1,878	1,209	3,087	1,854	1,197	3,051

2024학년도 의대 입시전형에서는 정시 모집과 학생부 위주 전형이 큰 비중을 차지합니다. 전체 인원 3,101명 중 정시 모집 인원은 1,171명, 수시전형에서는 학생부교과 943명, 학생부종합 869명, 논술 118명을 모집합니다. 수시모집 비중이 2023학년도에 비해 늘어났습니다.

의예과의 경우 수시 학생부 위주 전형에서도 일부 대학을 제외하고 높은 수능 최저학력 기준을 적용한 대학이 많습니다. 따라서 의예과 진학을 목표로 한다면, 학생부와 수능을 함께 준비해야 합니다. 의예과 논술전형을 시행하는 대학은 10개교로 지난해와 동일하며 모두 수능 최저학력 기준을 반영합니다. 단, 울산대 의예과는 일반전형 논술은 폐지하고 지역인재 전형을 논술로 선발합니다.

정시 모집의 경우 가군 491명(지난해 558명), 나군 512명(지난해 483명), 다군 168명(지난해와 동일)을 선발합니다. 가군 모집인원이 줄고 나군 모집인원이 늘었습니다. 가군 모집대학으로는 연세대, 가톨릭대, 울산대, 성균관대, 고려대, 한양대 등이 있으며, 나군에는 서울대, 경희대, 이화여대, 중앙대, 연세대(미래),

아주대, 한림대 등이 있습니다. 다군에는 인하대, 순천향대, 단국대(천안) 등이 있습니다.

일러두기

수(확) = 수능 수학 확률과 통계 선택
수(미) = 수능 수학 미적분 선택
수(기) = 수능 수학 기하 선택
수(미/기) = 수능 수학 미적분 또는 기하 중 1과목 선택

과(1) = 수능 과학탐구 1과목 등급 또는 점수 반영
과(2) = 수능 과학탐구 2과목 등급 또는 점수 반영

과학탐구 서로 다른 2과목 : 물리I, 지구과학I 또는 생명과학I, 화학II처럼 과목명이 다른 2과목을 선택하라는 의미
단, 물리I과 물리II와 같이 동일한 탐구영역을 선택한 학생은 지원할 수 없음

2024학년도
수시전형 총정리

※ 반드시 대학별 최종 입시전형 안을 확인 바랍니다.

의예과

학생부 교과(의예과)

대학명	전형명	모집 단위	모집 인원	전형 방법	수능 최저학력기준
가천대 (메디컬)	학생부 우수자	의예과	5	학생부교과100	국, 수(미/기), 영, 과(2) 중 3개 각 1등급
	농어촌 (교과)	의예과	1	학생부교과100	국, 수(미/기), 영, 과(2) 중 3개 등급합 4
가톨릭 관동대	강원인재	의예과	10	학생부교과100	국, 수(미/기), 영, 과(2) 중 3개 등급합 5
	교과일반	의예과	8	학생부교과100	국, 수(미/기), 영, 과(2) 중 3개 등급합 4
	기초생활 수급자및 차상위 (정원외)	의예과	2	학생부교과100	국, 수(미/기), 영, 과(2) 중 3개 등급합 5
	기회균형	의예과	2	학생부교과100	국, 수(미/기), 영, 과(2) 중 3개 등급합 5
	농어촌학생 (정원외)	의예과	2	학생부교과100	국, 수(미/기), 영, 과(2) 중 3개 등급합 5
가톨릭대 (성의)	지역균형	의예과	10	학생부교과100 +인적성면접	국, 수(미/기), 영, 과(2) 4개 등급합 5, 한 4등급

강원대	일반전형	의예과	10	학생부교과100	국, 수(미/기), 과1, 과2 중 3개 등급합 5(수/과(1) 포함), 영 2등급 ※과탐 서로 다른 2과목
	지역인재	의예과	14	학생부교과100	국, 수(미/기), 과1, 과2 중 3개 등급합 6(수/과(1) 포함), 영 2등급 ※과탐 서로 다른 2과목
	지역인재 (저소득층)	의예과	1	학생부교과100	국, 수(미/기), 과1, 과2 중 3개 등급합 6(수/과(1) 포함), 영 2등급 ※과탐 서로 다른 2과목
건국대 (글로컬)	농어촌학생 (정원외)	의예과	2	1단계: 학생부교과100 2단계: 학생부교과80 +면접20	국, 수(미/기), 영, 과(2) 중 3개 등급합 5, 한 4등급
	지역인재 (기초생활및 차상위)	의예과	1	1단계: 학생부교과100 2단계: 학생부교과80 +면접20	국, 수(미/기), 영, 과(2) 중 3개 등급합 5 한 4등급
	지역인재특별	의예과	12	1단계: 학생부교과100 2단계: 학생부교과80 +면접20	국, 수(미/기), 영, 과(2) 중 3개 등급합 4, 한 4등급
건양대 (메디컬)	농어촌학생 (정원외)	의학과	2	1단계: 학생부교과100 2단계: 학생부교과80 +면접20	국, 수, 영, 과(2) 3개 등급합 5
	일반학생 (면접)	의학과	5	1단계: 학생부교과100 2단계: 학생부교과80 +면접20	
	일반학생 (최저)	의학과	10	1단계: 학생부교과100 2단계: 학생부교과80 +면접20	국, 수, 영, 과(2) 3개 등급합 4
	지역인재 (기초)	의학과	2	1단계: 학생부교과100 2단계: 학생부교과80 +면접20	국, 수, 영, 과(2) 3개 등급합 5
	지역인재 (면접)	의학과	10	1단계: 학생부교과100 2단계: 학생부교과80 +면접20	
	지역인재 (최저)	의학과	10	1단계: 학생부교과100 2단계: 학생부교과80 +면접20	국, 수, 영, 과(2) 3개 등급합 5

경북대	사회통합	의예과	2	학생부교과80+서류20	
	지역인재 (교과)	의예과	12	학생부교과80+서류20	국, 수(미/기), 영, 과(2) 중 3개 등급합 4(과탐 포함)
	지역인재 (기초생활)	의예과	3	학생부교과80+서류20	국, 수(미/기), 영, 과(2) 중 3개 등급합 4(과탐 포함)
경상대 (칠암)	일반전형 (교과)	의예과	11	학생부교과100	국, 수(미/기), 영, 과(1) 중 수포함 3개 등급합 4
	지역인재 (교과)	의예과	32	학생부교과100	국, 수(미/기), 영, 과(1) 중 수포함 3개 등급합 6
경희대	지역균형	의예과	18	학생부교과56 +교과종합30+출결7 +봉사7	국, 수(미/기), 영, 과(1) 중 3개 등급합 4, 한 5등급
계명대 (성서)	일반 (교과)	의예과	12	1단계: 학생부교과80 +출결20 2단계: 학생부교과72 +출결18 +다중인적성면접10	국, 영, 수(미/기), 과(1) 중 3개 등급합 3 ※수학 및 과탐 2과목 필수 응시
	지역인재 (교과)	의예과	28	1단계: 학생부교과80 +출결20 2단계: 학생부교과72 +출결18 +다중인적성면접10	국, 영, 수(미/기), 과(1) 중 3개 등급합 3 ※수학 및 과탐 2과목 필수 응시
	지역기회균형	의예과	2	1단계: 학생부교과80 +출결20 2단계: 학생부교과72 +출결18 +다중인적성면접10	국, 영, 수(미/기), 과(1) 중 3개 등급합 4 ※수학 및 과탐 2과목 필수 응시
고려대	학교추천	의과대학	18	학생부교과80+서류20	국, 수(미/기), 영, 과(2) 4개 등급합 5 및 한 4등급
고신대 (송도)	농어촌 (정원외)	의예과	3	1단계: 학생부교과100 2단계: 학생부교과90 +면접10	국, 수, 영, 과(1) 중 수 포함 3개 등급 합 5, 확률과통계선택시최종평균등급+0.4
	일반고	의예과	25	1단계: 학생부교과100 2단계: 학생부교과90 +면접10	국, 수, 영, 과(1) 중 수 포함 3개 등급 합 4, 확률과통계선택시최종평균등급+0.4

대학	전형	모집단위	인원	전형방법	수능최저학력기준
고신대 (송도)	지역인재	의예과	25	1단계: 학생부교과100 2단계: 학생부교과90 +면접10	국, 수, 영, 과(1) 중 수 포함 3개 등급 합 4, 확률과통계선택시최종평균등급+0.4
대구 가톨릭대	교과우수자	의예과	5	1단계: 학생부교과80 +출결20 2단계: 학생부교과64 +출결16+면접20	국, 수(미/기), 영, 과(2) 중 3개 등급합 4
	농어촌학생 (정원외)	의예과	2	학생부교과80+출결20	국, 수(미/기), 영, 과(2) 중 3개 등급합 4
	지역교과 우수자	의예과	18	1단계: 학생부교과80 +출결20 2단계: 학생부교과64 +출결16+면접20	국, 수(미/기), 영, 과(2) 중 3개 등급합 4
	지역기회균형	의예과	1	1단계: 학생부교과80 +출결20 2단계: 학생부교과64 +출결16+면접20	국, 수(미/기), 영, 과(2) 중 3개 등급합 4
동국대 (경주)	기회균형1 (지역인재)	의예과	1	학생부교과100	국, 수, 영, 과(1) 3개 등급합 4
	교과	의예과	10	학생부교과100	국, 수(미/기), 과(1) 등급합 4
	농어촌 (정원외)	의예과	2	학생부교과100	국, 수, 영, 과(1) 3개 등급합 4
	불교추천 인재	의예과	1	학생부교과100	국, 수, 영, 과(1) 3개 등급합 4
	지역인재 (교과)	의예과	10	학생부교과100	국, 수, 영, 과(1) 3개 등급합 4
동아대 (구덕)	지역인재 교과	의예과	18	학생부교과100	국, 수(미/기), 영, 과(1) 4개 등급합 6
부산대 (양산)	학생부교과 (지역)	의예과	30	학생부교과80 +학업역량평가20	국, 수(미/기), 영, 과(2) 중 수포함 3개 등급합 4, 한 4등급
순천향대	교과우수자	의예과	18	학생부교과100	국, 수, 영, 사/과(2) 등급합 6, 확통 0.5등급 하향, 사탐 0.5등급 하향
	메타버스	의예과	31	학생부교과100	국, 수, 영, 사/과(2) 등급합 6, 확통 0.5등급 하향, 사탐 0.5등급 하향

대학	전형	모집단위	인원	전형방법	수능최저학력기준
순천향대	지역인재 (기초생활 수급자및 차상위계층)	의예과	3	학생부교과100	국, 수, 영, 사/과(1) 등급합 6, 확통 0.5등급 하향, 사탐 0.5등급 하향
연세대	학생부교과 (추천)	의예과	18	1단계: 학생부교과100 2단계: 학생부교과70 +면접30	
연세대 (미래)	교과우수자	의예과	19	학생부교과80+면접20	국, 영, 수(미/기), 과1, 과2 중 4개 등급합 5, 영 2등급, 한 4등급
영남대 (대구)	기회균형2 (의약)	의예과	2	학생부교과90+출결10	국, 수(미/기), 영, 과(1) 중 3개 등급합 5, 한 4등급
	농어촌학생 (정원외)	의예과	3	학생부교과90+출결10	국, 수(미/기), 영, 과(1) 중 3개 등급합 4, 한 4등급
	의학창의 인재	의예과	8	1단계: 학생부교과90 +출결10 2단계: 학생부교과63 +출결7+면접30	국, 수(미/기), 영, 과(1) 등급합 5, 한 4등급
	일반학생	의예과	8	학생부교과90+출결10	국, 수(미/기), 영, 과(1) 등급합 5, 한 4등급
	지역인재	의예과	23	학생부교과90+출결10	국, 수(미/기), 영, 과(1) 등급합 5, 한 4등급
을지대	기회균형1 (정원외)	의예과	2	학생부교과95 +인성면접5	국, 수, 영, 과(1) 등급합 6
	기회균형2	의예과	1	학생부교과95 +인성면접5	국, 수, 영, 과(1) 등급합 6
	농어촌학생 (정원외)	의예과	2	학생부교과95 +인성면접5	국, 수, 영, 과(1) 등급합 6
	지역균형	의예과	5	학생부교과95 +인성면접5	국, 수, 영, 과(1) 등급합 5
	지역의료인재	의예과	19	학생부교과95 +인성면접5	국, 수, 영, 과(1) 등급합 6
인제대 (부산)	기초생활 수급권자 (정원외)	의예과	4	1단계: 학생부교과100 2단계: 학생부교과80 +면접20	국, 수(미/기), 과(1) 4개 각 2등급

대학	전형	모집단위	인원	전형방법	수능최저학력기준
인제대 (부산)	의예	의예과	28	1단계: 학생부교과100 2단계: 학생부교과80 +면접20	국, 수(미/기), 과(1) 4개 각 2등급
	지역인재1	의예과	28	1단계: 학생부교과100 2단계: 학생부교과80 +면접20	국, 수(미/기), 과(1) 4개 각 2등급
인하대	지역균형	의예과	9	학생부교과100	국, 수(미/기), 영, 과(2) 중 3개 각 1등급
전남대	농어촌학생 (정원외)	의예과	2	학생부교과100	국, 수(미/기), 영, 과(2) 수포함 3개 등급합 6
	지역기회균형	의예과	3	학생부교과100	국, 수(미/기), 영, 과(2) 수포함 3개 등급합 6
	지역인재	의예과	78	학생부교과100	국, 수(미/기), 영, 과(2) 수포함 3개 등급합 5
전북대	일반학생	의예과	19	학생부교과100	국, 수(미/기), 영, 과(2) 등급합 5
	지역인재1	의예과	14	학생부교과100	국, 수(미/기), 영, 과(2) 등급합 6
	지역인재2	의예과	46	학생부교과100	국, 수(미/기), 영, 과(2) 등급합 6
	지역인재기회균형	의예과	3	학생부교과100	국, 수(미/기), 영, 과(2) 등급합 6
제주대	고른기회 (교과) (정원외)	의예과	2	학생부교과100	국, 수(미/기), 영, 과(2) 중 수포함 3개 등급합 6
	일반학생 (교과)	의예과	8	학생부교과100	국, 수(미/기), 영, 과(2) 중 수포함 3개 등급합 6
	지역인재	의예과	12	학생부교과100	국, 수(미/기), 영, 과(2) 중 수포함 3개 등급합 6
조선대	일반전형 (교과)	의예과	16	학생부교과90+출결10	국, 수(미/기), 영, 과(1) 3개 등급합 5
	지역기회균형	의예과	3	학생부교과90+출결10	국, 수(미/기), 영, 과(1) 3개 등급합 6
	지역인재 (교과)	의예과	40	학생부교과90+출결10	국, 수(미/기), 영, 과(1) 3개 등급합 5
충남대	일반전형	의예과	23	학생부교과100	국, 수(미/기), 영, 과(2) 중 수포함 3개 등급합 4

대학명	전형명	모집단위	모집인원	전형 방법	수능 최저학력기준
충남대	지역인재	의예과	20	학생부교과100	국, 수(미/기), 영, 과(2) 중 수포함 3개 등급합 4
	지역인재 (저소득)	의예과	3	학생부교과100	국, 수(미/기), 영, 과(2) 중 수포함 3개 등급합 4
충북대	지역경제배려 대상자	의예과	1	학생부교과100	국, 수(미/기), 영, 과(2) 중 수포함 3개 등급합 5
	지역인재	의예과	7	학생부교과100	국, 수(미/기), 영, 과(2) 중 수포함 3개 등급합 5
	학생부교과	의예과	4	학생부교과100	국, 수(미/기), 영, 과(2) 중 수포함 3개 등급합 4

학생부 종합(의예과)

대학명	전형명	모집단위	모집인원	전형 방법	수능 최저학력기준
가천대 (메디컬)	가천의약학	의예과	20	1단계: 서류100, 2단계: 서류50+면접50	국, 수(미/기), 영, 과(2) 중 3개 각 1등급
가톨릭 관동대	CKU종합	의학과	8	1단계: 서류100, 2단계: 서류70+면접30	국, 수(미/기), 영, 과(2) 중 3개 등급합 5
	가톨릭 지도자추천	의학과	2	1단계: 서류100, 2단계: 서류70+면접30	국, 수(미/기), 영, 과(2) 중 3개 등급합 5
가톨릭대 (성의)	가톨릭 지도자추천	의예과	2	1단계: 서류100, 2단계: 서류70+면접30	
	학교장 추천자	의예과	25	1단계: 서류100, 2단계: 서류70+면접30	국, 수(미/기), 영, 과(2) 3개 등급합 4, 한 4등급
강원대	미래인재2	의예과	9	1단계: 서류100, 2단계: 면접40+서류60	
건국대 (글로컬)	Cogito 자기추천	의예과	12	1단계: 서류100, 2단계: 면접30+서류70	국, 수(미/기), 영, 과(2) 중 3개 등급합 4등급, 한 4등급
경북대	일반학생 (종합)	의예과	22	서류100	국, 수(미/기), 영, 과(2) 중 3개 등급합 3(과탐 포함)
	지역인재 (종합)	의예과	39	1단계: 서류100, 2단계: 서류70+면접30	국, 수(미/기), 영, 과(2) 중 3개 등급합 3(과탐 포함)

경상대 (칠암)	기초생활 수급자등	의예과	2	1단계: 서류100, 2단계: 면접20+서류80	국, 수(미/기), 영, 과(2) 중 수포함 3개 등급합 6
	농어촌학생 (정원외)	의예과	3	1단계: 서류100, 2단계: 면접20+서류80	국, 수(미/기), 영, 과(2) 중 수포함 3개 등급합 6
	일반전형 (종합)	의예과	2	1단계: 서류100, 2단계: 면접20+서류80	국, 수(미/기), 영, 과(2) 중 수포함 3개 등급합 6
	지역인재 (종합)	의예과	3	1단계: 서류100, 2단계: 면접20+서류80	국, 수(미/기), 영, 과(2) 중 수포함 3개 등급합 6
경희대	네오 르네상스	의예과	33	1단계: 서류100, 2단계: 면접30+서류70	
계명대 (성서)	일반(종합)	의예과	4	1단계: 서류100, 2단계: 면접20+서류80	국, 영, 수(미/기), 과(1) 중 3개 등급합 4
	지역인재 (종합)	의예과	6	1단계: 서류100, 2단계: 면접20+서류80	
고려대	일반전형 (계열적합형)	의과 대학	15	1단계: 서류100, 2단계: 면접50+서류50	
	일반전형 (학업우수형)	의과 대학	29	1단계: 서류100, 2단계: 면접30+서류70	국, 수(미/기), 영, 과(2) 4개 등급합 5 및 한 4등급
단국대 (천안)	DKU인재	의예과	15	1단계: 서류100, 2단계: 면접30+서류70	국, 수(미/기), 영, 과(2) 중 수포함 3개 등급합 5
	농어촌학생 (정원외)	의예과	2	1단계: 서류100, 2단계: 면접30+서류70	국, 수(미/기), 영, 과(2) 중 수포함 3개 등급합 5
대구 가톨릭대	지역종합 인재	의예과	3	1단계: 학생부종합100, 2단계: 면접20+학생부 종합80	국, 수(미/기), 영, 과(2) 중 3개 등급합 5
동국대 (경주)	지역인재 (종합)	의예과	9	1단계: 서류100, 2단계: 면접30+서류70	국, 수, 영, 과(1) 중 3개 등급합 4
동국대 (경주)	참사람	의예과	7	1단계: 서류100, 2단계: 면접30+서류70	국, 수, 영, 과(1) 중 3개 등급합 4
동아대 (구덕)	농어촌학생 (정원외)	의예과	2	서류100	
동아대 (구덕)	지역인재기회 균형대상자	의예과	2	서류100	

동아대 (구덕)	지역인재종합	의예과	10	1단계: 서류100, 2단계: 면접20+서류80	국, 수(미/기), 영, 과(1) 4개 등급합 6
부산대 (양산)	지역인재 저소득층	의예과	3	서류100	국, 수(미/기), 영, 과(2) 중 수포함 3개 등급합 4, 한 4등급
부산대 (양산)	학생부종합 (지역)	의예과	30	1단계: 서류100, 2단계: 면접20+서류80	국, 수(미/기), 영, 과(2) 중 수포함 3개 등급합 4, 한 4등급
서울대	사회통합	의예과	7	1단계: 서류100, 2단계: 면접30+서류70	
	일반전형	의예과	50	1단계: 서류100, 2단계: 면접50+서류50	
	지역균형선발	의예과	39	1단계: 서류100, 2단계: 면접30+서류70	국, 수(미/기), 영, 과(2) 중 3개 등급합 7등급
성균관대 (자연과학)	학과모집	의예과	25	1단계: 서류100, 2단계: 면접30+서류70	
순천향대	기초생활 수급자및 차상위계층 (종합) (정원외)	의예과	2	서류100	
	농어촌학생 (종합) (정원외)	의예과	2	서류100	
	일반학생 (종합)	의예과	6	서류100	
	지역인재 (종합)	의예과	7	서류100	
아주대	ACE	의학과	20	1단계: 서류100, 2단계: 면접30+서류70	국, 수(미/기), 영, 과(2) 등급합 6
연세대	학생부종합 (기회균형1)	의예과	3	1단계: 서류100, 2단계: 면접40+서류60	
	학생부종합 (활동우수)	의예과	42	1단계: 서류100, 2단계: 면접40+서류60	국, 수(미/기), 과1, 과2 중 2개 1등급 (국/수 포함), 영 3등급, 한 4등급
	특수교육 대상자 (정원외)	의예과	[15]	1단계: 서류100, 2단계: 면접40+서류60	

연세대 (미래)	강원인재	의예과	18	면접20+서류80	국, 영, 수(미/기), 과1, 과2 중 4개 등급합 6, 영 2등급, 한 4등급
	강원인재 (한마음)	의예과	2	면접20+서류80	국, 영, 수(미/기), 과1, 과2 중 4개 등급합 6, 영 2등급, 한 4등급
	기초생활 (연세한마음) (정원외)	의예과	1	면접20+서류80	국, 영, 수(미/기), 과1, 과2 중 4개 등급합 6, 영 2등급, 한 4등급
	기회균형	의예과	3	면접20+서류80	국, 영, 수(미/기), 과1, 과2 중 4개 등급합 6, 영 2등급, 한 4등급
	농어촌학생 (정원외)	의예과	2	면접20+서류80	국, 영, 수(미/기), 과1, 과2 중 4개 등급합 6, 영 2등급, 한 4등급
	북한이탈주민 (정원외)	의예과	약간 명	면접20+서류80	국, 영, 수(미/기), 과1, 과2 중 4개 등급합 6, 영 2등급, 한 4등급
	특수교육 대상자 (정원외)	의예과	[5]	면접20+서류80	국, 영, 수(미/기), 과1, 과2 중 4개 등급합 6, 영 2등급, 한 4등급
	학교생활 우수자	의예과	15	1단계: 서류100, 2단계: 면접30+서류70	국, 영, 수(미/기), 과1, 과2 중 4개 등급합 5, 영 2등급, 한 4등급
울신대	지역인재	의예과	15	1단계: 서류100, 2단계: 면접50+서류50	국, 수(미/기), 영, 과(2) 중 3개 등급합 4, 한 4등급
	지역인재 (기초생활 수급자 및 차상위계층)	의예과	1	1단계: 서류100, 2단계: 면접50+서류50	국, 수(미/기), 영, 과(2) 중 3개 능급합 4, 한 4등급
	학생부종합	의예과	14	1단계: 서류100, 2단계: 면접50+서류50	국, 수(미/기), 영, 과(2) 중 3개 등급합 4, 한 4등급
원광대	기회균형2 (정원외)	의예과	2	1단계: 서류100, 2단계: 면접30+서류70	
	농어촌학생 (정원외)	의예과	2	1단계: 서류100, 2단계: 면접30+서류70	
	지역인재1 (광주전남)	의예과	10	1단계: 서류100, 2단계: 면접30+서류70	국, 수(미/기), 영, 과(1) 중 수포함 3개 등급합 6
	지역인재1 (전북)	의예과	33	1단계: 서류100, 2단계: 면접30+서류70	국, 수(미/기), 영, 과(1) 중 수포함 3개 등급합 6

대학	전형	모집단위	인원	전형방법	수능최저학력기준
원광대	지역인재2	의예과	2	1단계: 서류100, 2단계: 면접30+서류70	국, 수(미/기), 영, 과(1) 중 수포함 3개 등급합 6
	학생부종합	의예과	26	1단계: 서류100, 2단계: 면접30+서류70	국, 수(미/기), 영, 과(2) 중 수포함 3개 등급합 6
이화여대	미래인재	의예과	13	서류100	국, 수(미/기), 영, 과(1) 등급합 5
인하대	농어촌학생 (정원외)	의예과	2	서류100	
	인하미래인재	의예과	16	1단계: 서류100, 2단계: 서류70+면접30	
전남대	고교생활 우수자1	의예과	12	1단계: 서류100, 2단계: 면접30+서류70	국, 수(미/기), 영, 과(2) 중 수포함 3개 등급합 5
전북대	큰사람	의예과	4	1단계: 서류100, 2단계: 면접30+서류70	국, 수(미/기), 영, 과(2) 등급합 6
조선대	농어촌학생 (정원외)	의예과	2	서류100	국, 수(미/기), 영, 과(1) 중 수포함 3개 등급합 6
	면접(종합)	의예과	10	1단계: 서류100, 2단계: 면접30+서류70	국, 수(미/기), 영, 과(1) 중 수포함 3개 등급합 6
중앙대	CAU 융합형인재	의학부	11	1단계: 서류100, 2단계: 면접30+서류70	
	CAU 탐구형인재	의학부	11	서류100	
충남대	농어촌학생 (정원외)	의예과	2	1단계: 서류100, 2단계: 면접33.3 +서류66.7	
	서류	의예과	6	서류100	국, 수(미/기), 영, 과(2) 중 수포함 3개 등급합 5
	일반전형 (종합)	의예과	19	1단계: 서류100, 2단계: 면접33.3 +서류66.7	국, 수(미/기), 영, 과(2) 중 수포함 3개 등급합 5
	저소득층 학생 (정원외)	의예과	1	1단계: 서류100, 2단계: 면접33.3 +서류66.7	
충북대	농어촌학생 (정원외)	의예과	1	서류100	

대학명	전형명	모집단위	모집인원	전형 방법	수능 최저학력기준
충북대	학생부종합1	의예과	4	서류100	
	학생부종합2	의예과	4	서류100	국, 수(미/기), 영, 과(2) 중 수포함 3개 등급합 5
한림대	농어촌학생 (정원외)	의예과	2	1단계: 서류100, 2단계: 면접30+서류70	
	지역인재종합	의예과	16	1단계: 서류100, 2단계: 면접30+서류70	국, 영, 수(미/기), 과(2) 중 3개 등급합 4, 영포함시 영어1등급
	지역인재 종합(기초)	의예과	2	1단계: 서류100, 2단계: 면접30+서류70	
	학교생활 우수자	의예과	21	1단계: 서류100, 2단계: 면접30+서류70	국, 영, 수(미/기), 과(2) 중 3개 등급합 4, 영포함시 영어1등급
한양대	고른기회	의예과	3	서류100	
	학생부종합 (일반)	의예과	39	서류100	

논술(의예과)

대학명	전형명	모집단위	모집인원	전형 방법	수능 최저학력기준
가톨릭대 (성의)	논술	의예과	19	학생부교과30+논술70	국, 수(미/기), 영, 과(2) 중 3개 등급합 4, 한 4등급
경북대	논술 (AAT)	의예과	10	학생부교과30+논술70	국, 수(미/기), 영, 과(2) 중 3개 등급합 4(과탐 포함)
경희대	논술우수자	의예과	15	논술100	국, 수(미/기), 영, 과(1) 중 3개 등급합 4, 한 5등급
부산대 (양산)	논술 (지역인재)	의예과	15	학생부교과30+논술70	국, 수(미/기), 영, 과(2) 중 수포함 3개 등급합 4, 한 4등급
성균관대 (자연과학)	논술우수	의예과	5	논술100	국, 수, 영, 탐1, 탐2 5개 중 3개 등급합 4(과탐 1과목 포함)
아주대	논술우수자	의학과	10	학생부교과20+논술80	국, 수(미/기), 영, 과(2) 등급합 6
연세대 (미래)	논술우수자 (창의인재)	의예과	15	논술100	국, 수(미/기), 과1, 과2 중 3개 1등급, 영 2등급, 한 4등급

울산대	지역인재 논술	의예과	2	학생부교과36+출결4 +논술60	국, 수(미/기), 영, 과(2) 4개 등급합 5, 한 4등급
인하대	논술우수자	의예과	8	학생부교과30+논술70	국, 수(미/기), 영, 과(2) 중 3개 각 1등급
중앙대	논술	의학부	19	학생부교과20+출결10 +논술70	국, 수(미/기), 영, 과(2) 등급합 5, 한 4등급

2024학년도
정시전형 총정리

※ 반드시 대학별 최종 입시전형 안을 확인 바랍니다.

의예과

대학명	모집 시기	전형명	계열	모집단위	모집 인원	전형 방법	수능 영역별 반영 비율 및 가산점
가천대 (메디컬)	가	일반전형	자연	의예과	15	수능100	국25+수(미/기)30 +영20+과25
가톨릭 관동대	다	수능전형	자연	의예과	19	수능100 +면접(합/불)	국20+수30+영20 +사/과30 과탐5% 가산, 화학2 또는 생명과학2 7% 가산
가톨릭대	가	일반전형	자연	의예과	37	수능100 +인/적성면접	국30+수(미/기)40 +영+과30
강원대	가	일반전형	자연	의예과	15	수능100	국20+수(미/기)30 +영20+과30
건국대 (글로컬)	나	일반	자연	의예과	9	수능100	국20+수(미/기)30 +영20+과30
		지역인재	자연	의예과	5	수능100	국20+수(미/기)30 +영20+과30
건양대 (메디컬)	가	일반학생(수능)	자연	의학과	12	수능100	국20+수30+영20+과30
경북대	가	일반학생	자연	의예과	22	수능100 (인적성면접P/F)	국25+수(미/기)37.5 +영12.5+과25

대학	군	전형	계열	모집단위	인원	반영방법	수능반영비율
경상대 (칠암)	가	일반전형	자연	의예과	7	수능100	국25+수30+영20+과25 수(미/기)10%, 과탐1+1 5%, 과탐1+2 또는 과탐2+2 10% 가산
		지역인재	자연	의예과	19	수능100	국25+수30+영20+과25 수(미/기)10%, 과탐1+1 5%, 과탐1+2 또는 과탐2+2 10% 가산
경희대	나	일반전형(수능)	자연	의예과	44	수능100	국20+수(미/기)35 +영15+과30
		농어촌학생 (정원외)	자연	의예과	1	수능100	국20+수(미/기)35 +영15+과30
계명대 (성서)	다	일반전형	자연	의예과	24	수능100	국25+수(미/기)25 +영25+과25
		고른기회 (정원외)	자연	의예과	2	수능100	국25+수(미/기)25 +영25+과25
		농어촌학생 (정원외)	자연	의예과	3	수능100	국25+수(미/기)25 +영25+과25
고려대	가	교과우수전형	자연	의과대학	12	학생부교과20 +수능100 +적성/인성면접	국31.25+수(미/기)37.5 +영+과31.25
		일반전형	자연	의과대학	27	수능100 +적성/인성면접	국31.25+수(미/기)37.5 +영+과31.25
		농어촌학생 (정원외)	자연	의과대학	3	수능100 +적성/인성면접	국31.25+수(미/기)37.5 +영+과31.25
		사회배려자 (정원외)	자연	의과대학	2	수능100 +적성/인성면접	국31.25+수(미/기)37.5 +영+과31.25
고신대 (송도)	다	일반전형	자연	의예과	13	수능100	국20+수(미/기)30 +영30+과20
		지역인재	자연	의예과	13	수능100	국20+수(미/기)30 +영30+과20
단국대 (천안)	다	일반학생	자연	의예과	25	수능100	국20+수(미/기)40 +영15+과25 과탐2 5%

대구 가톨릭대	다	일반전형	자연	의예과	13	수능100	국30+수(미/기)30 +영15+과25
동국대 (WISE)	다	일반전형	자연	의예과	10	수능100	국25+수(미/기)35 +영20+과20 과탐2 5%
		일반전형	자연	의예과	2	수능100	국25+수(미/기)35 +영20+과20 과탐2 5%
동아대 (구덕)	가	일반학생	자연	의예과	5	수능100	국25+수(미/기)25 +영25+과25
		지역인재	자연	의예과	14	수능100	국25+수(미/기)25 +영25+과25
부산대 (양산)	나	일반전형	자연	의예과	25	수능100	국20+수(미/기)30 +영20+과30
		지역앤재	자연	의예과	22	수능100	국20+수(미/기)30 +영20+과30
서울대	나	일반전형	자연	의예과	29	1단계: 수능100 2단계: 학생부교과 20+수능80 +적성/인성면접	국33.33+수(미/기)40 +영+과26.67
		지역균형	자연	의예과	10	학생부교과40 +수능60 +적성/인성면접	국33.33+수(미/기)40 +영+과26.67
		기회균형특별 전형2(정원외)	자연	의예과	[2]	수능100 +적성/인성면접	국33.33+수(미/기)40 +영+과26.67
		기회균형특별 전형3(정원외)	자연	의예과	[2]	서류60+면접40	
		농어촌학생 (정원외)	자연	의예과	[2]	수능100 +적성/인성면접	국33.33+수(미/기)40 +영+과26.67
성균관대	가	일반전형	자연	의예과	10	수능100 +인적성면접(P/F)	국30+수(미/기)35 +영10+과25
순천향대	다	일반학생	자연	의예과	28	수능100	국20+수30+영30 +사/과20 미/기10%, 과탐10%

대학	군	전형	계열	학과	인원	반영방법	영역별 반영비율
아주대	나	일반전형1	자연	의학과	10	수능95+면접5	국20+수(미/기)40 +영10+과30
		농어촌학생 (정원외)	자연	의학과	1	수능95+면접5	국20+수(미/기)40 +영10+과30
연세대	가	일반전형	자연	의예과	47	1단계(2.5배수): 수능100 2단계: 수능90.1 +면접9.9	국22+수(미/기)33 +영11+과33+한1
		농어촌학생 (정원외)	자연	의예과	1	1단계(3배수): 수능100 2단계: 수능90.1 +면접9.9	국22+수(미/기)33 +영11+과33+한1
		연세한마음 (정원외)	자연	의예과	1	1단계(3배수): 수능100 2단계: 수능90.1 +면접9.9	국22+수(미/기)33 +영11+과33+한1
연세대 (미래)	나	일반전형	자연	의예과	21	수능100	국22+수(미/기)33 +영11+과33
영남대	나	일반전형(수능)	자연	의예과	20	수능100	국25+수(미/기)35 +영10+과30
		지역인재	자연	의예과	15	수능100	국25+수(미/기)35 +영10+과30
울산대	가	수능	자연	의예과	10	수능100 +면접(P/F)	국20+수(미/기)30 +영19+과30+한1
원광대	나	일반전형(수능)	자연	의예과	22	수능100	국28.57+수(미/기)28.57 +영14.29+과28.57
을지대	나	일반전형2	자연	의예과	15	수능100	국30+수30+영10+과30
이화여대	나	일반전형(수능)	인문	의예과 (인문)	8	수능100	국30+수25+영20 +사/과25
		일반전형(수능)	자연	의예과 (자연)	55	수능100	국25+수(미/기)30 +영20+과25
인제대	가	수능	자연	의예과	22	수능100 +면접(P/F)	국25+수(미/기)25 +영25+과25
		지역인재	자연	의예과	15	수능100 +면접(P/F)	국25+수(미/기)25 +영25+과25

인하대	다	일반전형	자연	의예과	16	수능100	국20+수(미/기)30 +영20+과25+한5
전남대	가	일반전형(수능)	자연	의예과	19	수능100	국24+수(미/기)32 +영20+과24
		지역인재	자연	의예과	13	수능100	국24+수(미/기)32 +영20+과24
전북대	나	일반전형(수능)	자연	의예과	29	수능100	국30+수(미/기)40 +영+과30, 과탐10%
		지역인재	자연	의예과	29	수능100	국30+수(미/기)40 +영+과30, 과탐10%
제주대	나	일반전형	자연	의예과	12	수능100	국20+수(미/기)30 +영20+과30
		지역인재	자연	의예과	8	수능100	국20+수(미/기)30 +영20+과30
조선대	가	일반전형(수능)	자연	의예과	24	수능100	국25+수(미/기)35 +영25+과15
		지역인재	자연	의예과	32	수능100	국25+수(미/기)35 +영25+과15
중앙대	나	일반전형	자연	의학부	45	수능100	국25+수(미/기)40 +영+과35
충남대	가	일반전형	자연	의예과	13	수능100	국25+수(미/기)45 +영+과30
		지역인재	자연	의예과	26	수능100	국25+수(미/기)45 +영+과30
충북대	나	일반전형	자연	의예과	16	수능100	국20+수(미/기)30 +영20+과30
		지역인재	자연	의예과	12	수능100	국20+수(미/기)30 +영20+과30
		지역경제배려 대상자	자연	의예과	12	수능100	국20+수(미/기)30 +영20+과30
한림대	나	일반전형	자연	의예과	37	수능100	국20+수(미/기)40 +영10+과30
한양대	가	일반전형	자연	의예과	68	수능100	국20+수(미/기)35 +영10+과35

대입 수시 및
정시 전형별 핵심요소

기본적으로 대입 전형을 이해하기 위해서는 대입 전형 체계와 대입 전형 기본사항을 알아야 합니다. 수시전형에서 학생부와 관련된 내용, 정시전형에서 수능 과목별 점수 체계만 이해하면 기본적인 사항을 모두 이해하게 되는 것입니다. 많은 내용을 알기보다는 학생의 입장에서 준비해야 하는 것 위주로 알아나가는 것이 중요합니다.

대입전형 체제

수시전형은 학생부 위주의 전형, 논술 그리고 실기 위주의 전형으로 나뉩니다. 의대는 학생부 위주와 논술전형 이 두 전형으로만 선발하고 있습니다. 정시 전형에서는 수능 위주의 전형으로만 선발하여 의대면접이 있는 경우와 그렇지 않은 경우로 나눠집니다.

구분	전형 유형	주요 전형 요소	비고
수시	학생부 위주	– (학생부 교과) 교과 중심	학생부교과 성적을 중심으로 평가하는 전형
		– (학생부 종합) 교과, 비교과	입학사정관 등이 참여하여 학생부를 중심으로 면접 등을 통해 학생을 종합평가하는 전형
	논술 위주	– 논술 등	
	실기/실적 위주	– 실기 등	특기자전형 포함, 학생부 중심 평가 권장
정시	수능 위주	– 수능 등	
	실기/실적 위주	– 실기 등	특기자전형 포함, 학생부 중심 평가 권장

📍 2024학년도 대입전형 기본사항

　중요한 사항은 자기소개서의 폐지와 학생부 전형에서 대입에 반영되는 항목이 줄었다는 점입니다. 그 외에는 지역인재 선발이 의무화되었다는 점입니다. 지방에 거주하는 학생들의 경우에는 지역선발을 활용하여 의대를 지원할 수 있다는 점이 장점이며, 종종 정원이 다 차지 않는 사례가 나옵니다. 전국단위 선발 의대와 중복으로 합격하면서 지역선발에 합격한 전형을 포기하면서 나타나는 결과입니다.

주요 변화	세부내용
대입전형 구조	− 주요 16개교 정시 수능 40% 이상 선발 − 수도권 대학 또는 지방 거점 국립대 등 정시 20~40% 내외 선발
수능 체제	− 2023학년도 수능 체제 유지
학생부종합전형 공정성 제고	− 학생부 미기재 확대 − 자기소개서 폐지 − 학생부 수상실적, 독서활동 등 대입 미반영 항목 확대
대학별 고사 개선	− 대학별고사(논술고사 등) 미시행 권장, 고교 교육과정 범위와 수준에서 문제 출제와 학생 스스로 논술을 준비할 수 있도록 함.
사회통합전형 법제화	− 지역균형선발전형 10% 이상 권고(재정지원사업과 연계) 유지

※ 주요 16개 대학: 건국대, 경희대, 고려대, 광운대, 동국대, 서강대, 서울시립대, 서울대, 서울여대, 성균관대, 숙명여대, 숭실대, 연세대, 중앙대, 한국외대, 한양대

📍 수시전형의 핵심요소

핵심요소 (1). 학생부 기재 항목 축소와 비교과 활동 폐지 사항

구분	2021학년도	2022학년도	2023학년도	2024학년도
교과활동	방과후학교 활동 기재	방과후학교 활동(수강) 미기재		영재·발명교육 실적 대입 미반영

		정규·외 자율동아리 기재	자율동아리 연간 1개(30자) 기재	자율동아리 대입 미반영
비교과 영역	동아리 활동	청소년 단체활동 기재	청소년 단체활동 단체명만 기재	청소년 단체활동 미기재
		소논문 기재	소논문 기재 금지	
	봉사활동	교내외 봉사활동 실적 기재		개인 봉사활동 실적 대입 미반영*
		실적 및 특기사항 기재	특기사항 미기재	
	진로활동	진로희망, 희망사유 기입	진로 희망분야 대입 미반영	
	수상경력		교내수상 학기당 1건(3년 간 6건) 대입 반영	대입 미반영
	독서활동	도서명과 저자		대입 미반영

* 학교교육계획에 따라 교사 지도 시 예외

2024학년도부터 대입을 치루는 수험생들의 학교생활기록부 평가가 달라집니다. 방과 후 활동 내역이 평가되지 않으며, 창체동아리만 대입에 반영됩니다. 창체동아리는 고교에서 만들어진 동아리입니다. 이에 비해 자율동아리는 학생들이 자유롭게 만들 수 있는 동아리를 의미합니다. 이외에도 봉사활동, 수상 경력, 독서 활동이 평가에 반영되지 않습니다. 다만, 창체동아리를 봉사동아리로 가입하고, 세부능력 및 특기사항(세특)에 독서를 한 내용을 기록할 수 있습니다. 그래서 이런 방식으로 봉사와 독서역량을 보여줄 수 있습니다. 따라서 의대 지원자들에게는 특히 창체동아리를 봉사동아리로 가입하는 것을 권합니다.

핵심요소 (2). 서울대, 연세대, 고려대의 학생부종합전형 서류 평가 기준

일반적으로 학생부종합전형에서 서류 평가는 학업 역량, 전공 적합성, 인성, 발전 가능성의 4가지 평가 요소 중심으로 이루어집니다. 학업 역량은 대학의 학과나 전공에서 학업을 수행할 수 있는 기초 수학능력을 의미하며, 전공 적합성은 지원 전공 분야에 대한 관심과 이해, 노력과 준비 정도를 의미합니다. 인성은 공동체의 일원으로서 필요한 바람직한 사고와 행동을 말하며, 발전 가능성은 현재의 상황이나 수준보다 질적으로 더 높은 단계로 향상될 가능성과 도전의식을 뜻합니다.

서울대학교 서류평가 항목

평가요소	제출서류	세부 평가 사항
학업능력	학생부	- 교과학습 발달상황 (교과목 이수현황, 교과성취도, 교과별 학습활동 및 과제 수행 내용) - 창의적 체험활동(학업관련 동아리활동, 탐구활동) - 행동특성 및 종합의견
학업태도	학생부	- 교과학습 발달상황(수업참여도 및 태도, 심화과목 선택 노력 등) - 창의적 체험활동 (동아리활동, 진로 관련 활동 참여도 및 노력, 탐구활동) - 행동특성 및 종합의견
학업 외 소양	학생부	- 창의적 체험활동 (동아리 및 자율 활동에서 드러난 리더십, 책임감, 공동체의식, 봉사활동에서 나타난 배려심 등) - 행동특성 및 종합의견 - 출결상황

연세대학교 서류평가 항목

평가요소	평가내용	세부 평가 사항
학업역량	학업을 충실히 수행할 수 있는 기초 수학능력	학업 성취도 / 학업태도와 학업의지 / 탐구활동
전공적합성	지원 전공(계열)과 관련된 분야에 대한 관심과 이해, 노력과 준비정도	전공 관련 교과목 이수 및 성취도 / 전공에 대한 관심과 이해 / 전공 관련 활동과 경험
인성	공동체의 일원으로서 필요한 바람직한 사고와 행동	협업능력 / 나눔과 배려 / 소통능력 / 도덕성 / 성실성

발전가능성	현재의 상황이나 수준보다 질적으로 더 높은 단계로 향상될 가능성	자기주도성 / 경험의 다양성 / 리더십 / 창의적 문제해결력

고려대학교 서류평가 항목

평가역량	정의	평가요소	세부내용
학업역량	대학 교육을 충실히 이수하는 데 필요한 수학 능력	학업성취도	전반적인 교과의 성취수준
		학업의지	학업을 수행하고 학습해 나가려는 노력
		기타 요소	상기 외 '학업역량'에 부합하는 기타 요소
자기계발 역량	관심 분야에서 스스로 성장할 수 있는 능력	계열 관련 역량	계열 관련 탐색 노력과 준비 정도
		탐구력	주어진 문제에 대해 깊고 폭넓게 탐구할 수 있는 능력
		기타 요소	상기 외 '자기계발역량'에 부합하는 기타 요소
인성	공동체 구성원으로서 필요한 바람직한 사고와 행동	규칙준수	공동체 내의 규칙·규정을 준수하는 태도
		나눔과 배려	타인을 위하여 나누어 주고자 하는 태도와 행동
		리더십	공동체의 목표 달성을 위해 구성원의 상호작용을 이끌어가는 능력
		기타 요소	상기 외 '인성'에 부합하는 기타 요소
문제해결 능력	주어진 문제의 해결 방법을 모색할 줄 아는 능력	지적호기심	관심 분야에 대해 탐구하고자 하는 노력
		과제집중력	관심 과제에 집중할 수 있는 능력
		기타 요소	상기 외 '문제해결능력'에 부합하는 기타 요소
창의성	자발적 동기에 의한 성취를 기반으로 하는 독창적이고 창의적인 디자인 사고	독창성	아이디어의 관점과 접근 방법에 있어서의 창의적 역량
		성실성	전공에 대한 관심과 의지 및 이에 대한 자발적 실천 능력
		표현력	아이디어의 가시화를 위한 개념 전달 및 감각적 표현 능력
		논리성	의도와 개념 전개의 타당성과 합리성

핵심요소 (3). 의예과 논술전형 개요

논술전형에서는 수능최저학력기준 통과 가능성을 먼저 고민한 뒤에 지원전략을 세워야 합니다. 가톨릭대의 경우, 지원자 대비 30% 정도만 수능최저학력 기준을 맞추고 있습니다. 그리고 교과서 범위 내에서 논술 문제를 출제해야 하므로 난이도는 생각보다 높지 않습니다. 따라서 내신이 상대적으로 중요해지는 경향이 나타나고 있습니다.

대학	전형명	모집인원 (명)	전형방법	수능최저학력기준
가톨릭대	논술	19	학생부30+논술70	국, 수(미/기),영,과(절사) 중 3개 합4
경북대	AAT	10	학생부30+논술(AAT)70	국, 수(미/기), 영, 과(절사) 중 3개 합4
경희대	논술우수자	15	논술100	국, 수(미/기), 영, 과1 중 3개 합4
부산대	논술 (지역인재)	15	학생부30+논술70	국, 수(미/기), 영, 과 중 수(미/기) 포함 3개 합4
성균관대	논술우수자	5	논술100	국, 수(미/기), 영, 과1, 과2 중 3개 합4
아주대	논술우수자	10	학생부20+논술80	국, 수(미/기), 영, 과, 합6
연세대(미래)	논술	15	논술100	국, 수(미/기), 과1, 과2 중 3개 1등급, 영2
인하대	논술	8	학생부30+논술70	국, 수(미/기), 영, 과 중 개 1등급
중앙대	논술	19	학생부30+논술70	국, 수(미/기), 영, 과 4개 합5
합계		116		

※ 탐구 2개 과목 평균 산출 시 소수점 이하는 '절사'라고 표현합니다. 즉, 2.5등급을 2등급으로 간주하겠다는 의미입니다.

수리논술의 경우, 출제범위를 확인해야 합니다. 즉, 확률과 통계, 미적분 및 기하 중 어떤 내용까지 출제가 되는지 알아보는 것이 필요합니다. 한편 과학 과목의 경우 대체로 Ⅱ범위까지 출제되는 경우가 많습니다.

논술유형	대학
수리논술	가톨릭대, 경북대, 부산대(지역인재), 성균관대, 인하대, 중앙대
수리논술+과학선택(물리학, 화학, 생명과학)	경희대, 연세대(미래)
수리논술+생명과학논술	아주대

정시전형의 핵심요소

핵심요소 (1). 대학별 수능 활용지표

수능 성적은 표준점수, 백분위, 등급 3가지 점수지표로 발표되고, 대학에서는 이를 다양하게 활용하여 학생을 선발합니다. 수능 활용지표 유형은 크게 표준점수, 백분위, 표준점수+백분위, 표준점수+변환표준점수 등급 정도로 구분할 수 있으며, 변환표준점수는 탐구 난이도 차에 따른 유불리를 줄이기 위해 사용되는 지표로 대학별로 탐구 백분위에 따라 표준점수를 별도로 부여하는 방식입니다.

구분	활용지표 이해 및 활용
표준점수	원점수에 해당하는 점수를 상대적인 서열로 나타내는 점수. 즉, 표준점수는 영역 또는 선택과목별로 정해진 평균과 표준편차를 갖도록 변환한 분포상에서 개인이 획득한 원점수가 어느 위치에 해당하는가를 나타내는 점수를 말함.
백분위	영역/과목 내에서 개인의 상대적 서열을 나타내는 수치. 즉, 해당 수험생의 백분위는 응시 학생 전체에 대한 그 학생보다 낮은 점수를 받은 학생 집단의 비율을 백분율로 나타낸 수치를 말함.
등급	과목별 표준점수에 근거하여 수험생을 9등급으로 나누어 수험생이 속해있는 해당 등급을 표시한 것으로 전체 수험생의 상위 4%까지를 1등급으로, 그다음 7%까지를 2등급으로 하여 순차적으로 등급을 부여함.

등급	1	2	3	4	5	6	7	8	9
비율	4	7	12	17	20	17	12	7	4
누적비율	4	11	23	40	60	77	89	96	100

변환 표준점수	각 과목의 난이도와 표준편차를 고려해 산출되는 점수를 말함. 표준점수의 변별력을 높이기 위해 산출하는 점수로 대학에서는 주로 탐구영역의 성적을 반영할 때 사용함.

국어, 수학은 표준점수, 탐구는 변환표준점수를 활용지표로 사용하는 대학으로는 연세대, 고려대 등이 있으며, 주로 최상위권, 중상위권 대학에서 표준점수(국어, 수학)+변환표준점수(탐구)를 수능 활용지표로 사용합니다.

핵심요소 (2). 2023년 수능 국어 과목별 표준점수 및 인원

국어 영역에서 선택과목별 응시자 비율은 화법과 작문 64.9%, 언어와 매체 35.1%입니다. 아래 표에 나타난 것은 공통영역의 국어점수(화법과 작문, 언어와 매체 부분을 뺀 영역)를 의미합니다.

표준점수	남자	여자	계	누적(계)
134	218	153	371	371
133	469	284	753	1,124
132	135	109	244	1,368
131	1,053	660	1,713	3,081
130	1,135	769	1,904	4,985

국어 만점자는 표준점수로 134점을 받았고, 남자는 전국에서 218명, 여자는 153명이 있다는 뜻입니다.

핵심요소 (3). 2023년 수능 수학 과목별 표준점수 및 인원

수학 영역에서 선택과목별 응시자 비율은 확률과 통계 48.2%, 미적분 45.4%, 기하 6.4%입니다. 아래 표에 나타난 것은 공통영역의 수학점수(확률과 통계, 미적분, 기하 부분을 뺀 영역)를 의미합니다.

표준점수	남자	여자	계	누적(계)
145	797	137	934	934
143	66	17	83	1,017
142	1,656	405	2,061	3,078
140	45	17	62	3,140

수학 만점자의 표준점수는 145점입니다. 남자는 797명, 여자는 137명이 여기에 해당됩니다.

핵심요소 (4). 2023년 수능 과학탐구 과목별 표준점수 및 인원

물리학I					화학I				
표준점수	남자	여자	계	누적(계)	표준점수	남자	여자	계	누적(계)
70	1,352	145	1,497	1,497	75	250	65	315	315
68	659	64	723	2,220	73	107	43	150	465
67	1,376	155	1,531	3,751	72	385	158	543	1,008
66	1,218	177	1,395	5,146	71	40	13	53	1,061
65	797	133	930	6,076	70	475	197	672	1,733
64	846	109	955	7,031	69	563	246	809	2,542

생명과학I					지구과학I				
표준점수	남자	여자	계	누적(계)	표준점수	남자	여자	계	누적(계)
72	119	64	183	183	73	70	21	91	91
70	216	134	350	533	72	48	26	74	165
69	342	184	526	1,059	71	581	222	803	968

68	118	94	212	1,271	70	33	17	50	1,018
67	904	596	1,500	2,771	69	501	242	743	1,761
66	560	365	925	3,696	68	2,547	1,000	3,547	5,308

위의 네 개의 탐구과목 중 만점자의 표준점수가 가장 높은 과목은 화학I입니다. 그리고 만점자의 수가 가장 많은 과목은 물리학I입니다. 따라서 과학탐구 과목을 선택할 때 학생이 선호하는 과목뿐만 아니라 표준점수 구간별 인원수도 참고해 선택하기를 바랍니다.

물리학 II					화학 II				
표준점수	남자	여자	계	누적(계)	표준점수	남자	여자	계	누적(계)
71	7	0	7	7	73	4	0	4	4
70	21	1	22	29	71	1	0	1	5
69	8	1	9	38	70	24	2	26	31
68	3	0	3	41	69	2	0	2	33
67	40	2	42	83	68	20	4	24	57
66	75	6	81	164	67	45	8	53	110

생명과학 II					지구과학 II				
표준점수	남자	여자	계	누적(계)	표준점수	남자	여자	계	누적(계)
71	9	5	14	14	67	66	8	74	74
69	7	5	12	26	66	39	6	45	119
68	48	14	62	88	65	81	5	86	205
67	3	5	8	96	64	16	2	18	223
66	69	35	104	200	63	145	18	163	386
65	106	55	161	361	62	46	12	58	444

위의 네 개의 탐구과목 중 만점자의 표준점수가 가장 높은 과목은 화학 II입니다. 그리고 만점자의 수가 가장 많은 과목은 지구과학 II입니다. 따라서 과학 탐구 과목을 선택할 때 학생이 선호하는 과목뿐만 아니라 표준점수 구간별 인원수도 참고해 선택하기를 바랍니다.

고교학점제의 핵심

📍 고교학점제란 무엇일까요?

고교학점제는 학생들이 고등학교에서 이수한 교과과정에 대해 학점을 부여하는 제도입니다. 이전에는 고등학교에서 이수한 과목에 대해 단순히 수강 여부만 확인하고 졸업 시 수료증을 받는 방식이 일반적이었습니다.

하지만 고교학점제는 대학교육과 유사한 방식으로 고등학교에서도 학점을 부여하고 학생의 학업성취도를 정량화하는 제도입니다. 학생들이 이수한 교과목에 따라서 일정한 학점을 부여하고, 이 학점을 누적하여 총 학점을 계산합니다.

2023년부터 국가적으로 통일된 국가형 고교학점제가 시행될 예정입니다. 시행 예정인 국가형 고교학점제는 교육과정, 교과목, 교육 일수 등이 국가적으로 통일되어 있으며, 교사와 학생의 노력에 따라 학점을 부여하는 것이 아니라 시간 수업 등 정해진 규정에 따라 학점을 산정합니다. 이를 위해 교육부에서는 교과목과 교육과정 등을 세부적으로 설계하고, 국가 교육과정 수준 평가 결과 등을 바탕으로 국가평준학점과 교과목별 국가평준학점을 결정할 예정입니다.

국가형 고교학점제의 시행으로 학생들은 지속적인 성취도 평가와 학습관리가 가능해지며, 학생 개인의 노력에 따른 학습성과를 정확히 반영할 수 있게 됩니다. 또한 대학입시의 공정한 성적평가와 입시경쟁력 강화에도 기여할 것으로 기대됩니다.

📍 고교학점제는 어떻게 운영될까요?

고교학점제는 단순한 내용입니다. 주로 진로선택 과목을 편성하는 내용과 진로선택 과목을 학생들이 선택하는 방법 간의 조합으로 생각해 볼 수 있습니다. 이 조합에는 (1) 고교별 유형, (2) 시간표 운영이라는 두 가지 영역에서 다양한 사례가 있습니다.

고교학점제 고교별 유형

고교학점제의 유형은 자율형, 특성화 자율형 등으로 구분됩니다. 각 유형은 아래와 같은 특징을 가지고 있습니다. 먼저 자율형 고교학점제는 다음과 같은 특징이 있습니다.

• 각 학교에서 자율적으로 시행하는 제도
• 교육과정, 교과목, 교육 일수 등을 학교에서 자율적으로 결정
• 교사와 학생의 노력에 따라 학점을 부여
• 각 학교의 특성과 상황에 맞게 적용 가능

〈자율형 고교학점제 예시〉

고교명	프로그램명	내용
경기북 과학고등학교	"공간과 생명" 프로그램	지구과학, 생명과학, 물리학 등과 관련된 내용을 다양한 방법으로 학습하며, 학생들이 더 많은 학점을 얻을 수 있도록 합니다. 이 프로그램은 학교 내부 강의와 현장학습, 과학 콘퍼런스 참석 등을 통해 학생들이 과학적인 시각을 키우도록 돕습니다.
인천과학예술 영재학교	"설계기반 창의융합" 프로그램	과학기술과 미술 디자인을 융합하는 창의적인 학습을 할 수 있도록 합니다. 이 프로그램에서는 학생들이 창작하는 작품과 설계과정을 제출하면 학점을 부여합니다.
제주 과학고등학교	"스포츠 아카데미" 프로그램	학생들이 체력, 스포츠적 능력, 팀워크 등을 개발하도록 돕습니다. 이 프로그램에서는 학생들이 축구, 농구, 배드민턴 등에서 우수한 성적을 내면 학점을 부여합니다.

두 번째로 특성화 자율형 고교학점제는 아래와 같은 특징을 가집니다.

- 특성화고등학교에서 시행하는 제도
- 해당 학교의 특성화 분야와 관련된 교과목을 우선적으로 수강하고 학점을 부여
- 자율형 고교학점제와 유사하게 학교에서 자율적으로 교육과정을 결정하고 학점을 산정
- 학교의 특성화 분야에 따라 다양한 유형이 존재

〈특성화 자율형 고교학점제 예시〉

고교명	프로그램명	내용
한양 외국어고등학교	"교과–프로젝트 –탐구과제" 프로그램	학생들이 직접 주도적으로 프로젝트를 기획하고 수행하며, 자신의 관심사ㅏ 능력을 개발할 수 있도록 합니다. 이 프로그램에서는 학생들이 기획한 프로젝트나 탐구과제 결과물을 제출하면 학점을 부여합니다.
성균관대학교 사범대학 부속고등학교	"미래인재 육성" 프로그램	인문, 자연, 예체능 등 분야별로 교육과정을 세분화하여 학생들이 자신의 관심사나 능력을 발휘할 수 있도록 합니다. 이 프로그램에서는 학생들이 자신이 선택한 교과목 이외에도 자유로운 주제의 연구와 발표, 봉사활동 등을 수행하면 학점을 부여합니다.
서울예술고등학교	"스마트 미디어 아카데미" 프로그램	디자인, 영상, 미디어 등에 대한 교육과정을 구성하고, 학생들이 이를 바탕으로 창의적인 작품을 제작하도록 돕습니다. 이 프로그램에서는 학생들이 작품 제작과 발표, 교외 학습 등을 수행하면 학점을 부여합니다.

고교학점제 시간표 운영

먼저, 특성화 자율형 고등학교는 아래의 세 가지 유형이 대표적입니다.

유형1	구분형	– 교과목 시간표와 프로젝트 시간표를 별도로 운영하는 경우 – 한양외국어고등학교의 경우, 교과목 시간표와 프로젝트 시간표를 별도로 운영하여, 프로젝트를 수행하기 위한 시간과 교과목을 수강하는 시간을 분리합니다. 이를 통해 학생들이 프로젝트에 집중할 수 있고, 교과목에 대한 이해도도 높일 수 있습니다.

유형2	통합형	– 교과목 시간표와 프로젝트 시간표를 통합하는 경우 – 서울예술고등학교의 경우, 교과목 시간표와 프로젝트 시간표를 통합하여 운영합니다. 이를 통해 학생들이 프로젝트와 교과목을 동시에 수행할 수 있으며, 다양한 활동을 통해 창의력을 키울 수 있습니다.
유형3	자유형	– 학생들이 자유롭게 수강신청을 할 수 있는 경우 – 성균관대학교사범대학부속고등학교의 경우, 학생들이 자유롭게 수강신청을 할 수 있도록 합니다. 이를 통해 학생들이 자신이 원하는 교과목과 프로젝트를 선택하고 자신만의 학업계획을 세울 수 있습니다. 이는 학생들이 자신의 능력과 관심사에 맞는 교육을 받을 수 있도록 돕습니다.

다음으로, 일반고는 2015 개정교육과정 보통교과 과목 편제를 바탕으로 세 가지 유형으로 나뉘게 됩니다.

2015 개정교육과정 보통교과 과목 편제

교과 영역	교과(군)	공통 과목	선택 과목	
			일반선택	진로선택
기초	국어	국어	화법과 작문, 독서, 언어와 매체, 문학	실용국어, 심화국어, 고전 읽기
	수학	수학	수학I, 수학II, 미적분, 확률과 통계	실용수학, 기하, 경제수학, 수학과제 탐구
	영어	영어	영어회화, 영어I, 영어 독해와 작문, 영어II	실용영어, 영어권 문화, 진로 영어, 영미 문학 읽기
	한국사	한국사		
탐구	사회 (역사/도덕 포함)	통합 사회	한국지리, 세계지리, 세계사, 동아시아, 경제, 정치와 법, 사회·문화, 생활과 윤리, 윤리와 사상	여행지리, 사회문제 탐구, 고전과 윤리
	과학	통합과학/ 과학탐구 실험	물리학I, 화학I, 생명과학I, 지구과학I	물리학II, 화학II, 생명과학II, 지구과학II, 과학사, 생활과 과학, 융합과학

일반적으로 기초교과영역에서 공통과목은 전국 모든 고등학교 1학년 학생들

이 동일하게 학습합니다. 그 이후에 일반선택과 진로선택 과목 중 선택하는 방법이 다르게 나타납니다.

유형1	계열형	전통적인 문과와 이과 또는 인문사회형, 자연계형, 공학형 등으로 나눠서 교과목을 배치하게 됩니다. 학생들은 자신의 진로에 따라서 학교에서 제시한 유형 중 하나를 선택하여 그 영역 내에서 과목을 선택하게 됩니다. 예를 들어, 공학형을 선택하게 되면 그 안에서 물리II 또는 화학II 등의 과목을 선택하여 자신의 진로에 도움이 되는 교과를 듣게 됩니다.
유형2	계열통합형	이 유형에서는 같은 학년 내 개설된 과목 중 학생들이 자유롭게 선택하여 듣게 됩니다. 문·이과의 구분이 없고 듣고 싶은 과목 위주로 듣게 됩니다. 다만 최소한으로 들어야 하는 과목의 수와 영역은 정해질 수 있습니다. 일반적으로 대학 수시전형에 지원할 때 수학에서는 미적분 또는 기하 중 1과목, 그리고 탐구과목 물·화·생·지 중 II과목을 한 개 이상만 들으면 자연계로 분류될 수 있습니다.
유형3	계열/학년통합형	이 유형에서는 모든 학생이 1학년 때 공통과목(국어, 영어, 수학, 한국사, 통합사회, 통합과학)만 같이 듣고, 2학년 때부터는 학교에서 개설된 어떤 과목이든 자신이 선택하여 들을 수 있습니다. 계열파괴형과 다른 점은 2, 3학년 때 개설된 과목을 학년 구분 없이 들을 수 있다는 점입니다. 예를 들어, 2학년 학생이 물리I과 물리II를 (시간표가 겹치지 않는다면) 동시에 선택하여 들을 수 있습니다.

이렇게 학생이 지원하는 고교 유형에 따라서 개설과목 유형과 시간표가 달라질 수 있다는 점이 고교학점제의 핵심이며, 이를 잘 활용하는 것이 중요합니다.

고교학점제를 활용하는 방법은 무엇일까요?

먼저 고교학점제 홈페이지(https://www.hscredit.kr/)를 방문하여 전체적인 내용을 이해하는 것이 필요합니다. 학부모님들께서는 해당 홈페이지 중 '고교학점제 자료실'에 나와 있는 보고서/사례집/자료집 위주로 읽어봐야 합니다. 그리고 대학별로 고교학점제에 대해서 설명하는 사이트가 있습니다. 예를 들어, 아래의 표는 서울대에서 제시한 2024학년도 신입생 입학전형 시행계획에 따른 것입니다.

모집단위		핵심 권장과목	권장과목
사회과학대학	경제학부	–	미적분, 확률과 통계
자연과학대학	화학부	화학II, 미적분	확률과 통계, 기하
	생명과학부	생명과학II, 미적분	화학II, 확률과 통계, 기하
공과대학	컴퓨터공학부	미적분, 확률과 통계	–
	화학생물공학부	물리학II, 미적분, 기하	화학II 또는 생명과학II
	산업공학과	미적분	확률과 통계
약학대학	약학계열	화학II, 생명과학II *2025학년도 : 화학I, 생명과학I	미적분, 확률과 통계 *2025학년도 : 미적분, 화학II 또는 생명과학II
의과대학	의예과	생명과학I	생명과학II, 미적분, 확률과 통계, 기하
치의학과대학원	치의학과	–	–

핵심 권장과목은 해당 학과를 지원하기 위해서 반드시 들어야 하는 과목이고, 권장과목은 반드시 듣지 않아도 되는 과목이라고 보시면 됩니다. 일반적으로 대학에서 평가할 때는 핵심 권장과목과 권장과목을 동시에 들은 집단과 그렇지 않은 집단으로 구분하여 평가하기도 합니다. 따라서 지원자의 입장에서는 권장과목까지 듣는 것이 유리할 수 있습니다.

어떤 과목을 선택할 것인지 고민이 된다면 아래의 네 가지 기준을 통해 선택하기를 권합니다.

기준	내용	비고
진로에 유리한 과목	지원자가 지원할 학과와 관련해서 대학에서 정한 과목	지원하는 대학마다 진로과목이 다를 수 있으므로 지원대학에서 공통적으로 요구하는 진로 과목을 선별해 내는 것이 중요함

성적 받기 유리한 과목	자신의 진로와 무관하게 성적을 받는 데 유리하다고 느끼는 과목	성적 받기 유리한 과목의 경우, 난이도가 낮은 과목 또는 수강생이 많아서 등급을 받기 좋은 과목으로 나눠볼 수 있음
논술과 관련된 과목	수시전형 중 논술에서 시험을 치르게 되는 과목	논술전형에 지원하는 학생들은 미리 지원학교의 논술 선택과목을 파악해야 함
수능과 관련된 과목	수능 때 자신이 선택할 과목	주로 수학과 탐구과목에서 어떤 과목을 선택하여 수능을 치를지, 고등학교 2학년 1학기쯤에는 결정을 하는 것이 필요함

　이렇게 네 가지 기준을 가지고 고교학점제에서 과목 선택을 하는 것을 추천합니다. 실제로 해당 과목에 대해 성적을 잘 받을 수 있는지 확인하기 위해서는 재학 중인 고교에서 전년도 기출문제를 풀어보는 것을 추천합니다. 예를 들어, A고등학교 1학년 학생이 작년 A고등학교 2학년 00과목 기출문제를 풀어보는 것입니다. 인강사이트 등을 활용하여 학생 스스로 2학년 과목의 내용을 파악해보면 좋습니다. 그런 다음 중요한 것은 서술형이 얼마나 포함되었는지, 수능 유형의 문제가 나오는지, 그리고 교과서 내용 중심인지 아니면 학교에서 활용하는 문제집 중심으로 출제가 되는지 등을 파악하는 것이 필요합니다.

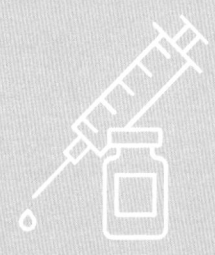

PART 2

의대 학교생활기록부
콘텐츠

A medical school entrance examination

최신 학교생활기록부의
학생활동 평가 방법

학교생활기록부 콘텐츠 중에 가장 중요한 것은 세부능력 및 특기사항에 대한 기록입니다. 즉, 교과목 세특이라고 불리는 것을 입학사정관들이 질적인 요소로 평가하게 됩니다. 그런데 이러한 평가를 수험생이 이해하기 위해서는 지식론을 알아야 합니다.

'무엇이 현재 추구해야 할 지식의 형태인가?'란 질문의 답은 '지식론'입니다. 수험생의 입장에서는 다음의 자료가 의미가 있고, 이를 통해서 '어떻게 활동해야 하는지'를 알 수 있습니다. 〈미래 교육을 위한 대입 발전 방향 콘퍼런스 자료집〉(2023) 중 '미래역량과 대입전형' 파트에서는 학생들을 평가할 때 유의할 점을 알려줍니다.

먼저 학교 지식, 앎, 깊이 있는 학습 3단계의 지식으로 구분합니다. 이러한 심층적인 학습을 통해 학생들은 '핵심역량'을 얻게 됩니다. 3단계의 지식은 다음과 같습니다.

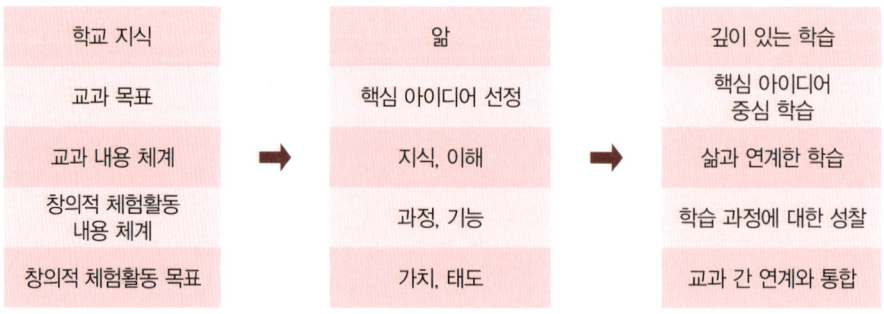

〈지식론에서 바라본 미래역량〉

학교 지식의 경우, 학생들이 학교에서 배우는 지식을 교과 목표와 내용 체계에 맞춰서 학습하는 것을 의미합니다. 주로 암기와 이해 중심으로 학습이 이뤄지게 됩니다. 이에 비해 앎의 수준에서는 교과 내용 체계에서 배운 것 중 주요한 내용의 핵심 아이디어를 추출하고 자신만의 지식 체계로 만들고 이해하는 과정을 경험하게 됩니다.

끝으로 깊이 있는 학습에서는 교과에 나타난 핵심 아이디어를 추출하여 그것을 더욱 발전시켜 나가는 학습을 스스로 진행하며, 자신의 삶에 적용하고 다른 핵심 아이디어와 연계하여 새로운 지식을 창출해 나갈 수 있습니다.

평소에 '학교 교과서 달달 외워봤자 무슨 소용이 있을까?'라고 의문을 가졌던 학생이 있다면, 깊이 있는 학습에서는 그런 질문에 답을 하게 됩니다. 즉, 교과서에 나오는 핵심 아이디어를 추출한 다음에, 그것을 내 삶, 일 또는 사업에 적용해서 현실에서 활용될 수 있게 하는 것입니다. 따라서 핵심역량을 기를 수 있는 지식이란, 교과서에 나타난 핵심 아이디어를 자유롭게 현실에 적용하고 때로는 새롭게 만들 수 있는 경지에 오를 때 길러지는 것입니다.

학교생활기록부에서 주요한 평가 요소인 과목별 세부능력 및 특기사항에 대해서도 지식론을 적용해 볼 수 있습니다. '깊이 있는 학습'을 좀 더 쉽게 풀어보면 아래와 같습니다.

- **핵심 아이디어 중심 학습** : 교과 내용 중 핵심 아이디어를 추출하고 이를 보다 발전시켜 나가는 학습활동을 진행하는 것
- **삶과 연계한 학습** : 핵심 아이디어를 현실에 적용시켜 학생의 삶을 개선하는 데 활용하는 것

- **학습 과정에 대한 성찰** : 교과 지식 자체를 학습하는 '방법'적인 측면과 교과 지식 자체의 '변화와 수정'을 통해서 온전한 지식으로 만들어가는 것을 모두 포괄함
- **교과 간 연계와 통합** : 교과별 핵심 아이디어와 현실의 니즈를 고려하여 융합형 지식을 만들고 학습 및 실천해 나가는 것

이렇게 교과서의 지식을 어떻게 변화·발전시킬지 학생 스스로 고민하고 탐구하는 것과 동시에 주변 친구들과 교사의 도움을 받아서 보다 다양한 형태의 지식으로 만들 수 있을 것입니다. 특히 토론과 협동의 과정이 들어간다면 혼자서 하는 것보다는 훨씬 나은 결과물을 만들어낼 수 있을 것입니다.

지금부터는 의대 합격생들의 활동을 벤치마킹하여 세부능력 및 특기사항의 과목별 사례를 살펴봅니다. 여기에 나타난 기록이 왜 중요하며 좋은 평가를 받을 수 있는지를 '지식론'의 관점에서 해석해 보는 시간을 갖도록 하겠습니다.

합격생의 학교생활기록부 기록 분석

📍 최상위 의대 합격생의 학교생활기록부 세부능력 및 특기사항 분석(1학년)

국어1 : 국어의 음운체계를 학습하는 과정에서 음운별로 발음기관 단면도를 참고하여 발성기관의 모양을 관찰하고 이를 바탕으로 음운이 형성되는 과정을 이해함. 또한 이러한 과정에서 한글이 발성기관의 모양을 본떠 만든 글자라는 것을 확인하게 됨. (1)이러한 과정을 통해 우리 몸에 대한 해부학적 이해가 인간의 표현 능력과 방법에 대한 깊이 있는 이해를 증진할 수 있다는 점에 흥미를 느끼게 됨. 공감적 듣기를 학습하면서 단순히 듣고만 있는 것이 아니라 적극적으로 대화에 참여하면서 반응하는 모습을 보여 줄 때 상대방에게 깊은 신뢰를 줄 수 있다는 것을 배움. 진지한 태도로 수업에 참여하며 주어진 과제를 분석하고 해결 방법을 도출하는 과정을 합리적으로 끌어내는 능력이 우수한 학생임.

해석 (1) 핵심 아이디어 중심학습 또는 삶과 연계한 학습으로 해석이 가능합니다. 음운체계와 발성기관 간의 관계라는 핵심 아이디어를 해부학적 이해라는 차원으로 끌어올렸기 때문입니다. 또는 인간의 보편적 삶의 차원에서 생각해 보면 인간의 해부학적 구조와 연계하여 탐구한 것으로 평가될 수 있습니다.

국어2 : 〈매체 자료를 활용하여 발표하기〉 과정에서 선택 주제에 대한 높은 이해를 바탕으로 신뢰할 수 있는 자료를 채택하여 발표문을 작성함. 수업 시간을 통해 학습한 발표 전략을 적재적소에 잘 활용하여 완성도 높은 발표를 수행하였으며, 리더십을 발휘하여 모둠원들과 함께 발표 준비 과정이 원활하게 운영되도록 함. (2)'청년실업 문제, 어떻게 해결할 것인가'라는 주제의 주장하는 글쓰기를 통해 문제해결 방법으로써의 글쓰기에 대해 이해하고 문제해결을 위한 논리적 사고를 바탕으로 완성도 높은 글을 작성함. 〈청소년 문학으로 책 대화 나누기〉 시간에 '시간을 파는 상점 (저자-김선영)'을 읽고 모둠 토론 주제를 정하고 '크로노스와 카이로스의 시간 차이는 무엇일까'에 대해 질문을 던지며 심도 있게 토론한 후 '우리 모두에게 소중한 시간'에 대한 개인 보고서를 작성함.

해석 (2) 삶과 연계한 학습으로 볼 수 있습니다. 다만, 청년실업 문제의 글을 쓰는 활동 전에 어떠한 핵심 아이디어를 추출하여 이러한 활동으로 이어졌는지를 밝히는 것이 필요합니다. 예를 들어, '언론보도와 관련된 이슈를 선택하여 그것을 심층보도 하는 형식의 활동을 하는 시간에'라는 말을 앞에 적는다면 핵심 아이디어는 '언론보도와 관련된 이슈'이고 그 중 청년실업 문제를 선택하여 깊이 있는 학습 활동을 한 것으로 해석이 가능할 것입니다.

수학1 : 학습 열의가 높아 매 수업 시간에 능동적으로 참여하였고, 교사의 질문에도 적극적으로 답함. 문제 풀이 발표 시 정확한 수학적 표현과 개념을 사용하여 과정을 논리적으로 설명하였으며 다른 학우들의 발표 시 경청하고 공감함. (3)삼차방정식의 해를 인수분해와 근의 공식으로 정확히 찾고, 허근의 성질과 그 이유를 수학적 근거에 의해 논리적으로 서술하였으며, 원과 직선 사이의 위치 관계는 원의 중심과 직선 사이의 거리 개념을 통해 정확히 논술함. 교과서 심화 문제 풀이를 통해 수학적 개념을 적용하여 문제 해결 방법을 찾고, 풀이 과정을 논리적으로 서술함. 자기조절 능력이 뛰어나 계획성 있게 분량을 나눠 문제를 풀었고, 채점 후 자신의 사고 과정을 점검하고 반성함. 수학 자유주제 발표에서 매듭이론과 다항식에 대해 발표함.

해석 (3) 핵심 아이디어 중심으로 학습하였고 이 과정을 기록한 것입니다. 학생이 어떤 학습 과정을 거쳐 깊이 있게 학습했는지를 서술한 것입니다. 구체적으로 삼차방정식의 해를 구하는 것이 핵심 아이디어이고 이것을 인수분해와 근의 공식을 활용하여 수학적 근거에 따라 증명한 것이 깊이 있게 학습한 것입니다.

실용영어1 : 평소 영어학습에 관심과 흥미가 대단하고, 수업시간에도 성실하고 적극적인 자세로 임하며 꾸준히 상위성적을 유지함. 문장구조를 파악하는 능력이 뛰어나 복잡한 문장도 정확히 해석하며 독해 속도가 빠르고, 영어지문을 읽고 'Graphic Organizer'로 표현해 봄으로써 글의 구조 및 내용을 좀 더 정확히 파악함. (4)'위대한 리더들이 행동을 이끌어내는 법'을 주제로 하는 TED 영어강의를 시청하고 '무엇'보다는 '왜'의 가치를 깨달았으며, 유용한 영어 표현을 정리하고 익힘. 또한 잘 들리지 않는 문장을 반복해서 들음으로써 잘 들리지 않았던 원인을 파악하고 자연스러운 강세와 억양을 익힘. 자기소개서 쓰기에서 다양한 어휘와 문장구조를 사용하여 본인이 전달하고자 하는 내용을 정확히 표현하였으며 의사소통 능력이 뛰어남.

해석 (4) 삶과 연계한 학습으로 볼 수 있습니다. '무엇'보다는 '왜'의 가치를 깨달았다고 하는데, 영상에 나타난 맥락 또는 상황을 제시함으로써 기록을 평가하는 평가자가 좀 더 많은 정보를 얻을 수 있게 기술했다면 좋았을 것입니다. 예를 들어, 국가 리더 중 주변 국가의 화해를 이끌어내는 것이 국가의 이익을 위한 것으로만 해석할 것이 아니라 인권적 차원에서 옳은 일이라는 사례를 접했고, 이 과정에서 무엇보다는 왜의 가치를 깨달았다고 기술하는 것을 생각해 볼 수 있습니다.

실용영어2 : '000' 활동에서 과외선생님 역할을 맡아 '이주의 이유'에 관한 영어지문을 미리 공부해 온 후 친구에게 구문 분석을 자세하게 해줌. 수업 중 실시한 '온라인과 오프라인 수업 중 무엇을 더 선호하는가?'에 대한 글쓰기 활동에서 문장의 필수 구성요소를 모두 포함하여 어법적으로 완벽한 글을 완성함. 또한 자신의 주장을 뒷받침할 내용 3가지를 포함하여 논리적으로 타당한 글을 완성함. '당신이 좋아하는 일을 어떻게 찾을까(스콘 딘스모어)'에 관한 TED 영상 시청을 통해 강의 속 핵심 내용의 영어 표현을 익히고, 연음을 비롯한 다양한 발음 현상을 파악함. (5)무작정 외우는 것보다 의미 단위로 단어들을 묶어서 외우는 것이 훨씬 더 효과적이라는 것을 깨달았으며 문장을 의미 단위로 끊는 연습을 추가로 함.

해석 (5)   학습 과정에 대한 성찰이 묻어나는 표현입니다. 단, 영어 단어를 외우는 차원에서 진행되는 것이지만 향후 이 학생이 접두사, 접미어 등에도 관심을 가져 의미적 차원에서 단어를 외우는 것을 기대해 볼 수 있을 것입니다. 즉, 발전 가능성에 무게를 두고 단어 외우는 것을 깊이 있는 학습으로 볼 수 있을 것입니다.

통합사회 : (6)'인간과 자연의 관계를 그림으로 표현하기' 활동에서 GMO의 긍정적, 부정적인 영향을 대비되는 그림으로 잘 표현함. 유전자 변형 생물체로 인한 내성을 가진 해충의 출현, 생태계 교란과 관련된 이미지와 설명이 체계적이었으며, 전문적인 내용을 알기 쉬운 문장으로 설명함.

해석 (6) 인간과 자연이라는 큰 영역에서 볼 때, 교과 간 연계 학습을 통한 깊이 있는 학습으로 평가될 수 있습니다. 유전자 변형 생물체라는 요소가 우리 사회에 어떤 영향을 주는지를 탐구하는 모습을 볼 수 있습니다. 이 과정에서 서로 다른 두 요소(유전자 변형 생물체와 사회/자연) 사이의 영향을 주고받는 메커니즘을 이해할 수 있을 것입니다. 만약 가능하다면 어떠한 메커니즘이 나오는지까지 언급한다면 더욱 좋은 세특이 될 것입니다.

통합과학 : 1, 2학기 과학부장으로서 수업 준비를 돕고 특유의 밝고 적극적인 자세로 수업 분위기를 주도하였음. (7)수업 중 주어진 주제에 대한 이해와 응용능력이 돋보이고 수업 내용에 근거하여 다양하고 심도 있는 질문과 토론을 자주 하고, 문답 내용을 자기만의 방식으로 요약정리하는 능력이 뛰어남. 지구를 중심으로 시간에 따른 달의 위상변화를 논리적으로 설명할 수 있으며, 특히 달의 적경을 구하는 문제에서 수학적 계산법을 활용하는 창의적인 방법으로 문제를 해결하는 등 천체 단원에 뛰어난 두각을 드러냈음. 프로젝트 학습의 일환으로 실시된 모둠별 환경 UCC 제작 활동에서 해양오염을 주제로 감독 및 기획하였고, '000'이라는 기업의 사례를 통해 해양오염의 현실적이고 구체적인 해결방안을 제시하였음. 두뇌 회전이 빠르고 과학적 사고 능력이 뛰어나 앞으로 많은 성장이 기대되는 학생임.

해석 (7) 학습 과정에 대한 성찰이 묻어나는 내용입니다. 주어진 주제를 혼자만의 사고와 학습으로만 해결하는 것이 아니라 다른 친구들과 질의응답과 토론을 하면서 여러 사람의 의견을 통해 더욱 깊이 있는 결론을 얻어내려는 노력이 돋보입니다.

고전 : '정의론'에서 롤스가 정의한 정의의 1, 2원칙에 대해 이해하고, 현대 사회에서 정의의 원칙을 정하기가 쉽지 않은 사회 현상을 모둠별로 가상으로 설정하여 토론하는 활동을 통해 '정의롭다는 것'에 대해 진지하게 고민해 봄. (8)빌 게이츠일수도 있지만 집 없는 가난한 사람일지도 모른다는 가상의 상황에서 본인이 할 고민을 구체적으로 해 봄으로써, 사회의 최소수혜자의 우선적 배려가 단순히 또 다른 불평등이 아님을 깨달음.

해석 (8) ▶ 삶과 연계하여 깊이 있는 학습을 하는 모습이 보입니다. 정의론을 실제 생활에 적용하는 모습에서 이를 찾을 수 있으며, 기록에는 잘 나와있지 않지만 최소수혜자에 대한 배려를 다각적으로 고민한 흔적이 보입니다. 물론 최소수혜자의 우선적 배려가 또 다른 불평등이 아님을 증명한 사례까지 담았다면 더욱 좋은 기록이 될 것입니다.

영어독해와 작문 : 'The influence of the body movements'에 관한 글을 소개함. 글과 관련된 확장 내용으로 과학적 실험에서 나타날 수 있는 오류 극복 방법들 4가지를 칠판에 필기하면서 설명함. 통제 군으로 인한 오류 극복, 관찰자 효과 오류 극복, 상관관계와 인과관계를 혼동하지 않기, 일반화의 오류를 피하기 등 글의 내용뿐 아니라 확장적인 사고를 할 수 있도록 도와줌. 갈등 해결의 요소인 세심한 감정에 대한 글을 발표하면서 감정 관련 뇌 부분에 문제가 발생한 사람들이 판단에 문제를 겪는다는 내용을 조사하여 발표함. (9)자신의 장래희망 분야와 관련해서 사람이 효율적으로 행동하려면 이성만 작용해야 한다고 생각했는데 반대로 감정이 없으면 판단에 오류가 생긴다는 사실을 알게 됨. 또

한 감정은 우리 뇌의 연산 과정에서 어떤 역할을 하고 있는지를 고민하고 생각하는 계기가 됨.

해석 (9) 삶과 연계한 깊이 있는 학습의 사례입니다. 자신의 진로와 관련된 것도 삶의 영역에 해당됩니다. 즉, 개인의 삶, 사회적 삶 그리고 글로벌 차원의 삶 등이 여기에 해당됩니다. 특히 자신의 장래희망을 고민하는 과정에서 이성과 감성의 균형과 조화가 중요할 수 있다는 깨달음이 돋보입니다.

고급수학Ⅰ : (10) 이차정사각행렬의 역행렬이 존재하지 않을 조건을 설명하는 발표에서 대수적 증명으로 끝내지 않고, 두 직선의 위치관계를 이용해 설명하였음. 평소에도 대수적 문제를 기하적 관점으로 바라보는 연습을 하였고, 기하적 사고력이 뛰어난 모습을 보였음. 수업 교재의 고난도 문항에 대한 본인의 풀이와 수업 시간에 풀이해 준 내용, 해설지에 있는 풀이의 내용을 노트에 비교하여 정리하는 모습이 인상적이었음. 결과에만 집중하지 않고 해결 과정에 대해 자신의 부족한 부분을 채워가려 노력하며 수학에 대한 자신감을 높여 가는 모습을 보였음.

해석 (10) 핵심 아이디어 중심학습이 나타나 있습니다. 이차정사각행렬의 역행렬이 존재하지 않는 조건을 증명하는 과정에서 기하적 사고와 대수적 사고를 활용하여 문제를 해결하는 과정이 여기에 해당됩니다.

기하와 벡터 : 문제 속의 정보들을 하나하나 조합하여 해결 과정을 계획하는 문제해결 능력이 뛰어남. 이차곡선의 정의로부터 문제의 보조선을 찾으려 노력하였으며 삼수선의 정리의 증명을 직접 해본 경험을 토대로 문제에서 수선의 발

의 위치를 찾는 등 개념 활용능력이 뛰어남. 친구들과 풀이 토론 과정을 즐기는 학생으로 새로운 접근방식을 습득하고 이를 내면화하기 위한 (11)메모 및 복습 습관이 잘 형성되어 있으며, 자신의 오류를 수정하기 위해 풀이 과정을 순차적으로 복기하는 메타인지적 학습 태도를 보임.

해석 (11) 학습 과정에 대한 성찰이 나타나 있습니다. 자신의 탐구 과정을 메모하고 복습하는 과정을 통해서 보다 심도 있는 학습이 이뤄질 수 있을 것입니다. 이러한 태도 역시 깊이 있는 학습으로 이어집니다.

화학1 : 탄소동소체에 관하여 공부하던 중, 5번째 동소체 탄소 나노폼이 있음을 알게 됨. (12)탄소 나노폼은 열전도도가 낮다는 특징을 알게 된 후, 나노폼을 주입하고 종양에 레이저를 쏘아 종양 세포를 죽여도 다른 세포에는 영향을 미치지 않는다는 가능성을 보고 이를 통해 현재 정상세포에도 영향을 미치는 항암제의 부작용을 개선할 수 있음에 관심을 가지게 됨. 또한 다른 탄소 동소체 중에 치료 효과에 긍정적 영향을 주는 것이 있는지 알아보고자 함. 암세포만 표적으로 하는 표적 지향성 약물 운반 시스템, 암세포를 분쇄하는 나노로봇, 인체의 질병을 예방하는 나노센싱 기술과 같은 나노 기술의 의학적 활용에 대해 알아봄.

해석 (12) 핵심 아이디어에 집중하는 모습이 드러나 있습니다. 탄소 나노폼의 성질을 탐구하는 과정에서 이러한 특성을 항암제의 부작용 개선에 적용할 수 있다는 판단을 이끌어냅니다. 이러한 내용을 통해서 깊이 있는 학습이 이뤄지고 있음을 알 수 있습니다.

생명과학Ⅰ : 유전과 돌연변이를 배우면서 유전자 치료의 윤리적인 문제에 대해 고민하면서 어려운 문제가 있을 때 끝까지 포기하지 않고 이해하려는 태도를 보임. 면역 부분에서 암세포를 직접 죽이거나 감염된 세포를 직접 죽이는 독성 T 림프구에 대해 알게 됨. (13)이에 흥미를 느껴 관련 자료를 더 찾던 중 암세포가 'PD-L1'이라는 물질을 만들어내어 T 림프구의 수용체 'PD-1'과 결합하면 암세포를 공격하지 않음을 알게 됨. 이를 바탕으로 PD-1과 미리 결합하여 정상적으로 T 림프구가 암세포를 공격하게 하는 면역항암제에 대하여 알게 되었으며 이에 관심이 생김.

해석 (13) 핵심 아이디어를 집중적으로 학습하는 모습이 나타나 있습니다. 면역항암제의 원리를 PD-1의 기능과 작용을 통해서 알아내고 있습니다. 이렇게 교과서에 나타난 주제를 좀 더 심도있게 공부하는 모습에서 깊이 있는 학습을 찾아볼 수 있습니다.

물리1 : 매시간 배움일기를 작성하며 친구들의 질문에 친절히 답해주었고, 오답 노트를 꾸준히 작성하여 실수를 줄이려는 노력이 인상적임. 지표면 상의 정확한 위치를 찾기 위한 GPS 위성의 최소 개수에 대한 문제를 기하학적인 접근을 통해서 해결함. (14)자유낙하하는 물체와 수평 투사운동 물체가 충돌하는 복잡한 상황의 문제에 대해서 끝까지 풀어내고, 원형 도선으로부터 확장하여 정사각형 도선 중심에서 전류가 만드는 자기장의 세기를 정적분을 이용하여 정량적으로 구해내고, 미분을 통하여 스넬의 법칙을 유도해 내는 등 문제해결을 위한 끈기를 보임.

해석 (14) 교과 간 연계와 통합의 모습이 나타나 있습니다. 물리학의 원리를 수학적으로 해석해 내는 과정을 담았습니다. 자기장의 세기를 정적분으로 나타내고, 미분을 통해 스넬의 법칙을 도출하는 것이 여기에 해당됩니다. 물리와 수학은 이렇게 교과 간 연계와 통합이 자주 나타나는 과목 중 하나입니다.

화학Ⅰ : 극성 분자와 무극성 분자인 물과 헥세인의 전기전도도 실험에서 대전체를 뷰렛 입구에서 조금 떨어진 곳에 갖다 대면 물은 대전체 쪽으로 휘어지고 헥세인은 반응이 없는 것으로 관찰되나, 뷰렛 입구 가까운 곳에 대전체를 가져가면 헥세인이 휘는 현상이 관찰됨. (15) 의문점을 해결하기 위해 몇 번의 반복 실험을 통해 유리로 이루어진 뷰렛의 영향으로 헥세인이 휘어지는 것이라는 결론을 얻고 실험 결과를 분석해 봄.

해석 (15) 핵심 아이디어에 집중하는 모습이 나타나 있습니다. 화학 실험과정에서 실험의 목표와 과정을 충실히 하기 위해서 노력하는 모습이 보입니다. 특히 반복 실험으로 유리로 이뤄진 뷰렛의 특성 때문에 헥세인이 휘어진다는 결론은 교과서에 나타나 있지 않은 내용이라 의미 있는 발견으로 평가됩니다.

화학Ⅱ : 수업 시간에 활용하는 학습 자료와 과제들을 성실한 자세로 해결하는 등 학습 열의가 높으며 이해하지 못한 화학 개념들은 지속적인 질문과 연습을 통해 완전히 이해하고자 노력함. 실험 후 실험 결과를 정리하고 분석하는 능력이 우수하며, 특히 예상값과 다른 결과를 얻었을 때 그 오차 원인을 분석하고 오차를 줄일 방법을 제시하는 등 과학적 문제해결력이 우수함. 온도에 따른 물의 밀도 변화 그래프를 분석하고 이와 관련하여 물의 다양한 특성과 활용에 관해 설명함. 특히 (16) 기업에서 화학 약품을 사용한 뒤 폐수를 하천에 무단 방류하여 그로 인해 주변 생태계가 파괴되고 수자원이 오염되는 현상에 대해 다양한 예를 들어 자세히 설명함. 폐수의 무단 방류로 인해 병원성 미생물들이 전파

되어 많은 사람에게 심각한 영향을 미칠 수 있음을 발표하면서 화학 폐수의 관리 및 감독이 철저하게 이루어져야 한다는 의견을 제시함.

해석 (16) 삶과 연계한 학습이 나타나 있습니다. 화학 약품으로 인해 발생할 수 있는 환경 문제에 주목하고 이것의 메커니즘을 미생물학적 차원에서 조사하고 발표한 것은 의미 있는 활동입니다. 폐수의 관리 감독 문제까지 제시함으로써 환경적으로 건전한 삶을 살 수 있게 사회를 변화시키려는 노력이 돋보입니다.

생명과학Ⅱ : '관심 있는 진로 연결하기' 활동에서 '크리스퍼'에 대해 조사하여 발표함. 유전자 재조합에서 제한효소의 원리에 궁금증을 가지고 탐색 활동을 진행하던 중 크리스퍼를 접하고 난치병 치료에 중요한 역할을 할 수 있는 크리스퍼를 주제로 선정했음을 밝힘. (17)ITED, 신문 기사, 유튜브를 통해 크리스퍼에 관해 공부하고 크리스퍼의 작동 원리, 질병 치료에 사용되는 크리스퍼에 대해 쉽고 정확하게 설명하는 모습을 보임. 생명공학에 흥미를 느껴 지속적인 탐색 활동을 하였고, '바이오 프린팅'에 대해 자기주도학습을 진행한 후 보고서를 제출함. 바이오 프린팅의 정의, 원리, 발전 정도, 핵심기술인 바이오잉크, 최종목표인 인공장기, 인류에 미칠 수 있는 긍정적인 영향력에 관해 설명함.

해석 (17) 핵심 아이디어에 집중하는 모습이 나타나 있습니다. 크리스퍼를 주제로 한 탐구에서 다양한 매체(ITED, 신문기사, 유튜브 등)를 활용하여 보다 상세한 내용을 파악하려는 모습이 나타나 있습니다. 이렇게 핵심 아이디어에 집중하여 학습 범위를 늘려가는 것은 깊이 있는 학습에 해당됩니다.

생명과학Ⅱ : 세포소기관의 구조와 기능에 대해 학습한 후 엽록체의 구조와 기능에 대해 발표하며, 그라나와 스트로마 각각에 포함된 물질을 설명하고 명반응과 암반응의 과정을 그림으로 설명한 후 퀴즈를 직접 출제하여 풀게 함으로써 과학개념을 효과적으로 전달함. 세포막을 통한 물질의 이동 중 능동수송의 개념을 이야기로 재구성하여 발표하였고, 이 과정에서 나트륨 펌프를 엘리베이터로, ATP의 인산기를 카드키로 비유하는 창의적 표현으로 학우들의 흥미를 이끎. (18)C3 식물의 광합성 과정을 바탕으로 특정 환경에서 루비스코의 약점을 극복하기 위한 C4 식물과 CAM식물의 작용이 어떻게 이루어지는지 공통점과 차이점을 체계적으로 분석하여 정확한 이해를 바탕으로 글을 작성함.

해석 (18) 핵심 아이디어에 집중하는 모습이 나타나 있습니다. 광합성이란 내용의 세부 주제를 찾아내었고, 루비스코의 약점 극복원리를 알아내기 위해 관련 요소들의 차이점과 공통점을 비교하고 분석하는 과정을 거치게 됩니다. 이로써 깊이 있는 학습이 이뤄집니다.

지구과학Ⅱ : 자유주제 발표 시간에 '지구는 둥글다'라는 주제를 정해 자료를 조사한 후 발표를 진행함. 〈로봇다빈치, 꿈을 설계하다〉를 읽고 당연하게 생각했던 사실들을 새로운 접근방식으로 생각해 보고자 주제를 정하게 됐다고 밝힘. 공학도가 되었을 때 일반적인 접근 방식이 아닌 새로운 관점으로 생각해 보면 다양한 아이디어를 얻을 수 있지 않을까 생각했다고 발표함. 발표 순서가 지필평가가 끝난 직후라 준비 기간이 충분하지 않았지만 자료를 철저하게 준비해 온 모습이 인상적이었음. (19)수업 시간에 배운 중력과 연관 지어 지구가 둥근 이유를 설명했고, 미적분 시간에 배웠던 개념과 연관 짓는 등 나름의 방법으로 지구가 둥글 수밖에 없는 이유를 생각해 낸 모습이 돋보임.

해석 (19) 교과 간 연계와 통합이 나타나 있습니다. 지구과학에서 배운 핵심 아이디어를 미적분 시간에 배운 개념과 연관 지어 지구가 둥근 이유를 설명하였다고 나와 있습니다. 이렇게 지구과학과 수학이라는 두 과목의 연계를 통해서 학습 내용을 이해해 가는 것이 깊이 있는 학습을 진행한 것으로 평가됩니다.

　　과학융합 : '바이센테니얼 맨'을 주제로 한 발표에서 단순히 영화의 줄거리를 소개하는 것에서 나아가 영화 속에 등장하는 인공지능의 모습에서 흥미를 갖고 발전을 거듭하고 있는 인공지능의 작동과 학습 과정에 대해 구체적인 예시를 들어 청중들의 몰입도를 높이는 발표를 함. (20) 인공지능이 인간의 신경망과 비슷하게 다층 처리 과정을 거쳐 학습하고, 인간의 뇌에 칩을 이식하는 일 등 점차 인간과 인공지능의 경계가 모호해지고 있는 현실에서 인간의 정의에 대해 자기 나름의 생각을 정리해 봄. 나아가 미래에 자신이 연구자로서 가져야 할 올바른 가치관에 대해 고민해 보는 시간을 가짐.

해석 (20) 핵심 아이디어에 집중하는 모습과 삶과 연계한 학습을 하는 모습도 보입니다. 인공지능의 핵심 원리가 다층 처리 과정을 거치는 것으로 확인했고, 인간과 인공지능 간의 경계가 모호해지고 있다는 점을 학습하고 있습니다. 따라서 이렇게 핵심 아이디어를 확장해 나가는 다양한 방법이 나타나 있고 이를 깊이 있는 학습이라고 평가할 수 있습니다.

고차원적인 지식론을 발전시키기 위한 방법

깊이 있는 학습을 진행하기 위해서는 세 가지 방법을 추천합니다.

첫 번째는 관찰과 모방입니다. 깊이 있는 학습과 관련된 세특을 다룬 위의 내용을 여러 번 읽어보고 실제로 따라 적어보면서 의미를 음미해야 합니다. 필자는 이런 내용들을 오랫동안 연구했기 때문에 세특 문장을 보면 금방 평가할 수 있지만, 처음 접하거나 특정 시기에 세특에 관심을 가지는 학생들은 이러한 내용을 단번에 이해하기 어렵습니다.

따라서 처음에는 합격 수기, 좋은 생기부 기록, 주변 친구들의 깊이 있는 학습 과정을 관찰하고 모방해야 합니다. 양치기를 하기보다는 2~3개를 한번에 비교하면서 동시에 심도 있게 분석해 보는 것이 필요합니다. 예를 들어, 어떤 문장을 외울 때, 거울을 보면서 자신이 외우는 모습을 보는 것, 종이에 적으면서 문장의 내용과 구조를 외워가는 것, 친구와 서로 문답하면서 외우는 것을 확인하는 것 등이 있지요. 이러한 방법을 동시에 관찰 및 실천하다 보면 다양한 방법이 있다는 것을 알 수 있고 또 자신에게 적합한 방법도 찾을 수 있습니다.

두 번째는 독서입니다. 한 가지 종류나 자신이 좋아하는 독서부터 시작하는 것이 좋습니다. 그러면서 책에서 나온 내용 중 좀 더 알고 싶은 것이 생기면 다른 영역의 책으로 옮겨 가는 것입니다. 이렇게 자연스럽게 독서량을 늘려가는 방법이 있습니다.

한편, 일정한 시간과 기준을 정해 놓고 하는 독서도 도움이 됩니다. 학교 시간표와 동일하게 '월요일에는 어떤 종류의 책을 읽는다'라고 목표를 설정하는 것입니다. 복습 차원에서 독서를 한다고 가정하면 특정 과목이 있는 요일에 그 과목과 관련된 책을 읽는 것입니다. 아니면 예습 형태로 독서를 한다면, 수업 전날에 해당 과목과 관련된 책을 읽는 것입니다.

예를 들어, 화요일에 국어 수업 시간이 있다고 했을 때, 복습의 의미로 화요일 저녁에 문학작품을 읽는 것이고, 예습의 의미로 월요일에 미리 문학작품을 읽는 것입니다. 이렇게 자신의 스타일을 찾아보고 그에 맞는 독서를 진행하는 것이 필요합니다.

마지막으로 토의입니다. 특히 여러 친구들이 잘하는 과목이나 영역을 알아내고 그 친구들의 행동 특성과 사고방식을 이해하려고 노력해야 합니다. 예를 들어, 수학 과목을 공부할 때, 미적분 문제 중 고난도 문제를 풀이한다고 가정해 보겠습니다. 철수라는 친구는 그 문제를 풀 때 가장 빨리 푸는 방법을 제안하고, 영희라는 친구는 그 문제를 풀 때 놓치기 쉬운 조건을 분석하는 데 뛰어납니다. 이렇게 다양한 친구들의 이야기를 들으면서 해당 문제를 잘 풀어나갈 수 있는 전략을 짤 수 있습니다. 공부하는 전략을 짜다 보면, 더 깊이 있는 탐구 방법을 알게 되고 그것을 혼자 또는 여럿이서 함께 실천할 수 있게 됩니다.

정리하면 관찰과 모방, 독서하기 그리고 토의하기입니다. 이러한 방법들을 혼용하여 써보면 깊이 있는 지식을 탐구할 수 있는 방법을 찾을 수 있게 됩니다.

언제나 자신이 생각했던 것이나 실천했던 것보다 더 좋은 것이 있으면 받아들이고 이를 실천해 보려고 노력해야 합니다. 사람은 막상 새로운 것을 두려워하거나 받아들이는 데 주저하는 경향이 있습니다. 이러한 경향으로부터 자유로워지려면 처음에는 여러 친구들과 토의하는 활동을 의식적으로 해야 합니다.

그러면 마음의 경계는 허물어지고 자유롭게 깊이 있는 학습을 추구하는 마음과 태도만 남게 되어 친구들과의 교류가 훨씬 쉬워지고 선생님과의 대화도 깊이 있게 변화하게 됩니다.

PART 3

의대 합격을 위한
학습 태도 형성하기

A medical school entrance examination

시험에 강해지는
학습 태도

🔍 시험 칠 때 실수하는 사람들의 공통점

실제 시험에서 제 실력을 다 발휘하지 못하는 사람의 실패 원인을 분석해 보면 공통점이 보입니다. 흔히 있는 실패 사례는 다음과 같습니다.

- 시간을 의식하지 않고 정신없이 풀다 보니 상상 이상으로 시간이 지나고, 풀어야 할 문제에 손을 대지 못합니다.
- 긴장으로 초조해져서 평소에는 하지 않을 것 같은 실수를 연발하게 됩니다.
- 어려운 문제를 풀려고 해도 전혀 방침이 서지 않아, 머리가 하얗게 되어 버립니다.

실전에서의 실패는 모든 문제를 풀려고 하거나, 좋은 점수를 받으려는 등 실력 이상의 힘을 내려고 할 때 일어나게 됩니다. 시험을 잘 보려고 하는 것은 스스로 자신을 압박하는 것이 되어 완전히 역효과가 납니다. 개중에는 시험에서 150%의 힘을 내려고 하는 사람도 있지만, 평소 공부나 모의시험에서 안 풀리던 것이 본 시험에서 갑자기 술술 풀리게 되는 일은 생길 수가 없습니다.

실전에서 안정적으로 실력을 발휘하기 위해 가장 중요한 것은 득점해야 할 문제를 확실히 푸는 것입니다. 실전 시험에서 좋은 점수를 받으려 하지 않고 평소와 같이 담담하게 풀어 초조함을 막음으로써 결과적으로 좋은 점수를 받을 수 있습니다.

시험에 강한 사람이 되는 법

실전에 약한 사람에게 공통점이 있듯이 실전에 강한 사람에게도 공통점이 있습니다. 실전에 강한 사람이 문제를 푸는 데 있어서 갖고 있는 사고방식은 "어쨌든 실패할 위험을 줄인다"는 것입니다. 성공할 확률을 높이려는 것이 아니라 실패할 확률을 줄여 알고 있는 문제는 모두 해결하려는 것입니다.

"성공할 확률을 높이고 싶다!"라고 생각하는 것은 수험생으로서 당연한 심리이긴 하지만, 그것이 부메랑이 되어 실패로 이어지는 경우가 적지 않습니다. 앞서 본 시험에 약한 사람들의 공통점에 나온 대로 몇몇이 실력 이상의 힘을 발휘하려고 하면 부담이 배가되거나 공황을 일으키기 쉬워집니다.

따라서 시험에서 결과적으로 좋은 점수를 받기 위해서는 실패할 위험을 최소화하는 것을 목표로 하는 것이 좋습니다. 그럼, 구체적으로 세 가지 예를 들어서 소개하겠습니다.

(1) 시간 배분을 의식하여 풀어야 할 문제부터 차근차근 푼다.

실패 사례
문항 1의 문제를 푸는 데 집중하다 보니 문항 1이 끝났을 때 시험시간의 반이나 지나가 버렸다. 시간이 얼마 남지 않은 것에 초조해져서, 그 후 실수를 연발했다.

이런 실패의 원인은 시간 배분을 생각하지 않고 문제를 풀고 있다는 것입니다. 문제 중에는 생각해야 할 경우의 수가 많거나 계산 과정이 복잡하여 해답을 내놓기까지 매우 오랜 시간이 걸리는 것도 있습니다. 그러한 문제에 빠지면 푸는 데 실패할 위험이 커집니다.

특정 문제에 시간을 써버리면 "시간이 있으면 풀 수 있는 문제에 손을 대지 못했다"라는 상황을 초래하기 쉽고, 득점할 수 있는 문제를 놓쳐 버리게 됩니다.

문제를 풀 때는 미리 시간 배분을 생각해 두고 배정된 시간을 넘을 수 있는 문제는 일단 건너뛰는 것이 중요합니다. 먼저 풀어야 할 문제를 푼 후에, 시간이 걸릴 것 같은 문제나 해법에 자신감이 없는 문제로 돌아오는 것이 좋습니다.

(2) 검산 및 확인을 철저히 하여 실수를 방지한다.

실패 사례

본 시험 때 긴장으로 인해 평소에는 하지 않았던 예상치 못한 실수를 연발하고 말았다. 모의시험에서는 괜찮았는데, 실전에서 마킹을 어긋나게 기입해 버렸다.

의대 입시는 실수가 허용되지 않는 시험이며, 예상치 못한 실수를 없애는 것은 성적을 높이는 것만큼이나 중요합니다. 만약 각 과목에서 예상치 못한 실수가 하나씩이라도 있으면 총 100점 이상의 차이가 나게 됩니다. 예상치 못한 실수는 합격 여부에 직접적인 영향을 미칠 수 있기 때문에 발생하지 않도록 각별히 유의해야 합니다.

시험 성적이 좋지 않은 것을 어이없는 실수 탓으로 돌리며 "예상치 못한 실수가 없었다면 수긍할 수 있다"라고 변명하고 있는 사람은 빨리 생각을 바꿀 필요가 있습니다. '실수가 없으면 점수를 딸 수 있다'라고 생각하는 수험생도 있는데, 수능에서만 갑자기 실수가 없어지는 일은 있을 수 없습니다.

그렇지 않아도 실전 때는 긴장하기 때문에, 평소 예상치 못한 실수를 하기 쉬운 사람은 입시에 돌입하면 실수가 더 늘어날 수 있습니다. 예상치 못한 실수를 가볍게 보지 않고 푸는 방법부터 재검토해 나가는 것이 중요합니다.

"실수를 줄이도록 조심한다"라는 마음가짐만으로는 실수가 없어지지 않습니다. 예상치 못한 실수가 많은 원인은 부주의한 성격 등의 문제가 아니라 실수를 유발할 수 있는 풀이법을 고집하고 있기 때문입니다. 예를 들면,

- 조건의 누락 → 문제를 읽는 것이 어수선
- 계산 실수 → 암산이 많다.
- 마킹이 어긋남 → 표시를 한 후 확인하는 습관이 없음

  등이 있습니다.

실수가 적은 사람에게는 '실수하지 않는 공부'를 하는 습관이 있습니다. 예를 들어 '문제의 조건 누락이 없는지 확인하는 것', '내가 푼 계산 과정에 미스가 없는지 검산할 것' 등입니다. 언뜻 보면 당연한 일이지만, 실수가 많은 수험생일수록 이와 같은 실수를 자주 저지릅니다. 예상치 못한 실수를 방지하기 위해 시험 중에는 꼼꼼히 검산 및 확인을 하는 습관을 들이면 좋을 것입니다.

(3) 자신을 되돌아보는 자세를 기른다.

실전 시험 때, 모든 것이 예상대로 진행되지는 않습니다. "갑자기 시험 경향이 바뀌었다.", "특기 과목에서 크게 실패하고 말았다." 등 예상치 못한 사건이 일어나는 일은 자주 있습니다. 그럴 때 가장 중요한 것은 상황을 냉정하게 파악하고 어떻게 해결해야 할지 그 자리에서 판단하는 것입니다.

실전 시험은 누구의 조언도 받을 수 없으므로 스스로 판단하는 힘을 기를 필요가 있습니다. 특히 실제 시험에서의 실수를 줄이기 위해 모의시험이나 기출문제 연습으로 단련할 수 있습니다. 별로 의식하지 않더라도 모의시험이나 기출문제 연습에서도 예기치 못한 사건은 일어날 수 있습니다. 모의시험을 마치면

시험 중에 자신의 판단이 옳았는지를 되돌아볼 수 있고, 이때의 경험을 바탕으로 실전 시험에 대비를 할 수 있습니다.

예를 들면, 문항 1번 문제가 초반부터 풀리지 않아서 초조한 경험을 해 본 사람이 많을 것입니다. 문제를 해결하기 위해 끝까지 잡고 있다가 시간을 많이 허비했지만 '문제의 난이도가 높았기 때문에 어쩔 수 없었다'는 태도를 보이는 이가 종종 있습니다. 나중에 돌이켜보면 시험 중 자신의 판단이 잘못되었다는 것을 알게 될 때가 있습니다. 판단이 잘못되었다는 것을 깨달았을 경우에는 '같은 사태가 일어났을 때, 본 시험은 어떻게 대처할까'를 고민해 개선책을 실전에 활용합니다.

시험에 강해지는 멘탈 관리법

멘탈이 약하다, 강하다는 것은 원래 성격이나 사고법에 따라 크게 좌우되지만, 멘탈은 기술적으로 단련할 수 있습니다. 멘탈을 관리하는 데 있어서 가장 중요한 것은 본인 스스로를 되돌아보는 것입니다. 멘탈이 망가지는 원인이나 타이밍은 사람마다 천차만별이라서 "멘탈이 흔들릴 때는 이렇게 하면 된다!"라는 모두에게 해당하는 정답은 없기 때문에 본인에 대한 분석이 중요합니다.

멘탈 관리에 있어서 분석해야 할 것은 "멘탈이 무너진 이유를 찾는 것"과 "멘탈을 살리기 위해 어떻게 해야 할지 생각하는 것" 두 가지입니다. 시험 중의 초조함을 예로 들어 구체적인 멘탈 회복 방법을 소개합니다.

STEP 1. 시험 중 초조함을 분석한다.

시험을 보는 도중 초조해졌을 때 먼저 '내가 어떤 상황인지'를 생각해 봅니다. 예를 들면, 초조해진 상황이란 모르는 문제를 발견했을 때 같은 경우인데, 그저 어떤 상황이었는지 파악만 하는 것에 그쳐서는 안 됩니다.

중요한 것은, "초조한 상황뿐만이 아니라 그때 내가 무엇을 생각하고, 그 상황을 어떻게 파악했는가?"입니다. 멘탈이 강한 사람과 약한 사람의 차이는 '상황을 파악하는 방법의 차이'에 의해 생겨납니다. '잘 알고 있어야 할 문제인데 건망증이 나서 해법이 생각나지 않는다'라는 것은 누구에게나 일어날 수 있는 해프닝이지만, 문제를 파악하고 해결하는 방법은 사람에 따라 다양합니다. 멘탈이 약한 사람은 이 상황을 "공부했는데 까먹었다", "제대로 복습해 두었으면 좋았을 걸 어쩌나!"하고 자책하는 경향이 있습니다.

한편, 멘탈이 강한 사람은 "아, 잊고 있었다. 뭐, 지식의 빠짐은 모두에게 있지. 지금은 풀 수 있는 걸 제대로 하면 되겠구나"라고 생각하며 자신을 탓하지 않는 경우가 많습니다. 이렇게 같은 실수를 했을 때, 멘탈이 약한 사람과 강한 사람은 상황을 파악하는 방법이 전혀 다르다는 것을 알 수 있습니다.

STEP 2. 다음번으로 이어질 해결책을 고민한다.

시험 중에 초조함을 분석할 수 있다면 다음은 해결책을 생각해 보겠습니다. 해결책 사고방식의 나쁜 예와 좋은 예를 소개합니다.

좋은 예

시험 중 상황 파악법 : 복습이 제대로 안 된 탓이다. 자신의 노력이 부족하니 풀 수 없었다.

↓

해결책 : 모르는 문제에 부딪혔을 때 어려움은 누구나 겪는 것입니다. 따라서 무엇보다 지금 풀 수 있는 문제를 우선해서 풀어야 합니다.

나쁜 예

초조해진 상황 : "모르는 문제를 접했을 때 초조해져 버렸다."

↓

해결책 : 모르는 문제를 보고도 초조해하지 않는 담대한 습관을 평소 길러 두어야 한다.

자주 거론되는 해결책이지만 사실은 아무런 해결이 되지 않고 있습니다. 이런 추상적인 분석으로는 다음번에도 모르는 문제를 보면 초조해질 가능성이 큽니다. 해결책을 고민하기 위해서 중요한 것이 STEP 1.에서의 방식입니다. 문제의 원인은 모르는 문제를 발견했을 때의 자기 자신을 파악하는 방법에 있으므로, 이것을 개선하는 것을 시작으로 다음에 이어지는 해결책을 찾을 수 있습니다.

이처럼 시험 중에 초조함을 낳는 원인이 된 '상황 파악법'에 초점을 맞추어 분석해 봐야 합니다.

STEP 3. 잘 다루는 법을 연습한다.

파악하는 방법의 차이에는 성격의 차이도 연관이 있기 때문에 금방 잘 된다고 할 수는 없습니다. 원래 완벽주의자는 자신을 탓하기 쉽고 갑자기 낙관적인 태도를 가지기는 쉽지 않은 일이긴 합니다.

시험 도중 상황을 잘 파악하기 위해서는 여러 번 연습해야 합니다. 멘탈 문제가 생겼을 때는 반드시 되돌아보고 개선책을 생각해 봅니다. 그리고 반복적으로 멘탈을 분석함으로써 문제의 원인을 파악하고 대처법을 바꿀 수 있습니다. 처음에는 잘 되지 않더라도 포기하지 않고 분석을 계속하는 것이 중요합니다. 여러 번 연습함으로써 서서히 멘탈을 관리할 수 있게 됩니다.

PART 4

의대 계열 나만의 깊이 있는 독서법

A medical school entrance examination

깊이 있는 학습을 하기 위한 방법 중 하나는 독서입니다. 보통 독서라고 하면 어떻게 읽어야 하는지 학생들 입장에서는 막막할 따름입니다. 이를 돕기 위해 아래의 5권의 책을 읽고 필자가 쓴 독서록을 공개합니다.

보통 독후감을 쓸 때 읽게 된 계기, 책의 주요 내용 또는 감명 깊게 읽는 부분을 적습니다. 특히 학생들이 가장 어려워하는 부분이 느낀 점 및 깨달은 점을 적는 부분입니다. 대체로 책을 읽고 나서 바로 깨달음을 얻는 사람은 드뭅니다. 따라서 이런 점을 염두에 두고 목적을 지닌 독서를 해야 합니다.

예를 들어, 〈창조성에 관한 7가지 감각〉이란 책의 독후감을 보면, 먹는 인슐린을 개발했지만 상품화에는 실패한 이야기가 나옵니다. 이런 사례에 주목해 본다면, 신약을 개발했을 때 어떤 점을 고려해야 하는지를 알 수 있습니다. 의대가 목표인 학생들의 눈에는 이런 사례가 선명하게 들어올 수 있습니다. 왜냐하면 의대에서 신약 개발 사례가 많기 때문입니다. 따라서 독서를 잘할 수 있는 방법 중 하나는 목적의식을 가진 독서라고 볼 수 있겠습니다.

다음으로 '비교'를 중심으로 한 독서가 깊이 있는 학습으로 이어집니다. 〈돈으로 살 수 없는 것들〉에서 청소부 보험이란 내용이 나옵니다. 오래 살지 못하는 사람들의 생명보험을 회사가 들어준 뒤, 그들을 일정 기간 고용하고 임금을 주는 제도입니다. 이에 대한 논란이 불거졌지만, 한국 사회에서는 이와 관련된 논란이 대중화되어 있지 않습니다. 그럼에도 불구하고 한국의 일부 지역에서도 이런 문제가 발생했고 신문 기사에도 보도되었습니다. (2012년 7월 20일, 토마토 뉴스 '금융소비자권리찾기(48)단체보험 가입됐다면 '청소부보험' 의심해 봐야'라는 기사 참고)

점차 사회가 서구화되어가는 이 시점에서 외국에서 일어나는 일들은 한국에서도 발생할 수 있습니다. 그리고 보험의 문제는 누구나 관심을 가질 수 있고 의료와도 연계된 문제이므로 눈여겨봐야 할 것입니다. 이렇게 문화권 비교 등을 목적으로 한 독서도 의미가 있습니다.

〈우연에서 선택으로〉를 읽은 후에는 세상을 보는 시야를 넓힐 수 있습니다. 단순하게 의료에 대해 생각하기보다는 개인의 선택 중심과 공중보건 중심이라는 두 가지 프레임으로 동일한 의료 현상을 보면 다른 해석이 나올 수 있습니다. 즉, 독서를 통해서 세상을 바라보는 방법을 다양하게 배우고 깨달음을 얻을 수 있습니다. 자신이 보지 못했던 프레임으로 기존에 보았던 사건을 다시 들여다보면 느끼거나 생각하는 것이 달라집니다. 따라서 이러한 점들을 기록해 두고 또 이와 관련된 생각을 친구들과 토의하다 보면 보다 정교한 생각을 가지게 됩니다.

〈아픔이 길이 되려면〉에서는 새로운 의학 연구 동향을 알 수 있습니다. 사회역학이란 분야가 연구된 지는 오래되었지만, 이것이 현실에 적용되고 대중들에게 알려진 시기는 얼마 되지 않습니다. 따라서 사회역학에 대한 이해를 증진하고 실제 한국의 연구사례를 살펴볼 기회를 독서를 통해 얻을 수 있습니다. 특히 주요한 의학자나 의료 관련 저술가들의 책은 반드시 읽어보고 그 내용을 알고 있어야 합니다. 그런 책들에 담긴 생각들은 평가와 면접을 진행하는 평가자들에게도 요구되는 지식이기 때문입니다.

〈위대한 유산〉에서는 융합적 사고력을 배울 수 있습니다. 이 도서는 다양한 학문을 연구하는 학자들이 서로 협력하여 쓴 책입니다. 그러므로 하나의 주제를 다양한 관점에서 살펴볼 수 있습니다. 깊이 있는 사고를 하기 위해서는 다양한 관점을 하나의 사례에 적용해 보고 그것을 다시 융합적 시각으로 재해석하거나 기존의 해석과 달리 분석해 보는 연습을 하면 좋습니다.

이렇게 종횡무진 나아가는 독서 기록을 읽어보면서 생각의 폭을 넓히고 깊이 있는 학습을 하기를 바랍니다.

<창조성에 관한 7가지 감각>
데이비드 에드워즈 지음/박세연 옮김/어크로스

의대는 빠르게 변화하고 있습니다. 창업 수업도 개설되었습니다. 2019년 8월 서울대에서는 의과대학 본과 2학년을 대상으로 1학점의 선택교과로 '혁신 나도 할 수 있다'란 과목을 개설했습니다. 이전에도 '바이오창업자들을 위한 마인드 셋팅과 법 개론', '의과학자들을 위한 지식재산권개요', 그리고 '의학을 위한 신기술' 등의 과목이 개설되어 교육과정의 완성도를 높였습니다. 특히 시나리오 기법에 따라 벤처캐피탈회사가 바이오신생회사를 발굴하고 지원하는 과정 등을 체험해 보는 형식의 수업을 제공하였습니다. (예시 : 바이오창업자들을 위한 마인드 세팅과 법 개요)

시나리오 경영기법을 소개한 책으로는 <불확실한 시대에 대처하는 법, 시나리오 경영>이 있습니다. 시나리오 경영기법을 단시간에 이해하기 위해 단순하게 재구성해 보았습니다.

비즈니스 아이디어	시나리오1 결과값측정	시나리오2 결과값측정	시나리오3 결과값측정

시나리오1의 결과값 vs 시나리오2의 결과값 vs 시나리오3의 결과값 비교

최적의 시나리오 선택 후 실행

즉, 최적화된 해법을 찾기 위해 비즈니스 아이디어를 어떤 방향으로 구현해야 하는지를 사전에 점검해 보는 것이 시나리오 경영기법이라고 볼 수 있습니다.

다시 본론으로 가보면, 〈창조성에 관한 7가지 감각〉의 저자인 데이비드 에드워즈는 응용수학자, 생명공학자, 그리고 독창적인 발명가로 불립니다. 미시간대에서 화학공학을 전공했고, MIT와 펜실베이니아주립대를 거쳐 하버드대에서 학생들을 가르치고 있습니다.

이 책은 저자가 비스 연구소에서 '가치 있는 창조란 무엇인가'를 주제로 창조성 강의를 진행하면서 경험한 것을 다루어 실증적 내용이 많고, 천천히 읽으면서 내용에 나오는 상황을 상상하며 읽을 때 독서의 묘미를 얻을 수 있습니다.

책은 총 3부로 이뤄졌습니다.

제1부 '미학적 창조란 무엇인가'에서는 창조를 향하는 세 가지 길과 문화 실험실이란 새로운 학습공간을 제시했습니다.

제2부 '창조자 주기를 구성하는 7가지 요소'는 아이디에이션→실험→표현으로 넘어가는 각 단계별로 7가지 요소가 활용되는 실사례를 담았습니다.

제3부 '상상을 현실로 만드는 여정'은 새로운 시도를 한 사람들의 경험담을 담았습니다. 특히 풀뿌리 창조라고 불리는 초기 활동은 훗날 스타트업 문화를 촉진하는 매개체가 됩니다.

이 책의 제1장과 제2장 내용은 의료계열 진로를 가진 학생들에게 도움이 됩니다.

제1장의 경우 미학의 역사를 간략히 소개한 부분이 있습니다. 여러 철학자들의 이론과 과학의 흐름을 연결 지어 정리했기 때문에 철학사나 과학사에 관심이 있는 학생들에게 강력 추천합니다.

제2장에서는 시나리오 경영기법을 맛볼 수 있는 내용이 존재합니다. 저자가 실제로 헬스케어 사업에 뛰어들면서 겪었던 성공과 실패의 내용이 담겨있습니다. 이 부분을 읽으면서 기술적 성취와 기업적 또는 사회적 성취의 차이점을 발견하기를 바랍니다.

제1장에서는 미학을 빌어 예술과 과학의 콜라보가 가능한 이유를 명쾌하게 설명합니다. 30쪽을 보면 아래와 같은 명문이 나옵니다.

'합리주의 철학자들의 주장에 따르면, 우리의 인식은 두 가지 범주에 해당한다. 바로 직관과 연역이다. 직관의 미학적 표현은 종종 예술이라고 언급되고, 연역의 미학적 표현은 과학이라고 불린다. 그러나 사실 많은 창조물은 예술과 과학의 조합이다. 가령 판테온이 그렇다. 이 건축물은 우아한 예술 작품이자 과학과 공학의 결과물이다. 미켈란젤로의 시스티나성당 천장화 역시 당대의 과학을 인상적으로 드러냈다. 과거의 오랜 미학적 전통에서 미술과 과학은 같은 나무에서 뻗어 나온 가지였다.'

주목해야 할 것은 인간의 인식을 두 가지 범주로 본 것과 그 두 가지를 예술과 과학에 각각 매칭한 것입니다. 쉽게 풀이하면, 예술을 통해 사물이나 현상의 원리를 찾아내거나 새롭게 해석해 기존 인식범위를 넓혀 나갔습니다. 그리고 이런 내용들을 논리적으로 검증하기 위해 과학이란 도구를 활용한다고 생각하면 됩니다. 새로운 것을 찾아낼 때는 직관, 그것들을 정리할 때는 연역을 이용한다는 것입니다. 결국 과학자나 의학자가 새로운 연구를 위해서는 예술적 인사이트가 필요하다는 점을 알 수 있습니다.

인문계 학생들도 이 글을 읽는다는 전제하에 어렵지만 의미있는 구절을 찾아본다면 아래와 같습니다. 31쪽에 나오는 내용입니다.

'플라톤 이후로 철학자들은 아름다움과 경험, 그리고 도덕을 가치론이라고 하는 더욱 거대한 영역으로 묶었다. 그러나 뉴턴 이후의 세계에서, 흄에서 칸트에 이르는 많은 철학자들은 아름다움은 대상에 대한 개인적인 관계를 떠난 것이며, 미학은 예술 작품을 객관적으로 살펴보기 위한 수단으로서만 의미가 있다고 주장했다.'

저자의 약력을 고려하면 과학자가 철학에 대해 정리한 내용으로 볼 수 있습니다. 그럼에도 불구하고 알기 쉽게 흄에서 칸트에 이르는 아름다움의 개념이 잘 설명되어 있습니다. 특히 인문계 논술을 준비하는 학생들은 칸트 미학과 관련된 내용을 접할 때가 종종 있습니다. 이때 참고할 만한 문장이 되기를 바랍니다.

제2장에서는 저자의 경험이 고스란히 드러나는 내용이 있습니다. 이제까지 인슐린을 주사기로 신체에 주입했습니다. 그런데 저자는 호흡기로 흡입하는 방식을 생각해 내어 제품 개발까지 하게 됩니다. 61쪽에서 64쪽에 담긴 내용 중 일부를 발췌하여 소개합니다.

'1990년대에 과학자들은 호흡기로 흡입하는 방식이야말로 피부를 손상시키지 않고 몸 안으로 단백질을 주입하는 최고의 방법이라고 결론 내렸습니다. 일단 약품이 폐 안으로 흡입되고 나면, 혈류로 들어가는 짧고 직접적인 경로를 찾게 됩니다. (중략) 특히 인슐린은 효율적으로 혈관 벽을 침투할 수 있을 정도로 입자가 작습니다. 높은 확률과 단순한 방법, 저렴한 비용으로 인슐린을 폐에 집어넣는 기술을 발명할 수 있다면, 당뇨병 치료가 획기적으로 개선될 것으로 보였습니다. (중략) 우리는 사용이 간편하고 경제적인, 흡입 가능한 인슐린 입자를 만드는 방법을 개발했습니다.(중략) 그 아이디어 효용을 입증하기까지 2년의 세월이 더 걸렸습니다. 1997년 우리는 연구 결과를 〈사이언스〉에 발표했습니다.'

위의 글만 읽어봐도 대략적인 상황이 짐작될 것입니다. 문제를 발견하고, 그 문제를 해결하기 위한 아이디어를 내고, 논문의 형태로 그 아이디어를 인정받아서 제품 개발로 이어져야 한다는 점입니다.

그런데 이것만으로 바이오벤처 기업이 되는 것은 아닙니다. 제품을 판매할 수 있다는 사회적 승인이 필요합니다. 그런데 그러한 승인을 받기까지는 험난한 길이 예상되죠. 그리고 실제로 저자는 포기해 버립니다. 왜 포기하게 되었는지 아래의 글을 통해서 알아보시죠.

'당뇨병 환자가 급증하면서 의사들은 완전히 새로운 치료법의 도입을 우려했다. 인슐린 치료는 결국 평생 동안 이어져야 하고, 의사들은 주사형 인슐린에 대해서는 50년 이상의 경험치를 확보한 상태였다. (중략) 그런데 고작 몇 년의 경험치밖에 없는 흡입형 인슐린으로 치료 수단을 교체하는 작업은 의사들에게 장기적인 위험으로 가득한 전면적인 변화로 보였다. (중략) 일라이릴리를 비롯한 제약회사들은 수억 달러를 주사형 인슐린 개발에 투자한 터였다. 그들이 내린 결론은, 당뇨병 치료를 위해 주사를 흡입기로 바꾸는 시도는 경제적 이점이 별로 없으면서도 의료적 위험은 크게 높인다는 것이었다. (중략) 중요한 것을 창조하기 위해서는 과학적으로 올바른 일 그 이상이 필요했다.'

이 부분을 여러 번 읽다 보면 바이오벤처가 어려운 이유를 진심으로 느낄 수 있을 것입니다. 수년간의 노력과 투자로 결과물이 나왔지만 시장에서 다른 경쟁자들이 방해할 것은 짐작도 못 할 것입니다. 왜냐하면 그런 생각할 겨를조차 없기 때문입니다.

실제로 저자는 이 사업으로 큰 손해를 봅니다. 그러한 경험을 담아 '문화 실험실'이란 학습 콘셉트를 잡게 됩니다. 여기서 문화는 쉽게 생각하면 새로운 기술이 만들어졌을 때 그것을 이용하는 소비자, 이와 유사하거나 대체제를 공급하고 있는 생산자의 입장을 충분히 고려하는 것들을 포괄하는 개념으로 이해해야 합니다. 동시에 이런 글을 읽는 것 자체가 시나리오 경영기법을 간접 체험한 것입니다.

의대 면접뿐만 아니라 의대의 커리큘럼 등 모든 것들이 진화합니다. 따라서 과거지향적 데이터를 수집하고 이에 맞춰 면접 대비를 하는 것도 의미가 있지만, 보다 나은 대비를 위해서는 미래지향적 데이터 수집과 면접 대비가 필요합니다.

이를 위해서는 언제나 시나리오 경영기법적인 생각을 해야 합니다. 즉, 내가 알고 있는 정보만을 최선으로 생각하지 말고, 오픈 마인드로 동시대의 다른 문화영역에 있는 정보를 수용할 줄 알아야 합니다. 나아가 새로운 정보를 취득하기 위해서는 사회의 변화에 주목하면서 이를 자신의 진로와 접목시키고 그러한 내용을 면접 과정에서 풀어내는 노력이 필요합니다.

〈돈으로 살 수 없는 것들〉

마이클 샌델 지음/안기순 옮김/김선욱 감수/와이즈베리

저자는 하버드대학교 교수로, 27세에 교수직에 임명되면서 최연소 교수가 되었다고 합니다. 그는 하버드에서 정치철학을 가르치며 전 세계적인 인기를 끌고 있습니다.

최근에는 그의 아들인 애덤 샌델이 하버드 사회학과에서 학생들을 가르치며 〈편견이란 무엇인가〉를 저술하였습니다. 국내에서도 꽤 인기를 끄는 책 중 하나입니다. 아들은 아버지를 닮는 것일까요?

이 책은 제1장 새치기, 제2장 인센티브, 제3장 시장은 어떻게 도덕을 밀어내는가, 제4장 삶과 죽음의 시장 그리고 제5장 명명권, 총 5장으로 이루어져 있습니다. 우리가 살펴볼 부분은 제4장 삶과 죽음의 시장 중 '청소부 보험'입니다. 이 부분이 중요한 이유는 의료경제학적 사고방식을 접할 수 있고 동시에 이것의 한계를 알 수 있기 때문입니다.

특히 이 부분을 이해하기 위해서는 〈정의란 무엇인가〉 중 제2장 행복의 원칙에서 '대가를 치르는 고통'을 이해해야 합니다. 황당할 수 있지만, 앞니 뽑기 4,500달러, 발가락 자르기 5만7000달러, 산 지렁이 먹기 10만 달러로 양적환산을 해놓았습니다. 좀 더 멋진 말로는 도덕적 행위를 계량하려는 시도입니다.

이러한 사고방식을 책으로 읽다 보면 감흥이 별로 없는데, 어떤 사건과 같이 결부해 보면 쉽게 이해됩니다. '시험에서 100점을 받으면 보상받을 수 있는 것은? 드라마에서 자주 보이듯이 내 아들과 헤어져 준다면 얼마를 주면 되는지? 수능 만점을 받기 위해 내가 포기해야 하는 개인적 삶을 비용으로 환산한다면?' 등등 일상생활에서 우리는 수많은 문제를 양적으로 계산하는데 이것이 바로 공리주의적 사고방식입니다.

이런 사고가 '거래'로 이어지면 문제가 발생합니다. 법으로 금지한 내용이라도 처벌을 감내하면서 일을 하게 만드는 동기가 되기 때문이죠.

이 책의 183쪽에 나오는 내용을 한 번 보겠습니다.

'미망인 비키 라이스는 죽은 남편의 생명보험금으로 월마트가 횡재했다는 사실을 알고 분노했다. 어떻게 남편의 사망으로 회사가 이익을 챙길 수 있단 말인가? (중략) 그러더니 이제 30만 달러까지 차지하다니? 정말 부도덕한 일이다. (중략) 월마트 대변인은 회사가 부지배인뿐 아니라 수리보수 직원까지 직원 수십만 명의 명의로 생명보험 증권을 소유하고 있다는 사실을 인정했다. 하지만 직원의 죽음에서 이익을 취하려 했다는 주장은 부인했다. (중략) 해당 직원이 사망하고 나서 그의 자리를 채우는 비용에 대한 보상금이라고 주장했다.'

본인 동의 없이 회사가 생명보험을 들고, 그가 죽으면 사망보험금을 회사가 가져간다는 말입니다. 이런 일이 어떻게 가능할까요? 미국의 보험업계에서는 '청소부 보험', 또는 '죽은 소작농 보험'이라고 부릅니다.

미국 대부분 주에서는 불법이지만 1980년대 들어 보험업계가 주 의회를 상대로 로비활동을 벌이는 데 성공하면서 회사 CEO부터 우편실 직원까지 전 직원 명의로 생명보험에 가입할 수 있도록 보험법이 완화되었습니다. 즉, 불법적인 일들이 자주 거래되면서 서서히 합법화의 길을 걷게 된 것입니다.

철학에서는 미끄럼틀의 원리라고 하는데, 하나의 사례가 인정되고 반복되면 그와 유사한 사례가 합법화 또는 일상화된다는 뜻입니다. 게다가 인센티브가 작용하기 시작하는데, 전통적인 종신보험 증권과 마찬가지로 사망보험금은 면세였습니다. 그래서 생명보험 증권에서 파생한 연간 투자 수입도 면세가 됩니다.

회사는 사망보험금을 받을 때 세금을 내지 않고 모든 금액을 받게 된다는 말입니다. 회사의 입장에서 본다면 굳이 회사를 운영할 필요 없이 사람들만 고용하면 수익이 납니다.

의대 면접과 관련해서는 이런 질문을 던질 수 있어야 합니다.

"고용주가 직원에게 알리지도 않고 회사 명의로 생명보험에 가입하는 것은 어떤 문제가 있을까요? 만약 이런 보험가입이 직원에게 어떠한 피해도 돌아가지 않는 상황이라면 이를 허용해야 할까요? 오히려 직원이 이 사실을 이용하여 계약 기간을 늘리려고 하거나 정직원 채용을 요구해도 괜찮을까요?"

따라서 동의(consent)문제로 본 다음, 회사의 입장과 직원의 입장, 그리고 우리 사회의 입장에서도 생각해 볼 수 있어야 합니다. 이는 개인의 차원, 사회적 차원으로 환원할 수 있으며 사회학의 주요한 관점이기도 합니다.

이 책의 190쪽에 등장하는 사례를 문제로 만들어 보았습니다.

[제시문] 10만 달러 생명보험 증권을 소유한 사람이 의사에게 앞으로 일 년밖에 살지 못한다는 말을 들었다고 가정하자. 치료를 받거나 짧으나마 여생을 잘 살아보려면 돈이 필요할 것이다. 어떤 투자자가 환자에게 할인된 가격으로, 예를 들어, 5만 달러에 생명보험 증권을 사고 연납 보험료를 지불해 주겠다고 제안한다. 최초 보험계약자가 사망하면 투자가는 사망 보험금 10만 달러를 받는다.

[질문] 당신이 환자라면 어떤 선택을 하겠는가?

[추가질문1] 당신의 선택은 도덕적으로 타당한가?

[추가질문2] 당신의 선택은 경제적으로 합리적인가?

재미난 점은 [추가질문1]과 [추가질문2]의 순서를 바꾸기만 해도 답변의 방향이 달라질 수 있습니다. 즉, 상충되는 두 관점에 대해 피면접자는 자신의 심정을 밝힐 수밖에 없습니다. 그런데 일반적으로 (자연계형) 학생들은 이 두 질문에 매끄럽게 답변하지 못합니다. 왜냐하면 학생들은 우리 사회에서 받아들일 수 있는 질서 수준에 대해 고민한 적이 없기 때문입니다. 즉, 철학적 혹은 윤리적 사고훈련을 해 본 적이 드뭅니다. 문과형 학생들은 윤리와 사상이나 생활윤리 같은 과목을 들으면서 그나마 평소 훈련이 되어있는데 말입니다.

다시 본론으로 돌아오면, 시장 거래가 가능한 물품과 그렇지 않는 것을 정해야 합니다. 그리고 시장 거래가 가능하다고 해도 물질로 지불하는 것을 넘어서는, 또는 예상하지 못한 가치의 거래를 생각해야 합니다. 예를 들어, 내 투표권을 팔수는 있지만, 그것을 팔았을 경우 시민의 권리라는 가치가 훼손될 수 있고 투표/선거의 공정성이 훼손될 수 있다는 점까지 고려해야 합니다. 즉, 우리 사회가 지켜야 하는 가치가 무엇인지 알아본 뒤, 그 가치를 훼손하거나 부정적 영향을 끼칠 수 있는 거래는 하지 말아야 할 것입니다.

문제의 답변을 구상하기 위해 천천히 다음과 같은 것들을 생각해 봅시다. 필자 같으면 대원칙을 먼저 생각할 것입니다.

'인간의 생명은 거래할 수 없다. 다만 거래가 가능한 경우는 인간의 생존을 위해 불가피한 경우이다.'라는 원칙을 생각했다고 가정해 보죠. 그다음 죽음의 문제에서 사망보험이 거래되는 것은 인간의 존엄성을 훼손하는 일이라고 생각할 수 있습니다. 그런 다음 예외적인 경우를 생각하면 됩니다. 인간의 생존을 염려한 불가피한 경우인데, 이를 가족 단위에 적용한다면 아래와 같은 딜레마를 생각할 수 있습니다.

[문제의 재구성] 10만 달러 생명보험 증권을 소유한 사람이 의사에게 앞으로 일 년밖에 살지 못한다는 말을 들었다고 가정해 보자. 그런데 둘째 딸이 난치병에 걸려서 고액의 수술비가 필요한 상황이다. 환자 본인이 죽으면 더 이상 경제활동을 할 수 없기 때문에 가족들을 걱정하고 있다. 어떤 투자자가 환자에게 할인된 가격으로, 예를 들어 5만 달러에 생명보험 증권을 사고 연납 보험료를 지불해주겠다고 제안한다. 최초 보험 계약자가 사망하면 투자자는 사망 보험금 10만 달러를 받는다.

문제가 이렇게 바뀌면 학생들은 멘붕에 빠지게 됩니다. 첫 질문에 멋지게 대답했는데, 면접관이 문제를 바꿔서 추가 질문을 해버린 것입니다. 아무리 면접이라도 가장이라는 입장을 고려하면 쉽사리 착한 사람처럼 답변하기 어렵습니다.

센스있는 학생이라면, 우리 사회의 의료나 복지 안전망을 떠올려 반박 논리를 준비할 수도 있습니다. 즉, 내가 죽더라도 사회적 안전망에 의해 내 딸은 치료될 수 있다는 확신을 가질 수 있다고 말입니다. 그러나 현실은 그렇지 않다는 것도 너무나 잘 알고 있습니다.

그렇다면 우리는 어떤 사회를 전제로 답변해야 할까요? 더 구체적으로 우리가 희망하거나 바라는 사회의 모습을 전제로 하여 답변해야 할까요? 아니면 현실 사회를 바탕으로 답변해야 할까요?

정답은 없습니다. 완벽한 답변을 해야겠다는 생각을 버리면 문제 해결이 쉬워집니다. 모두를 만족할 수 있는 답변은 존재하기 어렵습니다. 현실적으로는 보험거래를 하고, 투자자가 그 이익금을 사회를 위해 쓸 것이라고 위안을 가지는 방법밖에는 없을 것입니다.

그런데 거래(market) 또는 동의(consent)라는 점에 주목하면 색다른 답변을 할 수 있습니다. 불완전한 거래 또는 동의라는 것이 존재합니다. 문제의 상황에서 의사가 일 년밖에 살지 못한다고 선고한 것은 의료적 예측입니다. 즉, '평균적으로' 그 병에 걸린 사람들이 그 정도 병의 진행 상태를 겪으면 1년 내로 사망한다는 것입니다.

그렇다면 더 늦게 죽는다면 문제는 어떻게 달라질까요? 그리고 이런 점들에 대해 명확하게 거래가 이뤄질 수 있을까요? 당연히 불가능에 가깝습니다. 즉, 일 년 내로 죽지 않으면 그 거래는 성사되지 않을 것입니다. 따라서 이와 유사한 거래가 시장에서 이뤄지는 것은 비합리적 시장을 인정하거나 키우는 것과 같습니다.

따라서 환자의 입장에서 거래의 불완전성 또는 동의의 불완전성이란 점을 들어 그 거래를 하지 않겠다고 답변할 수 있습니다. 이것은 윤리적으로도 타당하고 심지어 경제적으로도 타당합니다. 만약 기댓값을 수학적으로 구해 본다면 (물론 자의적인 수치를 대입하겠지만) 거래 불가능에 힘을 실어줄 수 있는 값을 도출할 수도 있습니다.

그러므로 이 책에서 우리가 배워야 할 것은 동의의 문제 또는 거래의 문제라는 점을 알 수 있습니다. 이 외에도 여러 해법이 있을 수 있겠지만 독자들이 읽기엔 이러한 결론도 흥미롭게 받아들일 수 있다고 생각되어 소개했습니다.

〈우연에서 선택으로 : 유전자 시대의 윤리학〉

앨런 뷰캐넌, 댄 브록, 노먼 대니얼스, 대이널 위클러 지음/강명신, 권복규, 박소연, 유소영, 김지경 옮김/로도스

이 책을 의료계열 진로를 희망하는 학생들에게 추천하는 이유는 두 가지입니다. 첫 번째는 이 책에서 다루는 주제가 광범위하기 때문입니다. 의료윤리, 의료관리, 법률, 그리고 정치학에서 생명공학 영역에 있는 이론과 사례 등을 소개하고 있습니다. 따라서 기본적으로 의료에 관련된 책을 읽어본 학생이 심화된 내용을 알고자 할 때 추천할 수 있는 책입니다.

두 번째는 이 책을 옮긴이들은 청소년들이 꼭 알아야 할 중요한 인물이기 때문입니다. 특히 강명신 교수와 권복규 교수는 청소년 및 일반인들을 위해 많은 저서를 출간했고, 실제로 의료현장과 이론 및 미래를 연결하여 청소년들에게 설명해 줄 수 있는 학자들입니다. 게다가 이 책의 시리즈인 비오스총서 목록을 보면 의학, 약학, 수의학의 쟁점을 담은 내용이 나와 있습니다.

〈우연에서 선택으로: 유전자 시대의 윤리학〉이란 제목에서 알 수 있듯이 생명공학 기술이 급속도로 발달하면서 인간이 생명 영역에서 자신의 의사에 따라 생명현상을 조정할 수 있다는 의미를 내포하고 있습니다. 동시에 이러한 시대에 필요한 윤리적 쟁점은 무엇이며, 우리가 따라야 할 윤리적 원리나 원칙은 무엇인지 밝힌 책입니다.

책의 구성을 보면 총 8개의 장으로 구성되어 있고 유전자 시대의 특징부터 유전자 시대에 필요한 정책 방향까지 서술하고 있습니다. 독자들이 먼저 읽어야 할 부분은 서론과 8장 뒤에 있는 부록1과 부록2입니다. 책의 주요한 내용을 살펴보겠습니다.

제1장 서론을 보면 유전자 개입에 대한 두 가지 모델이 나옵니다. 이는 유전자 시대에 일어날 수 있는 시나리오를 5가지 유형으로 제시한 다음, 그 중 2번째 유형에 대해서 케이스 스터디를 하는 방식으로 이야기를 풀어나갑니다.

다음은 '시나리오2 : 개인의 선택 vs 공중보건'이란 부분입니다.

⑴ 예비 부모의 혈액을 한 번만 검사해도 사실상 모든 심각한 유전질환의 발병 가능성과 질병에 대한 다양한 유전적 감수성을 파악할 수 있습니다. 이런 검사는 저렴하기까지 합니다. 이 혈액 검사를 활용해 집단적인 유전자 선별 검사를 제공하려는 계획이 추진되고 있습니다.

⑵ 이 계획의 실현 가능성을 검토하고 있는 정부 위원회는 이 프로그램의 비용-효과가 검사를 받은 이들 중 충분히 많은 수가 "양성 결과에 따라서 행동을 취할 것이냐-즉, 문제 있는 태아의 임신을 포기할 것인가"에 달려 있다고 지적합니다.

⑶ 집단 선별 검사 프로그램의 한 지지자는 "이것은 공중보건 문제입니다. 우리는 예방 가능한 질병을 아이들에게 떠안길 자유가 없습니다. 특히 이용 가능한 보건의료 시스템이 전 국민을 대상으로 하고 있다면 더욱 그렇습니다."라고 말합니다.

⑷ 그러나 다른 반대자는 이렇게 응수합니다. "어떤 종류의 유전자 서비스든 간에 엄밀하게는 개인의 선택 문제입니다. 재생산 자유도 이를 요청합니다. 시민들은 적절하다고 생각하는 방식으로 검사 결과에 따라 행동할 수 있어야 합니

다. 재생산 자유를 제한하는 어떤 프로그램도 용납하기 어렵습니다."

여기서는 케이스 스터디 모델을 하나 보여줍니다. 먼저 (1)은 다룰 문제의 배경, (2)는 쟁점사항, 그리고 (3)과 (4)는 쟁점에 대한 대표적인 입장입니다. 이런 구성으로 하여 케이스 스터디를 할 수 있는 글을 구성하는 것을 독자들이 주목하면 좋습니다. 그리고 이제 고민해야 할 것은 각각 대립한 주장들이 전제하고 있는 것과 이러한 사고유형과 연관된 원리를 찾는 것입니다.

이제 이 케이스를 해결하는 방법을 책 속에서 찾아보면 두 가지 접근법이 존재합니다. 첫 번째는 체계적인 윤리적 통찰이란 방법인데, 결과주의 윤리론과 자유주의 윤리론을 바탕으로 케이스를 해석하는 것입니다.

먼저, 결과주의 윤리론에서는 인간의 행위를 좋음과 나쁨으로 구분이 가능하며 이것의 합산이 이뤄질 수 있다는 전제를 받아들입니다. 예를 들어, 유전자 치료를 국가적으로 시행했을 때 (개인마다 느끼는 손익의 크기는 같다고 가정한 뒤) 손해를 보는 사람의 숫자보다 이익을 보는 사람들의 숫자가 더 많다면 유전자 치료를 진행할 것입니다. 그리고 유전자 치료의 대상이 A, B, C 질병이 있고 이 중 예산을 고려하여 하나만 치료해야 하는 조건일 때도 비용-효과를 계산하여 선택하게 됩니다.

이 과정에서 개인의 희생이 요구되는 경우가 발생할 수 있고 이익의 문제로써 이것이 정당화되어 문제가 발생하기도 합니다. 또 전염병과 유전질환을 놓고 보면, 전염병의 경우 해당 시기에 주변인들에게 확산되므로 수평적 권역 전파모델이라 부를 수 있고, 유전질환의 경우 해당 유전자가 후대에 유전되므로 수직적 권역 전파모델로 볼 수 있습니다.

이와 달리, 자유주의 윤리론의 경우 개인의 자율적 선택이 존중되어야 하고 각 개인들의 자유로운 거래로 시장 기능이 활성화되어 사회발전이 이뤄진다는 것입니다. 특히, 수직적 혹은 수평적 권역 전파모델로 인해 발생할 수 있는 개인의 피해를 막을 수 있기 때문에 일반적으로 자유주의 윤리론은 환영받을 요인이 많습니다.

그러나 엄밀하게 따지면 유전자 치료를 받을 수 있는 경제력이 있는 사람들에게 자율권이 주어지는 것을 의미하기도 합니다. 그리고 유전자 시장이 활성화되는 과정에서 치료법의 가격에 따라 빈부 차이가 건강 격차로 이어질 위험이 있습니다. 그 결과, 표면적으로는 자율성이 보장되지만 환경에 따라 타인들의 피해를 전제로 한 특정 계층의 자율성이 보장되는 상황이 발생할 수 있습니다.

이처럼 책의 내용을 잘 정리하고 요약하는 과정에서 논리적 사고를 기르고 특정 주장이나 이론의 장단점을 알 수 있습니다. 만약 여기서 더 심화학습을 하고 싶은 독자들은 책에서 뢰머와 롤즈의 논의를 만날 수 있습니다. 이 두 학자는 '기회균등'에 대해 서로 다른 입장을 취합니다. 결과주의와 자유주의 프레임이 아니라 기회균등의 보장이란 프레임으로 풀어가는 것입니다.

존 뢰머(John Roemer)의 경우, 공평한 경쟁의 장(level playing field) 개념을 가져옵니다. 이는 쉽게 말해 사람들이 선의의 경쟁을 하는 데 있어서 육체적 어려움이 발생할 수 있는 것을 사전에 차단하여 공평하게 각자의 능력과 역량을 발휘하는 사회를 만들자는 것입니다. 이를 위해서는 유전병이 기형을 일으키는 질환은 사전에 유전자 치료를 통해 막아야 한다는 것입니다.

이와 달리 롤즈의 경우 기회균등이 보장되기 위해서는 사회적 제도 차원에서 접근하는 것을 선호합니다. 그는 모든 인간이 자연으로부터 혜택을 받을 수 있다는 개념을 전제로 사회 제도를 구축하는 것은 부당하다고 얘기합니다. 즉, 선천적으로 불리하게 태어난 것이 고쳐져야 할 것이 아니라는 입장입니다. 오히려 어떤 존재로 태어나도 인간답게 살 수 있는 제도를 만들자는 입장입니다.

　정리해 보면 의료 시나리오인 '개인의 선택 vs 공중보건'이란 내용을 윤리적 원리에 따라 해석하는 것이 기본적인 케이스 스터디 방법입니다. 심화학습을 위해 학자들의 입장을 추가하여 재해석해 보면 보다 심층적 탐구가 가능합니다. 따라서 독자들은 이 책을 읽을 때 모든 내용을 이해하기보다는 서론에 등장하는 케이스 하나를 선택해 심화학습 하기를 권합니다.

〈아픔이 길이 되려면〉
김승섭 지음/동아시아

세탁기가 발명되기 전, 먼저 위생 관념이 등장합니다. 얼룩이 진 옷을 입거나 옷으로 음식물을 닦으면 세균이 생길 수 있으므로 빨아야 한다는 사실을 깨달은 겁니다. 이런 '위생 관념'이 생겨난 뒤 세탁기가 등장하는데, 이 둘의 콜라보는 무섭습니다. 원래는 여성들의 가사노동 시간을 줄인다는 미명 아래 나온 기계지만, 위생 관념과 결합되면 '매일' 빨래는 해야 하고 가사 노동 시간은 점점 늘어나게 됩니다. 왜냐하면 위생 개념은 옷에서부터 식기 세척, 그리고 침대 등 모든 일상생활에 영향을 미치기 때문입니다.

반대로 어떤 지식을 잘 알지 못한다면 그 부분에 대해 사람들은 반응할 수 없습니다. 청소할 때 쓰는 메케한 냄새의 세제를 몇 분 동안 흡입하면 건강에 해롭다는 지식을 알게 된다면? 월급을 받는 과정에서 성별이나 직급 등의 이유로 월급 지급이 밀릴 때 받는 스트레스를 의학적 결과로 제공한다면? 교실 내에서 학교폭력을 경험하고 그 일에 대해 침묵한 경험이 있는 학생이 겪을 트라우마 연구 결과가 나온다면?

〈아픔이 길이 되려면〉의 저자 김승섭 교수는 일상생활에서 나타날 수 있는 차별과 억압 등을 의학적 관점에서 살펴보고, 이를 의학적 지식으로 만들려는 노력을 기울이고 있습니다. 현재 고려대학교 보건과학대학 보건정책관리학부에 재직 중이며, 소수자와 차별받는 사람들에게 관심을 갖고 연구를 계속 확장해 가고 있습니다. 저자가 쓴 또 다른 책 중 〈오롯한 당신〉에서는 트렌스젠더가 겪는 어려움을 풀어내고 있으며, 최근 숙명여대 트렌스젠더 사태와 연관해 읽어본다면 의미 있는 독서가 될 것입니다.

이 책은 총 4개의 장으로 구성되었습니다. 제1장은 말하지 못한 상처, 기억하는 몸, 제2장은 질병 권하는 일터, 함께 수선하려면, 제3장은 끝과 시작, 슬픔이 길이 되려면, 그리고 제4장 우리는 연결될수록 건강한 존재들입니다.

세부 목차를 살펴보면, 인간의 개체(몸)에서 시작하여 사회(일터), 그리고 재난이라는 연구대상으로 구분이 되고 마지막 장에서는 해법을 찾아서 제시해줍니다. 이 모든 내용들은 사회(의료)역학이라는 학문과 연결됩니다. 즉, 개인의 건강도 중요하지만 건강한 '사회'가 되어야 한다는 논리입니다.

이 책에서 의대를 준비하는 수험생들이 집중해야 할 부분은 사회통계의 해석입니다. 사회역학이란 관점을 가지고 자료를 해석할 때와 그렇지 않을 때는 통계자료 해석이 달라집니다. 굳이 사회통계라고 말한 이유는 의료 내용을 담지 않은 통계도 여기에 포함되기 때문입니다.

이 중 제1장에 등장하는 절약형질 가설과 제2장에 등장하는 쌍용자동차 해고노동자의 건강연구를 살펴보려고 합니다. 첫 번째 사례는 역사적으로 중요한 것이고 두 번째 사례는 우리 사회에서 중요한 의미를 갖는 연구이기 때문에 선정하게 되었습니다. 절약형질 가설은 쉽게 말해 굶주림을 경험해 본 사람이나 또는 그런 일을 겪은 산모의 태아는 건강에 나쁜 영향을 받는다는 것입니다. 인간을 대상으로 한 실험은 금지되어 있으므로 역사적인 대기근이나 재난을 겪은 사람들의 건강 상태를 연구해 봄으로써 절약형질 가설이 타당함을 증명할 수 있습니다.

대표적인 사례로 아프리카 감비아에서 진행된 연구를 들 수 있습니다. 열대 사바나 기후에 속하는 감비아의 시골 지역에 거주하는 사람들에게 우기(7월

~10월)는 과거 한국의 보릿고개처럼 매우 고통스러운 시기입니다. 수확한 곡식이 모두 없어진 상태에서 어른들은 굶주린 채 다음 농작물 수확을 위해 일하고 자녀들은 계속 내리는 비 때문에 설사병과 말라리아에 노출됩니다. 이러한 열악한 상황을 반복적으로 겪게 되면 그들의 건강에도 문제가 생길 수밖에 없습니다.

즉, 태어난 시점에 따라서 생존율의 차이가 나타나는데 이것이 절약형질 가설 중 하나의 형태입니다. 구체적으로 해석하면, 식량이 상대적으로 넉넉한 건기에 태어난 사람들이 우기에 태어난 사람들에 비해 더 오래 살아남는다는 것을 알 수 있습니다. 40세부터 두 그래프에 나타난 생존율은 1.5배가량 차이가 났고, 40세에 살아 있을 확률은 30%가량 차이가 나게 되는 것입니다.

이 실험 외에 네덜란드 기근 실험으로 불리는 것도 유사한 결과를 가져왔습니다. 제2차 세계대전 중인 상황에서 네덜란드에 강추위가 찾아와 사람들이 기근에 시달렸습니다. 1944년 10월부터 6개월 동안 하루 평균 800㎉ 미만으로 살아가야 했고 이러한 환경은 임산부들에게는 치명타였습니다.

1945년 초 '네덜란드 기근' 시에 산모의 배 속에 있던 태아를 추적 연구한 결과 심장병에 걸릴 위험이 일반적인 시기에 태어난 사람보다 3배 높았고, 조현병(정신분열증)에 걸릴 위험이 2.6배 높았으며 당뇨병 발병률도 높았다는 결과가 나왔습니다.

이러한 연구를 토대로 태아기의 영양결핍이 성인 만성병의 원인이 될 수 있다는 생각을 '절약형질 가설(Thrifty Phenotype Hypothesis)'이라고 부르게 되었습니다. 또는 이 연구에 중추적인 역할을 한 데이비드 바커(David Barker) 박사의 이름을 따서 '바커 가설'이라고도 부릅니다.

한편 저자는 "건강 연구자인 제가 쌍용자동차 해고노동자에 대해 처음 관심을 가졌던 것은 계속해서 발생한 자살 때문이었습니다."라고 말합니다. '무엇이 그토록 해고노동자와 그 가족을 삶과 죽음의 경계에 놓이게 했을까'에서 시작된 질문이 '한국이라는 나라에서 어떤 경로로 실업이 자살의 원인이 되는 것일까'를 넘어 이후에는 '한국은 해고된 노동자들을 어떻게 대하고 있는가'라는 질문으로 바뀌었다는 것입니다.

그래서 이화여대 이승윤 교수와 함께 「쌍용자동차 정리해고와 미끄럼틀 한국사회」라는 논문을 쓰게 됩니다. 논문에서는 쌍용자동차 해고노동자들 중에서 정리해고 이후 구직활동을 했던 이들만을 대상으로, 그들의 6년간 활동을 관찰한 내용을 담았습니다.

정리해고 직후인 2009년부터 2015년까지 매주 수입원이었던 일이 무엇인지 물어보니 2010년에는 무직이 가장 많았고, 일용직과 사내하청 및 외부 파견기관에서 근무하는 아웃소싱 근무자가 다수였습니다. 그리고 해고된 이후 도움을 준 사람들은 친구 및 지인(42%, 37명), 동료해고자(19.3%, 17명) 그리고 가족 및 친인척(18.2%, 16명)으로 나타났고 정부고용센터의 도움을 받는 이는 9.1%, 8명에 불과했습니다.

아래 표에서 알 수 있듯이 실직 이후에 많은 이들이 극단적인 선택을 하거나 심한 질병을 앓았습니다. 이러한 자료를 통해 실직이나 실업이 가져다주는 고통이 개인에게는 엄청나다는 것을 알 수 있습니다.

따라서 이러한 사회적 충격이 개인에게 끼치는 영향력을 이해한다면 또는 지식으로 이것을 받아들인다면 한국 사회의 정책 방향이나 개인들 간 상호부조와 같은 협력이 얼마나 중요한지 알 수 있을 것입니다. 예비 의료인이 되려는 학생들은 청소년 시절에 이러한 자료들을 접하면서 사회적 배려와 공감 의식을 키워나가야 할 것입니다.

사망 당시 고용지위	번호	사망날짜	성별	사망 당시 연령대	사망원인
희망퇴직자	1	2009.4.	남	30대	자살
	2	2010.12.	남	40대	자살
	3	2009.7.	남	30대	자살
	4	2010.11.	남	40대	심근경색
	5	2011.1.	남	30대	자살
해고자	1	2012.3.	남	30대	자살
	2	2014.4.	남	50대	심장마비
	3	2014.12.	남	40대	간암
무급휴직	1	2011.2.	남	40대	심근경색
가족	1	2009.7.	여	30대	자살
	2	2010.4.	여	30대	자살
	3	2011.11.	여	40대	기도폐색

만약 위 〈표〉에서 사망 당시 고용 지위 부분을 빈칸으로 두고 이 〈표〉를 해석하라고 하면 어떨까요? 또는 희망퇴직자의 가족이 사망한 원인을 유추하거나 사망 원인을 보고 어떤 일을 겪었을지 해석해 보라는 문제가 나오면 어떨까요?

평소 사회문제에 관심을 가지고 사회역학적 관점을 가진 학생이라면 도표 속에 숨겨진 개인들의 고통을 충분히 공감하면서 답변을 할 것으로 예상됩니다. 아마도 냉철한 이성과 따뜻한 가슴이라는 경구는 평소 이러한 독서를 통해 나타날 수 있지 않을까 생각해 봅니다.

최근 의료인문학이나 의료사회학과 같은 수강과목은 의대생들이 인문학적 상상력이나 공감 능력 등 다양한 사회적 역량을 키울 수 있도록 돕고 있습니다. 이것이 필요한 이유는 현행 입시 체제에서는 수학과 과학 중심의 심화된 학습이 합격의 지름길이기 때문에 사회활동을 등한시하는 경우가 종종 있기 때문입니다.

〈위대한 유산〉

조대호, 김응빈, 서홍원 지음/아르테(arte)

이 책을 소개하는 문구 중 하나는 '연세대학교 학생이라면 꼭 한 번 듣는 명강의'입니다. 실제로 세 학과 교수들의 팀티칭 강의 내용이 이 책의 내용입니다. 조대호(철학과) 교수, 김응빈(생물학과) 교수, 그리고 서홍원(영문과) 교수가 하나의 주제를 가지고 각자의 영역에서 이야기를 진행합니다.

따라서 이 책은 교수들의 전문적 지식과 통합적 사고를 엿볼 수 있는 명저라고 생각합니다. 특히 의학계열 학생들이 지닌 수학·과학 중심의 세계관을 자연스럽게 확장하는 데 도움을 줄 수 있는 책입니다.

부제를 '생각의 틀과 프레임워크'라고 잡았는데, 생각의 틀은 책 내용 중 각 교수들이 가진 사고와 사고실험 내용이 담겨있음을 의미합니다. 그리고 프레임워크란 말은 복잡한 문제를 해결하는 사고방식이란 의미입니다.

즉, 단원마다 다루는 주제를 세 학문 영역에서 풀어나가는 방법을 일컬어 프레임워크라고 명명했습니다. 한 명의 교수가 가진 생각의 방식은 '생각의 틀', 세 교수가 함께 고민하는 것은 '프레임워크'가 되는 것입니다. 책을 읽을 때 이 둘을 잘 구분하면서 읽다 보면 사고력이 쑥쑥 자라는 것을 경험할 수 있습니다.

책은 3부로 구성되었습니다. 1부는 생명의 기원과 진화, 2부는 진화론과 과학혁명, 그리고 3부는 인간, 동물, 기계입니다.

1부에서는 생명현상을 그리스신화와 철학, 그리고 기독교 사상으로 재조명하고 있고 조대호 교수와 서홍원 교수가 참여했습니다. 2부는 근대 과학혁명과 다윈 및 포스트 다윈을 다루는데 김응빈 교수와 서홍원 교수가 참여했습니다. 3부에서는 우주와 자연 속에서의 인간의 위상, 인간과 기계 간의 경계성, 플라톤과 아리스토텔레스의 논의에서 동물이론까지 여러 영역을 넘나들며 논의를 이끌어 갑니다.

주목할 부분은 두 군데입니다. 첫 번째는 과학혁명 부분인데 중세를 암흑기라고 보는 시각을 전환할 수 있는 내용이 담겨있고, 이런 시각을 받아들임으로써 과학혁명이 발발하게 된 배경을 이해할 수 있습니다. 두 번째는 인간과 기계를 다룬 부분인데, 심신일원론과 심신이원론을 중심으로 인간과 기계를 바라보는 관점의 차이를 이해하는 것이 중요합니다. 특히 이 내용들을 접해 봄으로써 '과학적 사고방식이란 무엇인가'라는 물음을 스스로 던져보고 이에 대한 해답을 구성해 나가는 미션을 해보기를 권합니다.

보통 중세를 암흑기라고 평가하는데 정확히는 인문학의 암흑기였습니다. 서로마제국이 몰락하면서 유럽 전역에 산재했던 교회들과 수도원들이 약탈당했고, 그로 인해 그리스 로마 문헌이 소실되었습니다. 그 결과 문화유산의 유실과 함께 연구가 이뤄지기 어려운 정치적 상황 등을 종합하여 중세를 암흑기였다고 평가합니다.

제1차 십자군 원정 때 원정군이 성지로 향하는 여정에서 접한 유대인들과 이슬람교도들의 저작들을 서유럽으로 가져오게 되며 이 과정에서 아랍어와 히브리어로 해석되고 주석이 달린 그리스 철학과 과학 저술이 유입됩니다.

특히 이런 저서들의 내용을 한 층 더 발전시킨 저작물들도 함께 가져오다 보니 서유럽에서는 지적 발전이 일어날 수 있는 환경이 조성되었습니다. 이런 영향

덕분에 11세기 말에 대학이 탄생할 수 있는 지적 토양이 마련됩니다.

따라서 중세는 암흑기란 공식을 인문학적 입장에서 보면 맞는 말이지만 문화 교류적 입장에서 보면 다른 해석이 가능해집니다. 이런 해석을 읽으면서 '다면적 해석'이란 사고의 틀을 배울 수 있습니다. 이는 연세대 논술과 구술면접에서 평가하고자 하는 학생역량이기도 합니다.

육체를 개념화하는 방법 중 대표적인 것은 일원론과 이원론입니다. 영혼의 무게를 잴 수 있다는 생각의 전제는 영혼이 물질로 이뤄졌다는 겁니다. 이는 영혼과 육체가 하나로 뭉쳐져 있다는 일원론적 사고에 가깝습니다.

이에 비해 영혼과 육체가 분리되어 있고 우리가 생존하는 동안에는 육체라는 감옥에 영혼이 갇힌 것으로 여기는 이론도 있습니다. 이를 이원론이라고 부르죠. 두 사고법은 죽음의 문제를 다르게 봅니다. 일원론은 심장이 멈추면 죽음에 이른다고 보고, 이원론은 육체의 죽음 뒤에 사후세계가 존재한다고 봅니다.

이원론을 흥미진진하게 풀이한 SF드라마로는 '얼티드 카본'이 있습니다. '인간의 의식을 디지털로 변환해 다른 육체로 전송할 수 있다면?', '이것이 가능하다면 인간은 불멸의 존재가 될 수 있지 않을까?'라는 도발적인 질문을 던진 뒤 이것을 실현 가능한 미래세계를 배경으로 복수 스토리를 전개합니다. 어느 미래세계에서는 육체의 수명이 다 되면 새로운 육체로 정신을 이식할 수 있는데 부자들의 경우 자신이 원하는 성별과 나이대의 육체를 선택할 수 있고, 빈자들은 그렇게 할 수 없는 사회가 그려집니다.

이런 유형의 스토리에 관심을 갖는 독자라면 〈미생물이 플라톤을 만났을 때〉(김동규, 김응빈 공저, 문학동네)란 책을 추천합니다. 저자 김동규는 생물학과 철학의 접점을 찾아가는 학문인 메타비올로기, 동물시학을 연구하는 학자입니다. 그는 이 책에서 바이러스를 다른 시각으로 해석합니다. 그는 '바이러스가 인간을 위협하는 악성 병원체이면서도 동시에 자연의 자정 작용의 역할을 할 수 있다는 의견을 피력합니다. 이렇게 한 주제에 대해 여러 전문가의 의견을 듣다 보면 다면적 사고방식을 자연스럽게 익힐 수 있을 것입니다.

정리해 보면, 암흑기에 대한 두 가지 해석과 영혼과 육체의 관계에 대한 두 가지 해석을 프레임워크로 볼 수 있습니다. 인문학과 과학이라는 두 영역에서 중세를 바라보면 서로 다른 평가가 이뤄질 수 있다는 것입니다.

이를 심화해 보면 한 현상을 서로 다른 관점에서 바라보면 다른 평가가 나타날 수 있다는 것을 의미합니다. 의료에 응용해 보면 상처에 직접적인 효과가 있는 처방전이 있는데 이를 사용할 경우 예후(병이 나은 뒤의 경과)가 나쁜 경우가 있습니다. 이와 달리 치료 효과는 다소 떨어지지만 예후가 좋은 경우가 있습니다. 기준에 따라 평가가 상반됩니다.

일원론과 이원론은 두 대상의 관계 맺기에 주목한 프레임워크입니다. 일원론과 이원론은 두 대상의 관계 맺는 방식을 각각 다르게 바라봅니다. 이를 심화해서 생각해 보면 일원론의 경우도 다양한 방식이 가능합니다. 여러 물질이 하나로 합쳐진 것인지, 하나의 물질이 여러 개로 파생된 것인지, 아니면 서로 다른 내용물의 비율이나 비중이 다르게 합쳐진 것인지 등 다양한 경우를 생각할 수 있습니다.

이원론의 경우 대등한 관계로 잠시 합쳐져 있는지, 종속적인 관계인지, 또는 대체가 가능한지, 불가한지 등 다양한 접근이 가능합니다. 결국, 전형적인 사례(stereotype)를 접한 뒤 대칭적 사고에서부터 비대칭적 사고를 활용해 다양한 해석을 해 볼 수 있습니다.

PART 5

차별화된
학교생활기록부 준비하기

A medical school entrance examination

의대 진로를 위한 융합형 콘텐츠

의대를 목표로 하는 학생들은 재학 중인 고교에서 최상위권의 학생들입니다. 따라서 고교교육과정에서 요구하는 학습 수준은 당연히 충족하고 있으며, 이 외에 차별화된 역량을 보여줄 수 있어야 합니다. 그리고 입학사정관들이 생기부를 평가할 때 참고하는 교육학 이론도 함께 고려하여 이 부분을 채워나가는 것이 중요합니다. 여기서는 커넥티비즘과 지식이론, 그리고 의대 지원자를 위한 마인드를 소개한 뒤 의대 진로를 위한 융합형 콘텐츠를 제시하고자 합니다.

4차 산업혁명 시대의 교육 키워드는 단연코 '커넥티비즘'입니다. 커넥티비즘은 조지 지멘스라는 학자에 의해 탄생하게 되었으며, 카오스, 네트워크, 복잡계, 자기 조직 이론에 기반한 논리들의 통합을 의미합니다. 이 이론에서는 학습을 가변적이며 통제할 수 없는 모호한 환경에서 발생하는 일련의 절차로 이해합니다. 학습은 우리 자신의 외부에 존재하며(예를 들어 조직이나 데이터베이스 내부), 우리가 알고 있는 현재의 지식보다는 문제 해결을 위한 상황에서 좀 더 배울 수 있는 정보의 연결(connections)이라는 점에 주목합니다.

이 이론의 주요한 내용을 정리하면 다음과 같습니다.

1) Hard Knowledge에 대한 지나친 신뢰(true definition)는 다양한 상황에서 지식을 활용하는 것을 방해한다고 지적한다. Hard knowledge는 특정 학문 영역에서 형성된

명확한 정의(definition)가 있거나, 한 개인의 도식에 고착된 지식으로 볼 수 있다. 이러한 지식은 법칙, 공식, 이론 등의 형식으로 유통되며 비교적 항존성이 있는 것으로 신뢰받는 방식이다. 반면에 Soft knowledge는 상황에 연결된 지식으로, 기존의 연결로 고착화된 지식이 아닌, 상황 속에서 재해석되고 의미가 부여된 지식을 의미한다고 볼 수 있다. 지식에 대한 Siemens의 관점은 지식의 유연성과 맥락성의 입장을 견지한다고 볼 수 있다.

2) 이 이론에서는 학습에서 방점을 두어야 할 곳은 '무엇을 알고 있는가'가 아니라 '앞으로 무엇을 알 수 있는가'라고 말한다. 결국, 과거에 형성된 지식의 기억보다 현재와 미래에 직면한 상황에서 지식을 재해석하는 융통성 있는 사고와 연결 능력(connection competency)이 학습자에게 요구된다고 볼 수 있으며, 이는 교육의 미래 학습에서 주목해야 할 핵심 관점이다.

다음으로 지식이론에 대해 알아보겠습니다. 지식을 네 가지로 나눌 수 있는데, 이는 생산적 지식, 응용적 지식, 제조적 지식, 그리고 매뉴얼적 지식입니다.

1) 생산적 지식 : 주로 초강대 선진국에서 비중을 둔다. 추상적인 이론이기에 생성되기까지 오래 걸리고 또 생성된다 하더라도 바로 경제적 산출로 이어지지는 않는 것처럼 보이지만, 생산적 지식은 지적재산권이나 특허 등을 통해 무한하게 응용되며 문명의 최첨단에 서서 인류가 향후 어디로 갈지에 대한 방향을 제시한다.

2) 응용적 지식 : 주로 중진국에서 선진국으로 도약하고 있는 나라에서 이루어지고 있다. 바로 성과나 나오기 어려운 생산적 지식에 투자하기에는 당장의 경제성장이 더 조급하기 때문에 보다 단기간에 가시적인 성과를 보일 수 있는 응용적 지식에 더 투자

한다. 따라서 노벨상 수상자가 나오기는 어렵지만 대신 지금까지 빠른 경제성장을 이룩해 왔다. 자체적으로 지식을 생산할 수 없기 때문에 기초학문의 종주국인 선진국으로 유학가는 것을 이상적으로 생각한다. 실용적이지 않은 기초학문을 전공하면 사회에서 마땅한 직업을 구할 수 없기 때문에 생산적 지식의 추구를 사회적으로는 장려하지 않는다.

3) 제조적 지식 : 중진국들의 사회경제를 지탱하고 있는 지식이다. 제조적 지식에 의존하고 있는 나라는 경제성으로 이어지는 기간이 상대적으로 길다는 이유로 생산적 지식은 고사하고 응용적 지식의 생산에 투자하는 것조차 버거워한다. 제조적 지식을 이용해 매우 짧은 시간 안에 대량으로 제조해야만 경제가 유지되는 사회 구조인 것이다. 이러한 나라에서는 비판적, 창의적 사고력이 효율성을 방해하는 요소가 된다. 따라서 주어진 지식을 얼마나 잘 수용하고 소화해 내느냐가 인재의 기준이 되고, 고도의 수용적 사고력이라는 한 가지 기준으로 극심한 경쟁이 이루어진다.

4) 매뉴얼적 지식 : 후진국의 경제를 유지하는 기반이 된다. 이러한 나라에서는 제품이나 기계의 사용법을 잘 알고 있기만 해도 유능한 인재로 인정받으므로 매뉴얼적 기술 하나만 있으면 충분히 먹고살 수 있다는 인식이 강하다. 전형적인 지식소비 집단으로 생계는 전적으로 앞선 종류의 지식을 생산하는 나라들에 종속되어 있다. 분명한 것은 롤러코스터를 작동하는 기술, 입장료를 계산하는 기술과 같이 매뉴얼적 지식을 가르치는 수준의 교육으로는 영원히 이 단계에서 벗어나지 못한다.

다음은 의대 지원자의 마인드를 살펴봅니다.

의대 지원자를 위한 학습 마인드

마인드셋	⇨	엘리트 마인드	⇨	하이엔드 전략

1) 마인드셋은 스탠퍼드대 심리학과 캐럴 드웩 교수가 주장하는 성공법칙이다. 그는 두 가지 마인드셋이 있다고 말한다. 현재에 안주하는 '고착형 마인드셋(fixed mindset)'과 미래를 향해 커가는 '성장형 마인드셋(growth mindset)'을 제시했다. 그의 이론과 관련하여 주요한 사항은 다음과 같다.

(1) 마인드셋은 지능지수와 관련 있을까요?

"아닙니다. 지능지수가 높지만 '고착형 마인드셋'을 지닌 사람들이 있고, 지수가 낮지만 '성장형 마인드셋'을 지닌 사람들이 있습니다."

(2) 마인드셋이 고착형에서 성장형으로 바뀌면 어떻게 되나요?

"성장형 마인드셋을 지니게 되면 시간이 걸리겠지만 여러 능력을 개발하게 됩니다. 현재를 걱정하지 않고 능력을 발전시키는 데 집중하기 때문입니다. 마인드셋이 바뀌면 시련에 굴하지 않고 동요 없이 목표에 열의를 갖고 도전하게 됩니다."

2) 엘리트 마인드는 스포츠 심리학자 스탠비첨이 알려주는 '극도의 압박과 뜻하지 않은 슬럼프에 대처하는 위대한 인물들의 정신 자세와 심리'를 일컫는 말이다. 참고로 그의 책 〈엘리트 마인드〉를 읽어보기를 권한다. 정신적 부담감을 가진 수험생들에게 유용하게 활용될 수 있는 마인드 컨트롤 방법 중 하나로, 특히 최상위권 수험생이 흔히 범하는 실수 중 하나인 '완벽주의'를 다룬 '제9강 완벽주의의 저주' 부분을 먼저 읽어 보기 바란다.

3) 하이엔드 전략은 이동철 교수가 제시한 것이다. 그는 모노폴리언이 되라고 조언한다. 세상이 꼭 필요로 하는 가치를 제공하고 소비자의 욕구를 충족시켜줌으로써 독점적 위치에 오른 기업이나 사람, 제품, 서비스 등을 의미하는 말이다. 〈한 덩이 고기도 루이비통처럼 팔아라〉라는 그의 저서를 읽어보면 하이엔드 전략을 알 수 있다.

의대를 준비하는 학생들은 자기 수준에 머물지 않고 더욱 높은 목표와 가치를 추구하기 위해서 끊임없이 학습해야 합니다. 왜냐하면 의대 진학 후 또 다른 차원의 경쟁이 시작되기 때문입니다. 이러한 마인드 세팅이 되어 있어야만 좋은 의사, 훌륭한 의사로 거듭날 수 있습니다.

생기부 콘텐츠 모델 소개

Model 1. 통합 역량 형성을 위한 디지털 인문학과 의료용 챗봇	디지털 인문학의 이해 인공지능 기반의 문장 구성원리 이해 의료용 어플리케이션과 대화구조	어문학 + 컴퓨터공학 + 의학
Model 2. 통합 역량 형성을 위한 바이오테러와 백신개발연구	국제관계와 테러전 생화학 무기의 위험성	정치외교학 + 생물학 + 의학
Model 3. 통합 역량 형성을 위한 합성생물학과 테라포밍 프로젝트	합성생물학 연구동향 이해 테라포밍 프로젝트의 이해	항공우주공학 + 생물학 + 의학
Model 4. 통합 역량 형성을 위한 융합의학의 최신 모델	라이프의학의 적용 영역 라이프의학의 발전 방향	사회학 + 생물학 + 의학

교육학자 블룸은 학습의 단계를 총 6개로 나누었는데 그중 최상위 단계에서는 '교과 간 융합'과 '교사수준의 평가'를 제시하고 있습니다. 즉, 교과목별로 핵심 사항을 정확하게 알고 있다면 다른 교과와 내용적인 측면이나 구조적인 측면에서 융합을 시도할 수 있습니다.

그리고 학습 수준이 최고치에 달하게 되면 학교 선생님이 어떤 문제를 낼지, 출제 문제의 의도가 무엇인지까지 파악이 되는데, 이는 교사 수준의 평가 단계로 볼 수가 있습니다. 이러한 맥락에서 여기에 제시한 세 가지 모델은 교과 간 융합 수준의 콘텐츠라고 보면 됩니다.

생기부 콘텐츠 모델1
디지털 인문학과 의료용 챗봇

디지털 인문학과 의료용 챗봇이란 테마를 결합시킨 모델입니다. 디지털 인문학은 인문학 콘텐츠를 디지털화시키는 것으로, 예를 들어 한국사 책에 나오는 전쟁을 3D와 GIS를 이용해서 디지털 콘텐츠로 구현시키는 것입니다. 또한 코로나19 팬데믹 이후로 집에서도 휴대폰으로 유적지를 볼 수 있는 서비스가 제공되고 있는데 이러한 것들이 디지털 인문학의 사례입니다.

디지털 인문학에는 스토리 제작과정이 있습니다. 즉, 키워드를 제시하면 그에 해당하는 내용을 데이터베이스에서 찾아서 문장으로 구성하게 됩니다. 이러한 것들을 실제로 알아보는 연습을 하고 그것을 토대로 창의적 체험활동을 꾸미는 것을 추천합니다.

스토리텔링의 제작방식 중 '모티프 연계 스토리텔링'은 다양한 스토리 생성기법 중 하나입니다. 스토리는 하나의 모티프에서 시작한다는 전제에서 출발해 복수의 모티프들을 다양하게 연계시키면서 보다 복잡한 플롯을 갖는 이야기를 생성시키는 것이 핵심입니다. 형제 간의 갈등 모티프를 예로 들면 다음과 같습니다.

모티프 연계	스토리텔링
갈등	형제가 갈등한다.
갈등 + 왕위계승	형제가 왕위 계승을 놓고 갈등한다.
갈등 + 왕위계승 + 모반	형제가 왕위 계승을 놓고 갈등하다. 형에게 왕위가 계승되자 동생이 모반을 일으킨다.
갈등 + 왕위계승 + 모반 + 사망(처형)	형제가 왕위 계승을 놓고 갈등하다. 형에게 왕위가 계승되자 동생이 모반을 일으킨다. 동생의 모반이 진압되고, 동생은 처형된다.
갈등 + 왕위계승 + 모반 + 사망(처형) + 퇴위	형제가 왕위 계승을 놓고 갈등하다. 형에게 왕위가 계승되자 동생이 모반을 일으킨다. 동생의 모반이 진압되고, 동생은 처형된다. 형도 권력에 환멸을 느껴 퇴위한다.
갈등 + 왕위계승 + 모반 + 사망(처형) + 퇴위 + 방랑	형제가 왕위 계승을 놓고 갈등하다. 형에게 왕위가 계승되자 동생이 모반을 일으킨다. 동생의 모반이 진압되고, 동생은 처형된다. 형도 권력에 환멸을 느껴 퇴위한 후, 방랑의 길에 오른다.
갈등 + 왕위계승 + 모반 + 사망(처형) + 퇴위 + 방랑 + 종교(귀의)	형제가 왕위 계승을 놓고 갈등하다. 형에게 왕위가 계승되자 동생이 모반을 일으킨다. 동생의 모반이 진압되고, 동생은 처형된다. 형도 권력에 환멸을 느껴 퇴위한 후, 방랑의 길에 오르며, 종교에 귀의하면서 방랑을 그친다.

이 이야기는 다른 모티프들을 지속적으로 연계시키면서 한없이 긴 이야기로 확장할 수 있습니다. 또한 중간에 다른 모티프를 연계시킴으로써 전혀 다른 이야기로 전환될 수도 있습니다. 이런 방식으로 스토리텔링을 한다면 시공간을 넘어선 다양한 소재들을 이야기로 엮을 수 있습니다. 결국 디지털 인문학 또는 인문공학은 기존의 인문학적 소재들을 빅데이터화하여 메타데이터로 여러 학문 분야에서 활용되거나 새로운 작품을 만드는 데 활용될 것으로 기대됩니다.

스토리텔링의 제작방식을 응용해 보면, '열나요'와 같은 의료 어플의 구조를 파악할 수 있습니다. 즉, 감기라는 키워드를 입력한 뒤, 감기의 증상이나 감기가 걸리게 된 기간 등을 입력하면 그에 맞는 의료 스토리가 제시되고 이를 읽으면서 자연스럽게 환자는 자신의 병에 대한 발병 원인과 치료법을 찾아갈 수 있게 됩니다. 또한 어떠한 치료를 받아야 하는지 의료 안내를 받을 수도 있습니다.

친구들과 이러한 모티프 연계 스토리텔링 기법을 활용하여 특정 증상과 이를 해결하는 과정을 만들어 보는 것을 추천합니다. 그리고 챗봇을 경험해 볼 수도 있습니다.

- 강북삼성병원은 카카오와 손잡고
- 베스티안재단은 스타트업과 협력
- 대형병원 중심으로 '챗봇' 열풍 확산
- 의사들을 위한 챗봇 등을 내놓기도

인공지능(AI) 챗봇의 의료 분야 활용 사례

IT업체	병원	적용 방식	내용
카카오	삼성의료재단 강북삼성병원	카카오톡 기반 챗봇	환자에게 건강검진센터 프로그램, 진료 예약, 요금결제 안내
SK C&C	고려대학교 의료원	앱 기반 챗봇	AI가 의료진에게 환자의 성별, 나이별 항생제 추천
젤리랩	서울의료원·서울아산병원	카카오톡·페이스북 기반 챗봇	환자에게 진료 예약, 만성질환관리, 복약관리 안내
아크릴	베스티안 메디클러스터 병원	안내 로봇 기반 챗봇	안내 로봇 기반, 환자에게 상담설문 서비스

자료 : 업계 취합

인공지능(AI) 기반 챗봇이 환자의 병원 이용 안내부터 의료진의 진료를 돕는 서비스까지 의료 분야에서 활용 폭을 넓혀가고 있다. 이에 따라 AI 주도권을 잡기 위한 정보통신기술(IT)업체와 대형병원 간 협력도 본격화되고 있다.

27일 IT 업계에 따르면 의료 분야에 AI 기반 챗봇을 활용하기 위한 IT 업체와 대형병원 간 협력 사례가 잇따르고 있다. 카카오(035720)는 지난 3일 삼성의료재단 강북삼성병원과 카카오톡 챗봇 공동 개발을 위한 업무협약(MOU)을 맺었다.

협약에 따라 강북삼성병원 건강검진센터 이용자들은 기본 검진 프로그램 정보와 예약 안내, 진료비 수납 등을 카카오톡으로 안내받을 수 있게 된다. AI 기술 중 하나인 자연어처리 기술이 적용돼 카카오톡에 음성으로 "건강검진 프로그램 알려줘."라고 하거나 "예약 가능한 날짜 알려줘."라고 말하면 원하는 정보를 얻을 수 있다.

출처 : [서울경제 신문] '챗봇'에 빠진 대형병원 2018.9.25.

기존에 활용되고 있는 챗봇 서비스를 이용해본 후, 이 원리를 추론해서 스토리를 만들어 보는 것도 해볼 만한 활동입니다. 이러한 활동을 기반으로 하여 챗봇 제작 프로그램을 학습하고 실제로 간단하게 만들어 보는 제작실습을 해볼 수 있습니다. 실제로 모바일 멍키, 봇스타 등의 프로그램을 사용하면 간단한 챗봇 시스템을 구축할 수 있습니다.

생기부 콘텐츠 모델2
바이오테러와 백신개발 연구

　바이오테러와 백신개발 연구 모델에서는 안보와 의료연구가 결합되었습니다. 바이오테러는 쉽게 말해 인근 국가에서 만든, 또는 만들어질 수 있는 생화학 무기를 이용하여 테러가 발생할 수 있는 상황을 의미합니다. 대표적으로 탄저균 테러를 들 수 있는데, 소량의 탄저균으로 엄청난 인명 피해를 가져올 수 있습니다. 그래서 주변 국가의 바이오테러를 대비해서 백신개발이 이루어지고 있으며, 이는 주요한 국가적 안보 시스템을 구성하는 내용 중 하나입니다.

　이 주제는 의료 분야를 꿈꾸는 학생들 중 정치외교학과 같은 활동적인 학문을 좋아하는 학생들에게 어울리는 연구활동입니다. 평소 토론과 글쓰기를 즐겨하는 학생들이 전쟁 시나리오 등을 생각해 보고 이를 대비한 의료연구를 하는 것으로 진로설계에 해당됩니다.

바이오안보의 개념도

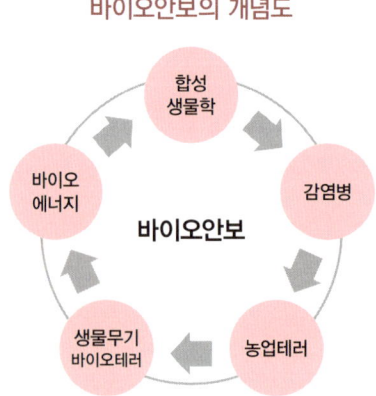

바이오안보 개념도를 보면 합성생물학부터 감염병, 바이오 에너지, 생물무기 바이오테러, 농업 테러 등 다양한 분야에서 외부의 공격이 올 수 있음을 알 수 있습니다.

합성생물학은 기존에 있는 생물이나 또는 새로운 생명체를 창조하는 영역의 학문으로 탄저균과 같은 생화학무기를 대량으로 생산하는 데 쓰일 수 있는 학문입니다. 코로나19와 같은 전염병도 바이오안보에 해당됩니다. 즉, 병원균을 보유한 출입국자들에 대한 관리와 통제를 통해서 내국인의 감염을 최소화하는 것으로 이해할 수 있습니다. 그리고 해외에서 들여온 씨앗이나 동식물종에 의해서 생태계가 파괴되거나 피해를 입는 경우도 생각해 볼 수 있습니다. 이러한 것은 농업 테러에 해당됩니다.

바이오 에너지는 옥수수와 같은 것을 에너지로 변환시키는 바이오매스 기술에 의해 발생됩니다. 이러한 것들이 농업 테러나 생화학 무기에 의해서 멸종하는 사례가 나타날 수 있으며, 이를 대비하는 것도 바이오안보에 해당합니다. 이 중 생화학무기 테러에 대비해서 보건복지부 등 의료 관련 기관에서는 백신개발을 하고 있는데, 여기에 인공지능 기술이 활용되면서 개발 기간 또한 단축되고 있습니다.

'하루 만에 에볼라 치료 물질 발견' 신약개발 혁신 몰고 온 인공지능(2019. 2.27.)
– 시뮬레이션으로 효능 빠르게 예측... 연구원들의 실수, 선입견도 피할 수 있어

[한경비즈니스=전승우 LG경제연구원 책임연구원] 7000여 종의 시판 약 중 에볼라를 치료할 수 있는 약 2종을 하루 만에 찾아냈다고 한다. 방대한 신약 물질과 인체 질병 관련 데이터를 학습한 인공지능(AI) 시스템은 특정 질병에 대해 가장 이상적인 신약 후보 물질이 무엇인지 판단할 수 있을 것으로 기대된다.

실제로 인간 연구원은 한 해 약 200~300여 건의 자료를 조사할 수 있는 반면, 신약개발에 활용되는 AI는 무려 100만 건이 넘는 논문을 동시에 조사할 수 있다. 또한 연구원이 물질의 합성 반응 등을 일일이 실험하고 검증하는 대신 AI 시스템의 시뮬레이션으로 효능을 빠르게 예측할 수도 있다.

AI가 신약개발 기간을 획기적으로 단축할 수 있다는 발표도 속속 등장하고 있다. 정보기술(IT) 융·복합은 4차 산업혁명 시대 핵심 키워드다. 첨단 IT의 등장과 확산 속도가 빨라지면서 다양한 분야에서 IT를 접목해 비용을 절감하거나 생산성을 강화하려는 움직임이 등장하고 있다. IT에 큰 관심을 보이지 않았던 농업·금융 등 여러 산업의 기업들이 앞다퉈 IT 투자에 나서고 있다.

이런 특징은 제약업계에도 예외가 아니다. 많은 기업들이 IT를 기반으로 비즈니스 경쟁력을 강화하는 방안을 고심하고 있다. 이런 차원에서 최근에는 AI를 신약개발에 적용하는 아이디어가 업계의 주목을 받고 있다. AI의 강점이 오랜 신약개발 프로세스에 큰 변화를 줄 수 있을 것이라는 기대감이 커지고 있다.

신약을 만들기는 매우 어렵다. 의약품을 개발하기 위해서는 질병 유형은 물론 사람마다의 신체 특징, 특정 의약품에 취약한 유전적 특성 등 다양한 요인을 고려해야 한다. 게다가 무엇보다 인체를 대상으로 하기 때문에 반복적 실험은 물론 최종 출시까지 세심한 검증을 거쳐야 한다. 만에 하나 부작용이 발생하면 역풍이 만만치 않기 때문이다. 이에 따라 글로벌 대기업조차 새로운 의약품 개발에 막대한 금액을 투자하면서 신중히 접근하고 있다. 미국 제약 기업들은 15년간 약 500조 원 이상을 신약개발에 투자했는데, 이는 항공 산업의 5배 규모에 달한다.

특히 신약개발은 시간과의 싸움이다. 얼마나 우수한 성능의 신약을 빠르게 출시할 수 있는지가 시장 석권의 관건이다. 게다가 개발만 마치면 끝나는 것이 아니라 임상시험과 효능 분석 등 이후로도 길고 복잡한 과정을 거쳐야 하기 때문에 최종 출시까지 오랜 시간과 거액이 투자될 수밖에 없다. 신약마다 차이는 있지만 하나의 신약을 만들기 위해서는 대략 10년이 훌쩍 넘는 기간이 소요되고 투자 금액도 조 단위에 이르는 것도 많다. 특히 수천 개 이상의 물질을 대상으로 검증하는 과정을 거쳐 약 수백 개 정도의 후보 물질을 선별한다. 그리고 여기에서 임상시험을 거쳐 최종적으로 하나의 물질만 살아남을 수 있다.

출처 : 한경BUSINESS (2019. 02. 25)

혁신적 신약개발 과정을 AI(인공지능)가 이끌게 되었습니다. AI는 인간보다 훨씬 빠르고 광범위하게 데이터를 분석할 수 있는 능력을 가지고 있습니다. 방대한 물질의 성분을 검증하는데 AI를 적용하면 기존보다 훨씬 적은 비용과 시간으로 신약을 만들 수 있습니다. 미국식품의약국(FDA)은 신약개발 프로세스에 AI가 도입되면 시간과 투자비용을 약 75% 줄일 수 있을 것이라고 전망하기도 했습니다.

다음은 혁신 내용을 반영한 신약개발 단계별 활용 방안입니다.

신약개발 단계별 활용 방안

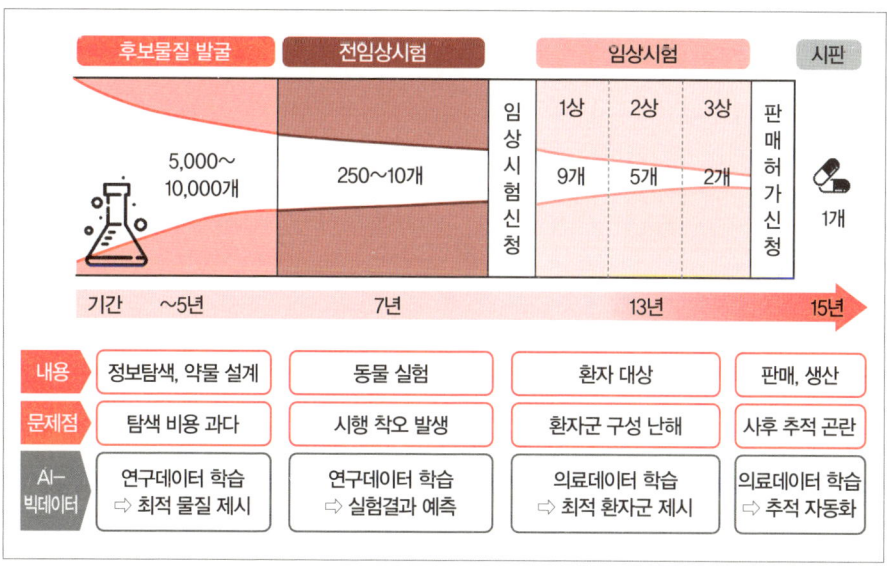

먼저 신약개발은 후보물질 발굴 → 전임상시험 → 임상시험 → 시판으로 크게 네 단계로 구분되며, 각 단계별로 연구 내용 및 활용되는 데이터가 다르므로

차별화된 접근이 필요합니다. 후보물질 발굴 및 전임상시험 단계에서는 실험결과, 논문자료 등의 연구 데이터가 주로 활용되며, 연구 데이터를 학습한 인공지능은 최적의 후보물질을 제시하여 탐색 비용을 줄이고, 실험결과를 효과적으로 예측하여 전임상시험 단계에서의 시행착오를 줄일 것입니다.

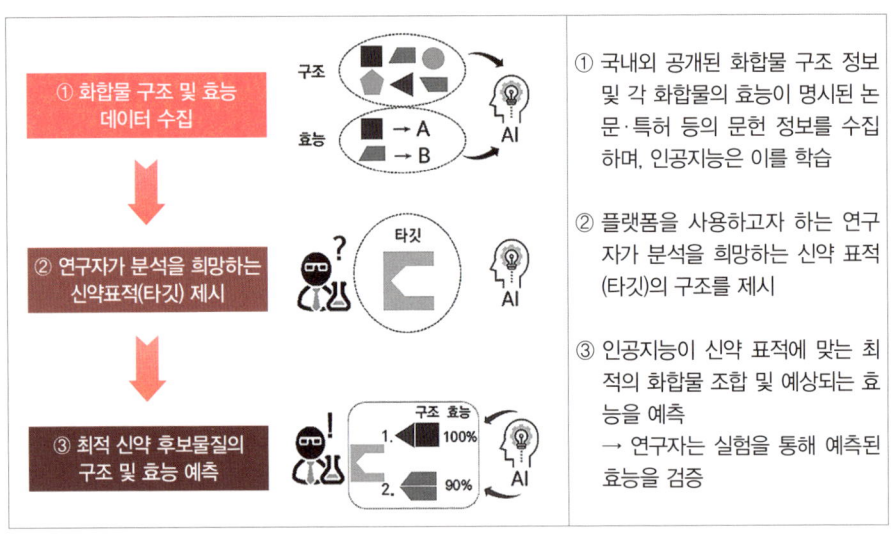

후보물질 발굴 단계 활용 예시

① 화합물 구조 및 효능 데이터 수집

① 국내외 공개된 화합물 구조 정보 및 각 화합물의 효능이 명시된 논문·특허 등의 문헌 정보를 수집하며, 인공지능은 이를 학습

② 연구자가 분석을 희망하는 신약표적(타깃) 제시

② 플랫폼을 사용하고자 하는 연구자가 분석을 희망하는 신약 표적(타깃)의 구조를 제시

③ 최적 신약 후보물질의 구조 및 효능 예측

③ 인공지능이 신약 표적에 맞는 최적의 화합물 조합 및 예상되는 효능을 예측
→ 연구자는 실험을 통해 예측된 효능을 검증

이러한 방식으로 신약개발의 혁신이 나타나게 됩니다. 여기에 더하여 디지털 생물학이란 분야에 응용해 볼 수 있습니다. 생명체의 반응, 원리 등을 디지털 값으로 입력한 다음, 여기에 특정한 물질을 제공하거나 약 처방을 하게 되면 기존에 입력된 프로세스에 따라서 생명체의 반응이 디지털 값으로 나타나게 됩니다.

우주(universes)도 자연의 일부로 어떠한 규칙에 따라 만들어지듯이 컴퓨터 프로그램도 규칙에 따라 만들어집니다. 그러나 컴퓨터는 미리 정의된 방식대로 한 가지 작동을 수행하는 기계가 아니라 세계의 창조자가 될 수 있습니다. 물론 컴퓨터가 창조하는 세계는 우리가 존재하는 세계에 비해 아주 단순하지만 컴퓨터에는 우리의 세계에는 없는 한 가지 장점이 있습니다. 바로 소프트웨어를 작성하여 디지털 세계 안에 존재하는 비트의 기본적인 운동을 정의할 수 있다는 것입니다. 이때 우리의 디지털 세계가 이 세계와 비슷한 법칙을 따르게 만든다면, 우리 주변에서 일어나는 것과 아주 비슷한 자연적 과정의 발생, 그리고 복잡하게 구성된 물체와 복잡한 행동의 발생을 볼 수 있습니다. 디지털 생태계가 활짝 피어나는 것입니다.

자연의 진화(evolution)는 유전, 변이, 선택의 과정을 통해 일어납니다. 디지털 세계에서도 이와 똑같이 작동합니다. 이진수 문자열로 구성된 진화 알고리즘의 유전자도 유전, 변이, 선택이 수반된 번식을 이용하는데, 이 모든 일이 컴퓨터 안에서 일어납니다. 디지털 유전자 또한 상호작용, 피드백, 교란을 이용하여 결과를 생산합니다. 따라서 이러한 디지털 생물학을 통해 바이오안보 상황을 적용하는 가상실험도 가능할 것입니다.

이번 모델은 우주 시대를 염두에 두고 의료 진로를 꿈꾸는 학생들에게 적합한 모델입니다. 합성생물학은 새로운 생명체를 창조할 수 있는 영역까지 연구를 진행하는 생물학의 한 분야입니다. 우주에 인간이 살 수 있는 새로운 공간을 창조한다고 가정해 보면, 그 행성의 환경에 적응할 수 있는 새로운 생명체를 설계하고 만드는 것을 상상해 볼 수 있습니다. 이를 실현할 수 있게 하는 것이 합성생물학의 연구 영역입니다.

테라포밍 프로젝트는 다른 행성을 지구화하는 작업을 의미합니다. 일론 머스크가 우주여행을 위한 프로젝트X를 만든 노력은 결국 새로운 행성에서 인간이 거주할 수 있게 하는 프로젝트로 연결됩니다.

현재 우주선을 타고 장기간 우주 공간에 머물게 되는 비행사들이 걸릴 수 있는 질병을 연구하는 의료 분야와 상업용 비행기를 조종하는 항공조종사들을 연구하는 의료 분야가 있습니다. 이러한 연구가 확장된 것이 모델3의 내용입니다.

그러면 합성생물학에 대해 상세히 살펴볼까요.

합성생물학이란 어떤 학문일까요?

합성생물학이란 용어는 이 분야에서 가장 많이 통용되는 'synthetic biology'의 번역이지만 본래 이 분야 각 연구자들의 초점에 따라 'constructive biology', 'natural engineering', 'synthetic genomics', 'biological engineering' 등으로 불립니다.

미국의 대통령 생명윤리 연구자문 위원회는 "기존 생명체를 모방하거나 자연에 존재하지 않는 인공생명체를 제작 및 합성하는 것을 목적으로 하는 학문"으로 규정하고 있으며, 김훈기 교수는 "시스템생물학은 생명현상의 기본 원리를 규명하는 데 중점을 둔다는 점에서 '과학'의 영역에 가깝고 합성생물학은 인위적인 변형을 통해 생물시스템을 얻으려 한다는 점에서 '공학' 분야에 속한다"고 주장합니다.

생명체의 유전체를 디자인하기 위해서는 축적된 유전체 정보와 이에 대한 지식, 막대한 정보를 처리할 수 있는 컴퓨터, 나노(10억 분의 1) 수준의 화학적 미세 조작이 필요합니다. 따라서 합성생물학은 생명과학기술, 정보공학, 나노기술 등이 결합된 대표적인 융합 학문으로써의 특성을 갖습니다.

2010년 5월 '화학적 합성 유전체에 의해 제어되는 세균 세포의 창조'라는 제목의 논문이 〈사이언스〉에 발표되었으며 이것이 합성생물학의 시초가 되었습니다.

합성생물학의 방향성과 목적은 무엇일까요?

첫째, 합성생물학을 이용해 지구의 역사에서 처음으로 생명체가 탄생한 그 비밀을 밝히겠다는 것입니다. 즉, 어떻게 물질에서 생명으로 급격한 변화가 가능했는지의 과정을 이해해 생명의 본질을 밝혀내는 것을 목적으로 합니다.

둘째, 생명체와 그 구성단위인 세포를 하나의 복잡한 기계장치로 바라보는 공학적 인식에서 시작합니다. 생명체는 굉장히 높은 에너지 효율성을 가지며 복잡한 구조의 화합물을 효과적으로 생산해내는 생명 반응 경로를 가집니다. 연구진들은 생명체의 이런 장점을 이용하여 자신들이 원하는 기능을 수행해내는 생명체를 디자인하여 만드는 것을 목표로 합성생물학을 연구하고 있습니다. 예를 들어 희귀 약초에 소량으로 들어 있는 말라리아 치료물질인 아르테미시닌을 합성하는 유전자 경로를 파악한 뒤, 이 과정에 관여하는 유전자들을 조합하여 아르테미시닌을 생산하는 새로운 대장균과 효모를 만들어내는 것입니다.

셋째, 기존의 생명체와는 화학 조성부터 다른 특성을 갖는 새로운 생명체를 만들어내고자 하는 접근입니다. 지구상의 모든 생명체는 기본 생체분자의 구성, 성분, 염기서열의 구조 및 많은 특성들을 공유하는데, 이 진영에 있는 사람들은 이 교집합에서 벗어난 완전히 다른 생명체를 만들고자 합니다. 예를 들어 나사에서는 지구와 물질 구성이 다른 지구가 아닌 다른 행성 및 위성, 기타 천체의 대기 및 온도, 생태계를 지구의 환경과 비슷하게 바꾸어 인간이 살 수 있도록 만드는 작업인 테라포밍 계획을 추진하고 있습니다.

넷째, 합성생물학을 기존의 DNA 재조합 기술의 단순한 연장으로 이해하는 태도입니다. 합성생물학이나 기존의 DNA 재조합 기술 모두 생명체를 변형하여 인간에게 유용한 생명체를 만들어낸다는 점에서 목적이 같습니다.

출처: 『생명과학, 신에게 도전하다』, 동아시아(2017).

구성 요소와 최종 산물을 기준으로 한 합성생물학의 구분

	자연	비자연
비자연	2	4
자연	1	3

재료 (세로축)

결과물 (가로축)

위 그림의 세로축은 생명체 변형 시 구성 요소가 기존에 존재하는지 존재하지 않는지, 가로축은 최종 결과물이 기존에 존재하는지 존재하지 않는지의 여부에 따라 나눈 것입니다. 가로축과 세로축을 조합하면 네 가지 유형이 됩니다.

이를 각각 살펴보면 첫 번째 유형은 이미 생물계에 존재하는 구성 요소로 생물계에 존재하는 시스템을 만드는 것입니다. 즉, 유전공학적 변형이 적용되지 않는, 이미 존재하는 대부분의 생명체가 여기에 포함됩니다. 두 번째 유형은 이미 생물계에 존재하는 구성 요소를 조합해 생물계에 존재하지 않는 시스템을 만드는 것입니다. 기존에 존재하는 GMO 등이 이 유형에 해당됩니다. 세 번째 유형은 이 세상에 존재하지 않는 구성 요소를 만들고 이를 조합해 생물계에 존재하는 시스템을 만드는 것입니다. 네 번째 유형은 생물계에 존재하지 않는 구성 요소를 만들고 이를 조합해 생물계에 존재하지 않는 시스템을 만드는 것입니다.

이제까지 배운 생물학과는 다른 느낌을 받았을 것입니다. 특히 네 영역으로 생명체를 나눈 것이 인상적입니다. 그렇다면, 과연 화성 이주 계획은 실현이 가능할까요?

'테라포밍' 화성의 지구화는 불가능... 원인은 이산화탄소 부족

미국 콜로라도 대학교의 '브루스 재코스키'와 노던 애리조나 대학의 '크리스토퍼 에드워드' 교수는 논문을 통해 '현재의 기술로는 테라포밍이 불가능하다'고 결론지었다.

1) 문제는 CO2의 양 부족... 지구와 같은 대기 형성 어려워 : 연구진이 밝힌 일차적인 이유는 화성 표면에 존재하는 이산화탄소(CO2) 양의 부족이다. 기존 테라포밍 방법의 핵심이 화성 표면에 존재하는 '고체 속' CO2를 해방시켜 얇은 대기층을 보완하는 것이었던 만큼, 그 근거가 사라지게 된 것이다. 실제로 화성의 대기는 95% 이상이 CO2이고, 극지방에도 드라이아이스 형태로 풍부하게 존재하지만, 얇은 화성의 대기를 보충하기에는 부족하다는 지적이다.

2) 화성에서는 절실한 지구의 골칫덩이, '온실효과' : 대기층이 얇으면 어떤 일이 발생할까. 한 마디로 행성 전체가 차갑게 식는다. 온실효과가 충분히 발생하지 않기 때문이다. 이 때문에 화성(火星)은 그 이름과 달리 표면 온도가 극도로 낮은 동토의 행성이다. 화성의 표면 온도는 약 $-140°C \sim 20°C$로 평균온도가 약 $-60°C$ 이하로 알려져 있다. 지구에서는 이산화탄소로 인한 온실효과가 문제이지만, 화성에서는 온실효과가 절실히 필요하다.

이정은 경희대 우주과학과 교수는 그러나 "현재 제시되고 있는 테라포밍의 방법은 미래기술의 발달을 가정하고 있다"며 "이 연구 결과 역시 하나의 가능성이 사라진 것에 지나지 않는다"고 밝혔다. 인간의 호기심과 탐구정신이 늘 그래왔듯이 상상을 현실화시킬 가능성은 아직 남아있다는 것이 이 교수의 설명이다. 그에 따르면, 미항공우주국(NASA)은 그 기간을 500년 정도로 제시하고 있다.

출처 : 중앙일보 2018.7.31

여기서 궁금한 점이 생길 것입니다. 과연 이러한 합성생물학이란 주제가 의대에 필요할까란 질문이죠. 다음은 중앙대 의과대학 면접기출 문제입니다. 오래 전부터 합성생물학을 면접주제로 다루었고, 그만큼 의학 분야에서는 최신 연구 동향에 대해서 알고 있기를 학생들에게 기대하고 있다는 것을 알 수 있습니다.

 중앙대 의과대학 기출문제

제시문

미국과학자들이 최근 인공 유전자 암호를 이용해 지구상에 없는 외계 생명체를 만드는 데 성공했다. 이처럼 신의 영역에 도전해 '인공 생명체'를 만드는 새로운 분야가 '합성생물학' (Synthetic Biology)'이다. 현재 미국을 비롯해 전 세계적으로 합성생물학을 연구하는 기업, 대학, 연구소 등이 500여 개에 이르고 있다.

질문) 합성생물학이 앞으로 인간에게 어떤 영향을 미칠 것이며 이에 대한 본인 생각은?

융합의학의 최신 모델 - 라이프의학과 의료설계

라이프의학(Lifestyle Medicine)은 건강과 질병의 예방, 치료 및 관리에 있어서 개인의 생활 방식과 관련된 요소를 중심으로 접근하는 의학 분야입니다. 이 분야는 개인의 식습관, 운동, 스트레스 관리, 수면, 금연 등과 같은 생활 습관이 건강에 미치는 영향을 연구하고, 이를 통해 개인 맞춤형 건강관리 방법을 제시합니다.

20세기 초반에 미국의 심리학자 에이브러햄 매슬로(Abraham Maslow)가 제시한 '우선순위 이론'은 인간의 욕구를 단계별로 나누어 정리한 이론으로, 이 이론은 인간이 기본적으로 생존과 안전, 사회적 인정, 자아실현 등의 단계적 욕구를 가지고 있다는 것을 보여주었습니다.

이후 1970년대부터는 건강, 식습관, 운동 등에 대한 관심이 높아지면서 라이프스타일(lifestyle)이라는 개념이 등장하게 됩니다. 라이프스타일은 건강과 밀접한 연관성을 가지며, 건강과 관련된 개인의 선택과 행동, 환경 등을 포함한 모든 측면을 다루는 분야로 진화하였습니다.

라이프의학은 이렇게 일상적인 삶을 중심으로 발전한 의료이므로, 개인, 공간, 도시 등의 차원으로 다양하게 발전할 수 있습니다. 따라서 앞으로도 발전이 무한한 의료 분야라고 볼 수 있습니다. 이 분야는 인문학에서는 인류학, 사회학, 사회복지학 등의 학문과 맞닿아 있고 자연과학에서는 전자전기공학, 건축학 등 다양한 학문이 융합되어 있는 분야라고 볼 수 있습니다.

아래 모식도처럼 라이프의학은 의료도시를 설계하는 데 밑바탕이 되는 학문 분야입니다.

라이프로그와 의료정보를 결합한 돌봄 서비스 실증사업 모식도

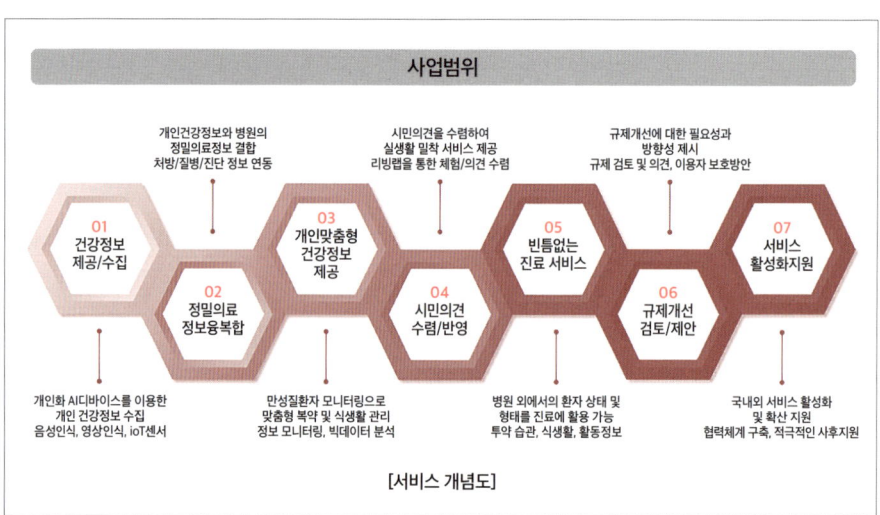

출처 : https://smartcity.go.kr/2020/09/14/%EC%83%98%ED%94%8C/

1) 라이프의학의 연구모델

라이프의학은 개인의 건강 상태를 진단하고 예방하는 데에 초점을 맞추는 분야입니다. 이를 위해 다양한 연구 모델들이 개발되어 사용되고 있습니다.

프로스펙티브 연구 모델 : 이 연구 모델은 처음부터 끝까지 관찰하는 것을 목적으로 합니다. 예를 들어, 특정 질병에 대한 발생 가능성을 예측하고 이를 방지하기 위한 방법을 찾는 데 사용됩니다.

코호트 연구 모델 : 이 연구 모델은 일정 기간 동안 일정 인구 집단을 관찰하는 것을 목적으로 합니다. 이를 통해 특정 질병의 발생률과 그 원인을 파악하고, 예방 및 치료 방안을 모색하는 데 사용됩니다.

케이스-컨트롤 연구 모델 : 이 연구 모델은 특정 질병에 대한 발생 가능성을 예측하기 위해 특정 집단과 비교 대상이 되는 집단을 선택하여 관찰하는 것을 목적으로 합니다.

크로스섹션 연구 모델 : 이 연구 모델은 동시에 여러 질병 요인을 조사하는 것을 목적으로 합니다. 예를 들어, 특정 집단 내에서 고혈압, 당뇨, 비만 등의 요인을 조사하고 이를 바탕으로 예방 및 치료 방안을 모색하는 데 사용됩니다.

이처럼 다양한 연구 모델을 사용하여 라이프의학 분야에서는 질병 예방 및 치료, 건강한 삶의 지원, 인간 생명 연장을 위한 다양한 연구가 이루어지고 있습니다. 또한 최근에는 인공지능과 머신 러닝 등의 기술도 활용하여 보다 정확하고 효율적인 진단과 치료 방법을 모색하는 연구가 진행되고 있습니다.

2) 라이프의학의 적용영역

라이프의학은 개인의 건강 상태를 예방하고 개선하는 데 초점을 맞춘 분야로, 다양한 분야에서 활용될 수 있습니다. 이에 대한 대표적인 사례를 아래에서 살펴보겠습니다.

유전자 검사를 통한 개인 맞춤형 진료 : 유전자 검사를 통해 개인의 유전체 정보를 분석하여 유전적으로 적합한 진료 방법을 찾는 것이 가능해졌습니다.

이를 통해 개인의 특성에 맞는 예방 및 치료 방안을 마련할 수 있습니다.

예방적 의료 서비스 : 라이프의학은 예방적 의료 서비스를 제공하여 개인이 질병을 예방하고 건강한 삶을 유지할 수 있도록 돕습니다. 예를 들어, 건강 검진, 건강한 식습관 교육, 체육활동 및 스트레스 관리 등이 이에 해당됩니다.

스마트 건강 관리 서비스 : 스마트 기기를 활용하여 건강 관리를 할 수 있도록 돕는 서비스도 라이프의학에서 발전하고 있습니다. 예를 들어, 홈 헬스 모니터링 시스템, 앱을 통한 온라인 건강 상담 등이 이에 해당됩니다.

개인 맞춤형 약물 치료 : 개인의 생체 반응과 유전 정보를 분석하여 맞춤형 약물 치료를 할 수 있는 기술이 발전하고 있습니다. 이를 통해 개인의 건강 상태에 따른 부작용을 최소화하고 효과를 극대화할 수 있습니다.

생체 신호 모니터링 기술 : 생체 신호 모니터링 기술은 개인의 건강 상태를 실시간으로 모니터링할 수 있는 기술입니다. 이를 통해 개인의 건강 상태를 정확하게 파악하고, 즉각적인 대처를 할 수 있습니다.

최근, 서울아산병원 연구중심병원 플랫폼에서 다음과 같이 라이프의학을 기초로한 유닛별 연구가 한창입니다.

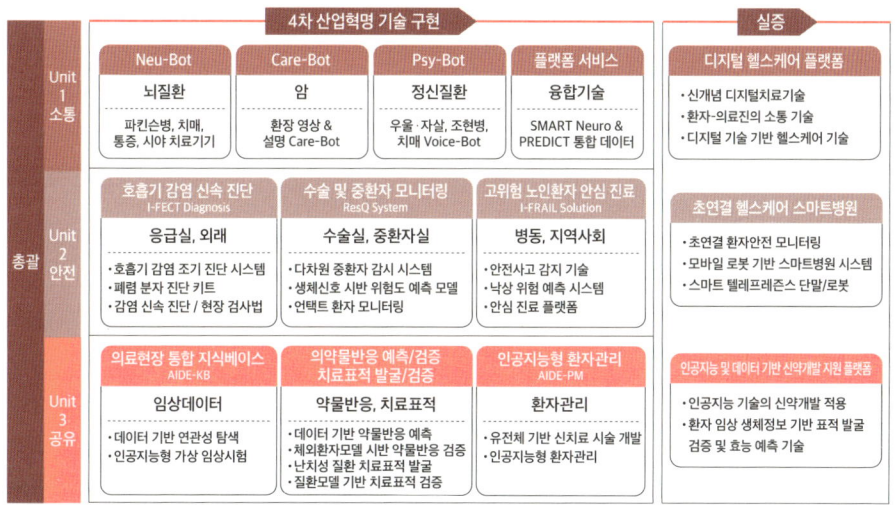

4차 산업혁명 기술 구현				실증
Neu-Bot	**Care-Bot**	**Psy-Bot**	**플랫폼 서비스**	**디지털 헬스케어 플랫폼**
뇌질환	암	정신질환	융합기술	·신개념 디지털치료기술
파킨슨병, 치매, 통증, 시야 치료기기	환장 영상 & 설명 Care-Bot	우울·자살, 조현병, 치매 Voice-Bot	SMART Neuro & PREDICT 통합 데이터	·환자-의료진의 소통 기술 ·디지털 기술 기반 헬스케어 기술
호흡기 감염 신속 진단 I-FECT Diagnosis	**수술 및 중환자 모니터링** ResQ System	**고위험 노인환자 안심 진료** I-FRAIL Solution		**초연결 헬스케어 스마트병원**
응급실, 외래	수술실, 중환자실	병동, 지역사회		·초연결 환자안전 모니터링
·호흡기 감염 조기 진단 시스템 ·폐렴 분자 진단 키트 ·감염 신속 진단 / 현장 검사법	·다차원 중환자 감시 시스템 ·생체신호 시반 위험도 예측 모델 ·언택트 환자 모니터링	·안전사고 감지 기술 ·낙상 위험 예측 시스템 ·안심 진료 플랫폼		·모바일 로봇 기반 스마트병원 시스템 ·스마트 텔레프레즌스 단말/로봇
의료현장 통합 지식베이스 AIDE-KB	**의약물반응 예측/검증** **치료표적 발굴/검증**	**인공지능형 환자관리** AIDE-PM		**인공지능 및 데이터 기반 신약개발 지원 플랫폼**
임상데이터	약물반응, 치료표적	환자관리		·인공지능 기술의 신약개발 적용
·데이터 기반 연관성 탐색 ·인공지능형 가상 임상시험	·데이터 기반 약물반응 예측 ·체외환자모델 시반 약물반응 검증 ·난치성 질환 치료표적 발굴 ·질환모델 기반 치료표적 검증	·유전체 기반 신치료 시술 개발 ·인공지능형 환자관리		·환자 임상 생체정보 기반 표적 발굴 검증 및 효능 예측 기술

출처 : https://www.imtrial.com/ (데이터 통합 플랫폼 사이트)

서울아산병원 연구중심병원은 3개의 유닛으로 구성되어 연구과제를 수행하고 있습니다. Unit 1은 소통(디지털치료제, 챗봇), Unit 2는 안전(의료기기), Unit 3은 공유(신약개발지원)를 주제로 병원 중심의 4차산업혁명 의료기술 개발과 실증 및 확산을 위해 전주기적 R&D 필수요소를 파악하고, 차별화된 경쟁우위 확보 및 개방형 R&D 비즈니스 모델 수립을 위한 가치 향상 방안을 모색하여 플랫폼을 구축하고 있습니다.

3) 라이프의학과 융합의학

라이프의학과 융합의학은 서로 연관된 분야입니다. 라이프의학은 개인의 건강을 예방하고 개선하는 데 초점을 맞추고, 융합의학은 다양한 학문 분야의 지식과 기술을 융합하여 새로운 진료 방식과 치료법을 개발하는 학문 분야입니다. 이러한 개념을 바탕으로, 라이프의학과 융합의학이 결합되면 더욱 발전된 의학 기술과 서비스를 제공할 수 있습니다.

라이프의학과 융합의학이 결합된 대표적인 사례는 다음과 같습니다.

생물정보학 : 생물정보학은 생명 과학과 컴퓨터 과학 등의 분야를 융합하여 개인의 유전체 정보를 분석하여 질병 예방과 치료에 활용하는 학문 분야입니다. 이를 통해 개인의 유전체 정보를 분석하여 개인 맞춤형 치료와 예방 계획을 수립할 수 있습니다.

로봇 의료 : 로봇 의료는 로봇 기술과 의료 기술을 결합하여 진료, 수술, 치료 등에 활용하는 분야입니다. 로봇 기술을 이용하면 정밀하고 안전한 수술이 가능하며, 재활 치료 및 보조 도구로도 활용됩니다.

인공지능 의료 진단 : 인공지능 기술을 이용하여 의료 영상 진단, 질병 예측 및 진단, 약물 개발 등에 활용되는 분야입니다. 인공지능 기술을 이용하면 정확한 진단과 예측을 할 수 있으며, 개인 맞춤형 치료 계획을 수립할 수 있습니다.

이처럼 라이프의학과 융합의학이 결합되면 더욱 발전된 의학 기술과 서비스를 제공할 수 있습니다. 이러한 분야의 연구와 발전은 개인의 건강을 예방하고 개선하는 데 큰 도움이 될 것입니다.

4) 라이프의학의 발전방향

라이프의학의 발전 방향은 크게 다음과 같습니다.

(1) 인공지능과 빅데이터를 활용한 개인 맞춤형 건강 관리

개인의 유전자 정보, 생체 신호, 건강 관련 데이터 등을 수집하여 인공지능 알고리즘을 활용하여 개인 맞춤형 건강 관리 방법을 제공합니다. 이를 위해 인공지능 기술과 빅데이터 분석 기술을 보다 발전시켜야 합니다.

(2) 생체 유전자 치료

개인의 유전자 정보를 활용하여 질병을 예방하거나 치료하는 방법으로, 개인 맞춤형 치료 방법을 제공합니다. 이를 위해 생체 유전자 분석 기술과 유전자 치료 기술을 보다 발전시켜야 합니다.

(3) 면역 치료

면역 관련 질병, 예를 들어 암 등을 예방하거나 치료하는 방법으로, 면역 치료 기술을 발전시켜야 합니다.

(4) 스마트 헬스케어

IoT 기술, 모바일 기술, 웨어러블 기술 등을 활용하여 건강 상태를 실시간으로 모니터링하고, 개인 맞춤형 건강 관리 방법을 제공합니다.

(5) 의료 기술과 융합

생체 공학 기술, 나노 기술, 바이오 인쇄 기술 등을 의료 분야와 결합하여 혁신적인 의료 기술을 개발합니다.

이처럼, 라이프의학은 다양한 기술과 분야와의 융합을 통해 보다 개인 맞춤형이고 효과적인 건강 관리 방법을 제공하는 방향으로 발전할 것으로 예상됩니다.

5) 라이프의학의 한계

라이프의학은 높은 기대와 발전 가능성을 지니고 있지만, 아직 많은 한계와 과제가 존재합니다. 그 중 몇 가지를 살펴보면 다음과 같습니다.

(1) 인공지능 알고리즘의 한계

라이프의학에서는 인공지능 알고리즘이 개인 맞춤형 건강 관리와 질병 진단, 치료 등에 활용되고 있습니다. 그러나 인공지능 기술의 한계로 인해 데이터의 불균형, 샘플의 부족, 오분류 등의 문제가 발생할 수 있습니다.

(2) 개인정보 보호 문제

라이프의학에서는 많은 양의 개인정보가 수집되고 분석됩니다. 그러나 이러한 개인정보를 보호하기 위한 법적인, 윤리적인 가이드라인이 필요합니다.

(3) 과도한 의존도 문제

라이프의학 기술이 발전하면서 개인들은 건강 상태를 스스로 관리하기보다는 기술에 의존하는 경향이 생길 수 있습니다. 이는 건강에 대한 자기 책임감이 부족해지는 문제를 야기할 수 있습니다.

(4) 비용 문제

라이프의학 기술은 고비용으로 개발되는 경우가 많아서 이를 이용할 수 있는 사람들만 이용할 수 있게 됩니다. 이는 공정성 문제를 야기할 수 있습니다.

(5) 데이터 품질 문제

라이프의학에서는 많은 양의 데이터가 사용됩니다. 그러나 이러한 데이터는 품질이 좋지 않을 수 있습니다. 이는 분석 결과의 정확도와 신뢰성에 영향을 미칠 수 있습니다.

이처럼 라이프의학은 많은 가능성을 가지고 있지만, 아직 많은 문제와 과제를 안고 있습니다. 따라서 이러한 문제와 과제를 극복해 나가는 노력이 필요합니다.

PART 6

 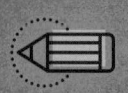

의대면접의
원리와 준비법

A medical school entrance examination

의대 인성면접의 원리

📋 인성면접의 형식 : 비구조화, 반구조화, 구조화면접

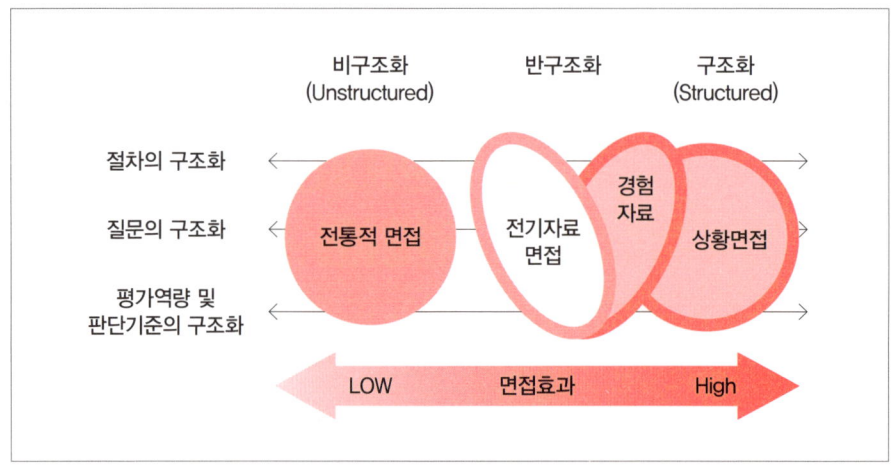

면접 유형과 면접 효과

　전통적인 면접은 면접관의 자유재량에 모든 것을 맡겨서, 면접관이 알아서 질문하고 알아서 평가하는 식의 비구조화된 면접이었습니다. 이러한 면접방식은 면접 질문, 판단기준, 평가척도 등에 대해 면접관들 간의 공통의 합의가 되어 있지 않아 면접의 타당성, 객관성, 공정성 등이 위협받을 수 있습니다. 이러한 이유에서 면접은 보다 구조화된 방식으로 발전해 왔습니다.

　면접의 구조화(structurization)란, 면접의 절차, 평가역량, 질문 및 판단기준이

사전에 명확히 정의되어 모든 면접관에게 공통적으로 적용되는 것을 말하며, 표준화(standardization)라 하기도 합니다. 면접의 구조화가 강조되는 이유는 면접의 타당성을 높여주고 면접의 객관성과 공정성에 기여하며, 면접의 개선을 가능하게 하기 때문입니다.

대표적인 구조화된 면접방식에는 상황면접(Situational Interview; SI)과 경험행동면접(Behavioral Event Interview; BEI)이 있습니다.

· 상황면접이란, 향후 직무수행 과정에서 접할 수 있는 상황들을 제시하고 지원자가 어떻게 행동할 것인가를 묻는 면접방식입니다. 모든 지원자에게 동일한 상황을 질문하고, 상황이 정해져 있으므로 판단 기준도 매우 구체적으로 사전에 설정할 수 있습니다.

· 경험행동면접은 해당 역량이 발휘된 지원자의 과거 경험들을 묻는 방식입니다. 경험행동면접도 지원자들에게 과거 경험을 묻는 질문을 정해 놓을 수가 있으므로 구조화 정도가 높은 방식이지만, 지원자들의 경험이 모두 다를 수 있으므로 상대적으로 상황면접에 비해 평가기준의 구조화 정도가 낮을 수 있습니다.

대입면접의 경우, 상황면접과 경험행동면접이 모두 가능합니다. 상황면접 질문은 학교생활에서 경험했을 법한 일을 제시하여 문제를 출제하게 됩니다. 이외에 자주 사용되는 면접 방식으로 전기자료 면접(Biographical Data Interview; BDI)이 있습니다. 전기자료 면접이란, 개인의 이력서나 자기소개서 등을 토대로 질문하는 방식으로, 지원서 내용 중에 평가하고자 하는 역량이 잘 드러날 수 있는 지원자의 가정환경, 성장과정, 생활배경 등이 있다면 그러한 내용들을 보다 구체적으로 질문함으로써 해당 역량 수준을 파악하거나 지원자를 보다 잘 이해하기 위해 사용하는 방법입니다. 이러한 면접 방식은 다른 상황면접이나 경험행동면접 시에 보조적으로 사용되는 방법입니다. 전기자료 면접은 지원자들의 지원서에 적힌 내용에 따라 질문이 달라질 수 있어서 구조화 정도가 다소 떨어지게 되므로 반구조화된 면접(Semi-Structured Interview)방식이라고도 합니다.

🔍 인성면접의 내용 : MMI와 MCAT

의대 인성면접 출제에 활용되는 것으로 MMI와 MCAT 시험이 대표적입니다. 먼저, 다중미니면접(MMI·Multiple Mini-Interviews)은 2001년 캐나다의 McMaster 의과대학에서 도입된 시험이며, 의과대학 실기시험 방식인 OSCE를 차용한 것입니다. 이 면접의 목적은 지원자들의 다양한 역량과 인·적성을 파악하는 데에 있습니다.

✎ 문제 유형

- a) 딜레마적 상황에 처한 지원자의 윤리적 행동 의도를 묻는 상황면접
- b) 일정한 주제에 대해 개인의 가치관을 말하는 발표면접
- c) 제시된 상황에서 지원자에게 특정한 역할을 부여해 실시하는 역할 연기 면접
- d) 특정한 주제에 대한 면접관과의 토론 면접
- e) 일정한 주제에 대해 지원자의 의견을 글로 작성하는 기술평가 면접

두 번째 MCAT(Medical College Admission Test)는 미국대학 졸업자들이 의과대학원에 입학하기 위해 치르는 시험입니다. 시험과목으로는 2012~ 2013년까지 생물, 물리, 화학, 유기화학, 읽기 5개 분야를 기반으로 한 3가지 시험을 치르고 점수가 반영되지 않는 선택과제(생화학, 사회)가 포함되어 있습니다. 2014년

부터 생화학, 사회과학, 논리 문제 등이 추가되었습니다. 그리고 2016년부터는 수험생들이 건강문제를 사회문화적인 시각에서 고찰하는 능력이나 의료윤리적 판단력 등을 얼마나 인지하고 있는지를 평가하는 영역이 포함됐습니다.

인성면접에서 활용되는 부분은 MCAT의 평가영역인 '심리학적, 사회적, 생물학적 근거의 행동(Psychological, Social and Biological Foundations of Behavior)'입니다. 샘플 문제를 보면 인종과 치료 방법에 대한 상관성을 내포한 통계를 제시하고, 그 의미를 묻는 질문이 나옵니다. 예를 들어, 두 그룹의 내과전문의들에게 심근경색증이 있는 50대 여성을 위한 혈전용해요법 적용에 대한 의견을 조사했습니다. 단 한 그룹에는 백인 환자의 사진을, 다른 그룹에는 흑인 환자의 사진을 보여줬습니다. 내과전문의들은 백인인지, 흑인인지에 따라 혈전용해요법 적용에 대해 다른 입장을 보였습니다. 면접에서는 수험생들이 이 자료를 정확히 해석할 수 있는지를 측정한다는 것입니다.

그리고 '비판적 분석 및 추론 기술(Critical Analysis and Reasoning Skills)'이 활용되는 경우가 있습니다. 샘플 문제에서는 수감자인 환자가 털어놓는 비밀을 유지할 것인가를 묻는 질문이 등장합니다. 건강 문제에 있어서 사회문화적인 요소를 이해한다는 것은 매우 중요한데 특히 환자의 건강 데이터를 놓고 믿을 만한 것인지 분석하는 것을 넘어서 환자의 이야기를 듣고 환자가 처해진 배경을 고려해 직관적인 사고를 할 수 있느냐를 묻게 됩니다.

대표적인 인성면접 문항

(1) 전기자료 면접(BDI)
 – 자기소개서에서 봉사하는 의사가 되고 싶다고 했는데, 우리 사회에서 어떻게 봉사하고 싶은가?

‒ 어렸을 때부터 왜 피부과 의사가 되고 싶었는가?

(2) 상황면접 문항(SI)

‒ (제시문 : 늦은 시간, 혼자 집에 돌아가는 길에 네 사람이 한 사람을 골목에서 폭행하는 장면을 목격했다. 대부분의 사람들이 그것을 보고 모른 척하고 있고, 소수의 사람이 그 장면을 보고 있다.) 만약 자신이 이런 상황을 목격했다면 어떻게 행동하겠는가?

‒ 갑은 집안 형편이 어려워 아르바이트를 한다. 갑은 어제도 아르바이트를 하다가 과제를 하지 못했다. 갑은 교수님께 가서 어제 을이 위중한 상태였고 을을 간호하느라 과제를 하지 못했다고 거짓말을 했고 교수는 과제 기한을 연장해 주었다. 그리고 갑은 을에게 "어제 아파서 내가 간호를 해주었다고 말해 달라"고 한다. 만약 당신이 을이라면 어떻게 하겠는가?

(3) MCAT유형 ‒ 비판적 분석 및 추론기술

‒ 빠른 수술이 필요한 환자의 생명 연장을 위해 수술을 권유해야 하는가? 아니면 항암 신약 시험에 자원한 환자의 의견을 존중해서 몇 달 후에 다시 치료방법을 정해야 하는가?

‒ (영어 제시문을 읽은 후) Apoptosis(세포자멸) 현상에 대해 설명하라.
추가질문 : 세포자멸 현상이 암 발생에 미칠 수 있는 영향에 대해 추론하라.

📋 서울대 의대 인성면접 기출문제 유형분석

(1) 일정한 주제에 대해 개인의 가치관을 말하는 발표면접

제시문

산업혁명 이후 엄청난 속도로 발전한 기술은 우리 삶의 형태와 방식을 상당히 바꾸어 놓았고, 기술 사회는 풍요로운 미래를 보장할 수 있다고 생각하게 되었다. 하지만 낙관적인 기대와 함께 우려의 목소리도 커지기 시작했다. 인도의 사상적, 정치적 지도자인 간디는 영국이 이식한 대량생산 기술들이 인도의 빈곤을 해결하는 것이 아니라, 대량생산 기술의 특혜를 받는 사람들과 그렇지 못한 사람들로 나누면서 빈곤을 더욱 고착화한다고 비판했다.

또한 하이데거 등의 철학자들은 인간 자신이 거대한 기술 시스템의 한 부분으로써 어떤 역할을 하느냐에 따라 인간 존재의 의미를 부여받게 되었다고 비판했다. 특히 최근 급성장한 로봇, 스마트폰, 인공지능, 사물인터넷 등의 기술들은 우리 삶의 거의 모든 부분에 침투하여 강력한 영향력을 발휘하게 되었고, 이로 인해 노동과 생산 그리고 인간의 관계에 대한 기본 개념이 바뀌면서 인간소외의 위기감을 느끼기 시작했다.

(2) 딜레마적 상황에 지원자의 윤리적 행동의도를 묻는 상황면접

제시문

성주와 주현이는 담임선생님께서 주관하시는 학급모임에 몇 명의 다른 학생들과 함께 참여하고 있습니다.

매주 금요일 오전 7시 30분에 모여서 정해진 주제에 대하여 한 명이 발표한 후 함께 토론하는 형식입니다. 아침 이른 시각이고 한 달에 한 번꼴로 주제 발표 준비도 해야 해서 다소 부담이 되기는 하지만, 다양한 분야를 공부하는 재미와 보람이 있어서 지난 학기부터 자발적으로 참여하고 있습니다. 그런데 지난주까지 총 20회의 모임 중에서 성주와 주현이 둘 다 5회 지각을 하였습니다. 다른 학생들은 지각을 하지 않았습니다.

(3) 특정한 주제에 대한 면접관과의 토론 면접

제시문 1

예시문 각각이 고정관념에 해당하는지 아닌지 생각해 보고 면접관의 질문에 답하시오.

1. 미국은 폭력적인 나라야. 모든 사람이 총을 가지고 다니잖아.
2. 나는 그 친구가 왜 시험을 망쳤는지 모르겠어. 동양인은 전부 수학을 잘하는데 말이야.
3. 독일 사람들이 재활용에 신경을 쓰는 경향이 있는 것을 봐서는 환경문제에 관심이 많겠다 는 생각이 들어.
4. 이슬람 사람들은 그냥 싫어. IS나 알카에다 같이 테러를 저지르고 다니잖아.
5. 일본 직장에서 대개 여자가 차를 내오는 것을 보면 남자와 동등한 대우를 받지 못하고 있겠 다 싶어.

제시문 2

"매해 서울의 매미 소리는 점점 더 시끄러워지는 것 같다." 매년 여름, 장마가 끝나고 찜통더위 가 본격적으로 시작되면 듣는 말이다. 매미 울음소리는 수컷이 낸다.
짝짓기를 위해 암매미를 부르는 소리로 2015년 서울의 한 아파트에서 소음도를 측정한 결과 평균 80데시벨로 조사되었다. 80데시벨은 청소기나 주행 중인 자동차들이 내는 평균 소음과 맞먹는 수준이다. 혹자는 도시의 소음이 커지면서 암컷을 찾기 위한 수컷 매미의 울음소리가 더 커졌다는 주장을 한다.

(4) 일정한 주제에 대해 지원자의 의견을 글로 작성하는 기술평가 면접

※ 아래 두 개의 글을 읽고, 준비된 원고지에 각 제시문의 주제를 각각 한 문장으로 작성하세요.(준비시간 10분을 별도로 제공)

제시문 1

수년 전 학년 초였다. 첫 자치활동이 있는 날이었다. 반장을 교무실로 불러 학급회의를 잘 이끌어 보라고 지시했다. 학급 규칙 같은 것을 정해서 우리만의 제대로 된 학급 자치를 이뤄 보는 게 어떨까 싶어서였다. 모두가 흔쾌히 응했다. 학생들은 회의를 제법 진지하게 진행했다. 나는 회의 중간에 교무실로 돌아왔다. 회의가 끝나고 반장이 결과를 알려주었다. 회의록을 살펴보니 벌금제가 중심이었다. 무단 지각 벌금 얼마, 야간 자율학습 무단 이탈 벌금 얼마 등의 식이었다. 벌금제라 학생들에게 제법 효과가 있을 것 같았다. 잘 하면 많은 담임교사들의 꿈이기도 한 무지각·무조퇴·무결석의 한 해를 만들 수도 있겠다고 생각했다. [중략]

벌금제 운영의 결과는 기대와는 전혀 딴판으로 나왔다. 지각하는 학생들이 줄지 않았고, 야간 자율학습에 무단으로 빠지는 학생들도 늘어났다. 물론 다른 반과 비교하면 많은 편이 아니었지만, 벌금제를 운영하는 학급이라고 말하기가 무색할 정도였다.

미나(가명)는 그 해의 잊지 못할 학생이다. 전 학년 담임선생님의 말씀에 따르면, 미나는 평소에 수시로 지각하고 결석하는 학생이었다. 학년 초에 미나는 지각과 결석을 하지 않았다. 그러나 묵은 습관 때문이었을까. 미나는 지각하는 날이 잦아졌다. 이삼일을 계속해서 학교에 늦게 올 때도 있었다.

"미나야, 요새 무슨 일 있는 거야?" 그날도 나는 진심으로 걱정하는 마음에 미나에게 물었다. "아니요. 벌금 내면 되잖아요."

제시문 2

수년 전 문을 연 서울 ○○동의 '베이비박스'에 대한 찬반 논란이 해를 거듭할수록 치열해지고 있다. 자신의 집 담벼락에 '베이비박스'를 설치한 이○○ 목사는 '베이비박스'를 개설한 사연을 여러 언론 인터뷰를 통해서 알렸다. 어느 추운 날 한밤중에 익명의 남성으로부터 전화를 받았는데, 대문 앞에 아기바구니를 두고 갔다는 것이었다. 황급히 나간 그는 아기바구니가 놓인 것을 발견했고, 바로 그 순간 고양이가 아기바구니 옆을 휙 지나가는 것을 목격했다는 것이다. 버려지는 아이를 추위와 고양이의 공격으로부터 보호해야겠다는 생각에 '베이비박스'를 설치했다고 한다.

'베이비박스'는 버려지는 아기의 생명과 안전을 생각하는 선의와 사람으로부터 우러나온 결과물임에 틀림이 없다. 더 나아가 이OO 목사는, 서울 변두리의 한적한 골목에 자리 잡고 있는 이 '베이비박스'가 전국적인 지명도를 획득하면서 밀려들기 시작한 어린 생명들을 밤낮을 가리지 않고 온 정성을 다해 돌보고 있다. 한밤중 벨이 울리면 잠옷 바람으로 달려 내려가 아이를 안아내는 이OO 목사의 모습은 이제 더 이상 낯설지 않다. 때로는 미숙아, 탯줄도 갈무리되지 않은 아기, 장애아동도 있다. 버려진 아이들을 돌보는 일 그 자체의 선함에 대해서 시시비비를 가리는 일은 옳지 않다.

그러나 불행하게도 찬반 논란이 가열되고 있는 것이 현실이다. 한 쪽에서는 이 일은 긴급한 일일 뿐 아니라 선하고 아름다운 일이니 전국적으로 10개소 이상 확산해서 설치할 필요가 있다고 말한다. 다른 한 쪽에서는 '베이비박스'의 출현은 우리 사회의 아동양육시스템이 병들고 고장 났다는 사실을 드러내어 주는 일일뿐 아니라 '베이비박스' 그 자체가 아동유기를 조장할 수 있으므로, 우리 사회의 아동양육시스템을 전방위적으로 재구성하는 일이 필요하다고 주장한다.

둘 다 틀린 이야기가 아니다. '베이비박스'를 운영하는 교회 측에서는 아동들이 '베이비박스'에 들어오는 즉시 관할 구청에 신고해야 하고 ○○구청에서는 '베이비박스'로 공무원을 보내 이 아동들을 데리고 나와 서울에 산재한 아동보육원으로 재배치한다. 국내외를 막론하고 '베이비박스'의 이OO 목사가 이 모든 아이들을 돌보는 것으로 알려져 있는데, 실제로는 '베이비박스'가 이 아동들의 양육에 책임을 지지는 않는다. 그럼에도 불구하고 '베이비박스'에 대한 언론 보도는 '베이비박스'의 존재를 전 세계적인 수준의 아동구호체계로 각인시켰다. 미국에서는 이 '베이비박스'를 후원하는 재단이 설립되었고, '베이비박스'가 존재하지 않았으면 이 아이들은 죽었을 것이라는 주장을 담은 다큐멘터리가 제작되었다. 하지만 '베이비박스'가 세계적 수준의 인지도 상승과 후원금의 쇄도라고 하는 엄청난 선의와 사랑의 혜택을 누리는 동안, '베이비박스'에 유기되었던 아동들은 그 아동의 친모나 가족의 기대와는 달리, 난방도 제대로 안 되고 수돗물이 없어 지하수로 우유를 타 먹이는 열악한 아동보육시설로 보내지고 있다.

7가지 테마로
의대면접 준비하기

📇 다중미니면접의 기본
히포크라테스 선서 분석하기

모기업에서 헬렌켈러의 상황을 설정하여, '3일만 볼 수 있다면 무엇을 보고 싶은지' 이야기하는 광고를 만들었다. 이런 간절한 마음으로 의대 면접 전에 7일이 주어진다면 어떤 내용을, 어떻게 공부하는 게 가장 도움이 될까?

7일 동안 꼭 봐야 할 상황면접 문제 주제를 선별하였다. 첫째 날 학습 내용은 '의료를 바라보는 관점'에 대한 것이다. 히포크라테스 선서를 통해서 고전적인 의료에 대한 관점과 이에 대비되는 현대적인 의료에 대한 관점을 알아보자.

✍️ 대표 문제

아래는 히포크라테스 선서 전문이다. 이를 읽고 자신의 견해를 밝히시오.

나는 의술의 신 아폴론과 아스클레피오스, 휘기에이야, 파나케이야, 그리고 모든 남신과 여신의 이름으로 나의 능력과 판단에 따라 이 선서와 이 계약을 이행할 것을 맹세합니다.
나는 이 의술을 가르쳐준 스승을 나의 부모와 동등하게 여기고 나의 삶을 스승과 동역하며, 만약 그가 경제적으로 궁핍할 때 나의 것으로 그와 나누며, 그의 자손들을 나의 형제와 동등하게 여겨 만약 그들이 의술을 배우기를 원한다면 그들에게 보수나 계약 없이 가르칠 것이며, 내 아들들과 스승의 아들들, 그리고 의료법에 따라 계약에 서약하고 선서한 학생들에게만 교범과 강의와 다른 모든 가르침을 전하지만, 다른 이들에게는 전하지 않겠습니다.

나는 나의 능력과 판단에 따라 환자에게 혜택을 주기 위해 섭생법을 적용할 것이며, 환자들을 해악이나 부정의로부터 보호하겠습니다.

나는 어떤 요청을 받더라도 치명적인 약을 결코 주지 않을 것이며, 그 효과에 대해서도 말하지 않을 것입니다. 마찬가지로 나는 여성에게 낙태를 위한 해결책을 제공하지 않겠습니다.

나는 순수함과 경건함으로 나의 삶과 의술을 지키겠습니다.

나는 칼을 사용하지 않을 것이며, 결석으로 고통받는 환자라도 그 일에 종사하는 사람에게 맡기겠습니다.

나는 어느 집을 방문하든지 환자에게 혜택을 주기 위해 갈 것이며, 고의적인 부정의와 상해를 삼가고, 특별히 그들이 노예든 자유민이든 여자들이나 남자들이나 성적 접촉을 삼가겠습니다.

내가 환자를 치료 과정이나, 또는 심지어 치료 과정 외에 그들의 삶에 관해 보거나 들은 것은, 그것이 외부로 알려져서는 안 되는 사안이라면, 알려지지 않도록 비밀을 지키겠습니다.

이제 내가 이 선서를 지키고 어기지 않는다면, 내가 나의 삶과 의술에 대해 모든 사람들로부터 명성이 담긴 명예를 허락하시고, 만약 내가 선서를 어기고 거짓으로 맹세한다면 나에게 그 반대를 주소서.

🔔 해설

히포크라테스 선서를 읽어본 뒤의 느낌은 어떤가?

히포크라테스 선서에는 중요한 사상들이 담겨져 있다. 현대 의료학자나 의료 윤리학자들이 이에 대해서 활발히 논의를 벌이고 있다.

먼저 '자신의 견해'를 밝히라는 말의 의미를 알아보자. 자신의 견해라는 것은 단순히 자신의 감정이나 생각을 서술하는 것이 아니라, 객관적인 기준을 제시하고 거기에 맞게 자신의 생각을 진술하는 것이다.

즉, '자신의 생각을, 본인이 스스로 설정한 객관적인 기준에 맞춰 진술'하라는 말이다. 이는 기본적으로 '역사적 접근'과 '논리적 접근'으로 나눠서 생각해 봐야 한다.

먼저 역사적 접근으로, 선서의 초반부에 드러나는 신에 대한 맹세와 스승과

제자와의 관계에 주목해 보자. 아폴론, 아스클레피오스와 같은 신들은 의료를 관장하는 신이다. 이들 신은 히포크라테스의 조상으로 설정되어 있다. 따라서 신화에 대한 기본적인 지식이 있다면 이 부분에 대해서 의료를 담당하는 신들에 대한 맹세로 해석할 수 있을 것이다.

다음으로 스승과 제자 사이의 관계를 보면, 당시의 사람들은 도제 형식으로 의술을 전달하였고 그들 간의 결속이 강하였다. 이는 종교적 또는 조직적 색채를 지닌다고 볼 수 있다.

논리적 접근으로는 선서의 중후반부에 드러나는 선서 내용에 주목할 필요가 있다. 의사의 주관적 판단에 따라 환자의 이익을 위해서만 의료행위를 할 것이며, 낙태를 하지 않으며, 외과 수술을 하지 않으며, 환자와 신체적, 성적 접촉을 하지 않으며 환자의 비밀을 보호하겠다는 내용이 나온다.

여기서 꼼꼼히 살펴보면, 의사의 주관이 우선시 된다는 것은 객관적인 의료 원리가 존재하지 않을 수 있다는 것을 의미한다. 그리고 환자의 이익을 위해서만 의료행위를 한다는 것은 환자가 의사의 의료행위를 거부할 수 없다는 것이 포함되며 동시에 환자의 이익 외에는 가족이나 사회 또는 국가의 이익이 무시될 수 있다는 것이다. 게다가 낙태에 대해서 반대 입장을 분명히 하고 있으며 사회적 목적을 위해서라도 환자와의 관계는 비밀에 붙여진다는 것이다. 의사와 환자 사이에 신체적 접촉의 제한은 현재에도 유지되고 있는 내용이다.

또한 외과 시술을 하지 않는다는 것은 당시의 문화적 관습으로 의료인들의 경건함을 훼손하는 것으로 간주되었기 때문에 주로 이발사들이 이런 일을 담당하였다. 이발소 외곽에 달려 있는 삼색등은 이발사들이 외과시술도 겸했다는 것을 나타낸다. 1540년에 외과의사이자 이발사를 겸했던 메야나킬이라는 사람이 빨간색은 동맥, 파랑색은 정맥, 그리고 하얀색은 붕대를 상징화하여 삼색등을 만들었다.

결론적으로, 위에 서술한 모든 내용을 언급할 수 있다면 좋겠지만, 최소한 ① 의사의 주관에 따른 시술, ② 환자의 이익만을 고려하는 의료, ③ 낙태 금지 그리고 ④ 환자의 비밀보호 원칙에 대해서는 자신의 견해를 밝혀야 한다. 이를 현대의 의료 상황과 대비하여 진술하였을 때, 좋은 평가를 받을 것이다. 현대의 의료상황에서는 ①~④의 내용들에 대해서 반론이 제기되고 있으며, 그러한 금지사항들을 허용하고 있는 분위기이다.

✎ 추가 문제

아래의 내용에서 제기될 수 있는 문제는 무엇이며, 그것에 대한 자신의 생각은 무엇인가?

> 나는 나의 능력과 판단에 따라 환자에게 혜택을 주기 위해 섭생법을 적용할 것이며, 환자들을 해악이나 부정의로부터 보호하겠습니다.
>
> — 히포크라테스 선서 중 일부 —

🔔 해설

대표적으로 두 가지 문제를 끄집어내야 한다. 하나는 '온정적 간섭주의'라는 것이고 다른 하나는 '이중효과의 원리'이다.

먼저 온정적 간섭주의는 의사가 환자의 자율성을 어디까지 제한할 수 있는지가 문제시된다. '만약 환자가 의료시술을 거부하거나 의사에게 다른 방식으로 시술을 요구할 때 어떻게 할 것인가?', '환자가 식물인간인 상태임에도 불구하고 의사의 의견에 따라 생명유지를 계속해야 하는가?' 등의 문제가 제기될 수 있다.

그리고 이중효과의 원리란 환자를 위해 치료하는 과정에서 일어날 수 있는 해악에 대해 인정하는 것이다. 선서에 따른다면 '산모를 치료하는 의사가 낙태를 해야 산모의 생명을 구할 수 있다면 의사는 낙태를 해야 하는가?', '생명연장을 위해서 신체의 일부를 떼어내야 한다면 어떻게 하겠는가?' 등의 질문이 제기될 수 있다.

이런 상황에서 이중효과의 원리에 따른 시술이 인정받기 위해서는 시술자체와 행위의 의도가 선해야 하고, 나쁜 결과가 좋은 결과의 수단이 되어서는 안 되며, 좋은 효과가 나쁜 효과보다 앞서야 한다는 준칙을 만족시켜야 한다고 한다.

이는 1970년대 케네디 연구소의 비첨과 차일드리스가 주장한 내용이다.

🌱 Point

히포크라테스 선서는 외우도록 하자. 그리고 선서의 내용에 대해서 정리해 둔 내용을 참고로 하여 제기될 수 있는 예상 질문을 스스로 만들어 보고 이에 대해 답하는 연습을 해야 할 것이다.

자연계열 학생들이 특히 약한 부분은, 글을 읽고 글의 표면에 드러난 내용이 아니라 심층에 담겨 있는 내용을 끄집어내는 일이다.

이를 위해서는 역사적인 맥락이나 내용적인 맥락을 이해해야만 주어진 내용을 온전히 이해할 수 있다. 따라서 이 책에 정리된 내용뿐만 아니라, 자료조사를 통해서 히포크라테스 선서에 대한 다양한 견해를 수집하고 정리하기를 바란다.

히포크라테스 선서에 담긴 두 가지 세계관

히포크라테스 선서에 나타난 의사 중심의 온정주의적 전통은 제2차 세계대전 이후에 도전을 받게 된다. 이제까지는 의사의 주관적 판단에 의해서 환자의 의료적 혜택만을 위해서 진료하였다면, 세계대전 이후에는 객관적 치료 방법이 개발되기 시작하는 동시에 환자의 권리가 중시되고 의사와 환자의 관계뿐만 아니라 주변적 조건 등을 고려하여 의료행위가 이루어지게 되었다.

제2차 세계대전 직후 진행된 뉘렘버그 재판을 통해 나치에 의한 비인간적인 인체실험이 폭로되었다. 이 과정에서 나치 의사들의 의료행위가 문제시되었고 의료연구 윤리에 대한 심각한 고민을 하게 되었다. 이에 대한 해결책으로 히포크라테스적인 접근과 비히포크라테스적인 접근이 고려되었다. 히포크라테스적 접근은 온정주의 전통을 따르는 것이고, 비히포크라테스적 접근은 자유주의 전통을 따르는 것이다.

구체적으로 세 가지 문제에서 두 세계관은 대립하게 된다.

의사의 권한 문제

히포크라테스적 접근에서는 의사의 주관에 의해서 치료방법이 선택되고 환자의 뜻과는 무관하게 환자의 의료이익을 최대화할 수 있는 방향으로 치료가 진행된다. 그리고 치료 방법의 선택이 의사에 의해 결정되므로 시술과정에 있어서 동료의사들의 의견이나 환자의 의견이 반영되기 어렵다.

그러나 비히포크라테스적 접근에서는 환자의 의견과 동료의사들의 의견이 반영되고 객관적 치료 기준도 요구받게 된다. 세부적으로 보면 다음의 세 가지 문제로 요약할 수 있다.

① 의료 혜택의 주관적 평가와 객관적 평가의 대립

의사의 관점에서 생각하면 의료 혜택은 주관적이 된다. 그러나 환자의 관점에서 의료 혜택이 주어진다면 객관적이 된다. 의료 혜택이란 환자에게 주어지는 의료적 이익으로 해석될 것이다.

한편, 과학적 관점에서 볼 때, 평가자와 관계없이 의료적 혜택이 보장되는 중립적인 평가도 존재한다.

주관적 평가와 객관적 평가 모두 환자에게 미치는 이익의 양이라는 결과주의에 기반하고 있다. 다만, 객관적 평가는 동료 검토, 활용 검토 질적 확신, 결과 조사, 치료 협약에 기반을 두고 치료의 결과를 고려하게 된다.

즉, 의사 개인의 결과주의적 판단이 아닌 다수에 의한 결과주의적 판단으로 변화된 것이다.

② 종합적 복지와 의료적 복지의 대립

의사는 환자의 종합적 복지 향상을 위한 치료를 하는가, 아니면 의료적 복지 향상을 위한 치료를 하는가? 히포크라테스적 접근에 따르면 의사는 환자의 종합적인 복지 향상을 위해 치료한다. 선서에서도 나타나듯이 의사는 환자들에게 가해질 수 있는 해악뿐만 아니라 부정의한 것까지 제거하는 데 노력해야 한다.

그러나 세계의료협회의 회원들은 환자들의 의료적 향상을 위해만 일하기로 서약을 했다.

이럴 경우, 합리적인 환자들은 종합적 복지 향상을 위해서는 의료적 복지 향상이란 점을 고려하여 자신의 삶의 형태를 조정해야 한다는 점을 받아들이게 된다. 즉, 비히포크라테스적 접근에서는 환자의 자율성을 보장하게 된다.

③ 의료 혜택 영역의 다양성 문제

히포크라테스 접근에서는 의사의 주관에 따라 환자에게 의료 혜택을 제공하는 것이다. 그런데 여기서 문제는 의료 혜택의 영역이 다양하다는 점이다. 즉, 죽음을 예방하고 질병을 치료하며 고통을 줄이고 환자의 복지를 향상시키는 것이 이 영역에 속한다.

문제는 이러한 다양한 목적을 모두 충족하기 어려운 경우가 발생하는 데에 있다. 예를 들어, 두 가지 이상의 병에 걸린 환자에게 치료를 하는 과정에서 어떤 목적—고통의 억제, 생명의 연장 등—에 맞출 것인지에 따라서 처방이 달라질수 있다. 따라서 단순히 치료를 의사의 주관에 맡기기에는 문제가 있다.

의사와 환자 사이의 도덕적 문제

의사가 환자에게 의료적 이익을 주는 것이 중요하다는 결과주의적 입장이 있다. 반면에 이익과 상관없이 의사가 환자의 인격을 존중해야 한다는 의무론적 입장이 있다.

히포크라테스적 접근에서는 의사의 판단 아래 치료에 따른 결과를 고려하여 의료행위를 하게 된다.

이 과정에서 의사는 선서에 내포되어 있는 선행의 원리와 악행금지의 원리에 따라 의료 과정에 나타나는 윤리적 문제들을 해결하게 된다. 이때 선의의 거짓말, 치료과정에서 발생할 수 있는 위험성, 환자의 정보공개 문제 등의 영역에서 결과주의적 윤리와 의무론적 윤리가 부딪치게 된다.

결과주의적 윤리의 입장에서는 각 영역에서 의사가 환자의 혜택이나 해악을 고려하여 치료를 결정하게 되므로 환자의 입장은 고려하지 않게 된다.

그러면 의무론적 윤리의 입장에서 각 영역의 문제들을 간략히 살펴보자.

① 환자의 상태에 대한 알림의 문제

의무론에 있어서 진실의 의무란 것이 있다. 이것은 상호 간에 진실만을 말해야 한다는 의무이다. 18세기의 철학자 칸트는 「호혜적인 동기에서 거짓말하는 데 대한 가정된 권리들에 대하여」라는 글을 썼다. 여기서 어떤 경우에도 제한되지 않는 신성하며 절대적으로 명령하는 이성의 칙령이 있다는 점을 주장하였다. 이는 의사가 환자의 상태에 대해 거짓 없이 말해야 함을 뒷받침한다.

② 치료과정에서 발생할 수 있는 위험에 대한 동의 문제

의무론에 있어서 자율성의 원칙이란 것이 있다. 이것은 타인의 간섭보다 개인의 자율성을 우위에 둔다는 원칙으로 의료상황에서는 환자의 동의라는 것으로 나타난다. 만약 부작용이 일어날 수 있는 방사선 치료를 시행할 때, 환자에게 아무런 설명이나 동의 없이 시술한다면 문제가 발생할 수 있다. 따라서 이에 대한 해결책으로 '충분한 설명에 근거한 동의(informed consent)'가 있다. 이것은 의사나 간호사가 환자에게 치료과정에서 발생할 수 있는 위험 등에 대해서 충분히 알려주고 이에 대해 적극적으로 동의를 구해야 함을 의미한다. 그러나 미성년자 혹은 환자 스스로가 정상적인 판단을 하기 어려운 경우에 어떻게, 누구에게 동의를 구해야 하는가란 문제는 여전히 남아 있다. 이와 관련하여 '대리판단 표준'이란 보완책도 있지만 완벽하지는 못하다.

③ 환자의 정보공개 문제

의무론에 있어서 신의의 의무란 것이 있다. 이것은 계약 당사자 간에 계약의 내용을 반드시 이행하는 것을 의미한다. 의사가 환자를 치료하기 시작하면서 서로 간에 보이지 않는 계약이 성립된 것으로 볼 수 있다.

예를 들어, 의사는 환자의 치료를 위해서 노력할 것이며 치료와 관련된 사항을 외부에 공개하지 않을 의무를 진다는 것이다. 따라서 환자의 정보를 타인에게 공개하는 것이 환자에게 이익이 되는 경우라 할지라도 환자의 동의 없이는 정보를 공개해서는 안 된다.

실례로 히포크라테스 선서의 전통을 잇는 제네바 선언(1948년)에서 "나는 환자가 나에게 알려준 모든 것에 대하여 비밀을 지키겠노라."고 하여 이 부분만은 전통적인 히포크라테스 선서의 내용과 다른 입장을 취하였다.

환자의 이익과 타인 또는 사회의 이익 간의 충돌 문제

히포크라테스 선서에 따르면, 의사는 환자의 이익을 보호해야 한다. 그러나 현대에는 타인이나 사회적 이익을 고려해야 하는 경우가 빈번하게 발생한다. 예를 들어, 환자 가족들의 경제적 상황 등을 고려하여 치료를 중단해야 하는 경우, 환자의 정보를 공개하는 것이 사회적으로 유용한 경우 등을 생각해 보면 이 주제가 쉽게 이해될 것이다.

여기서는 의료자원의 분배 문제를 가지고 개인수준과 사회수준으로 나눠서 배분 원리에 대해 알아볼 것이다.

지역적으로 본다면 의료보험제도를 실시하는 나라와 그렇지 않은 나라로 볼 수 있다. 지구적으로 본다면 의료자원이 불균등하게 분포되어 있음을 쉽게 알 수 있다. 이런 상황에서 의료자원이 적절한 원리에 따라 배급된다면 전지구적 의료 문제를 해결하는 데 도움이 될 수 있을 것이다.

이런 맥락에서 최근 포괄수가제 도입은 사회적 이슈가 되었다. 여기서는 포괄수과제를 적용할 수 있는 여러 원리들에 대해서 알아보자.

① 개인수준 – 히포크라테스적 원칙의 주관적 형태

의사의 주관에 따라 환자에게 최선의 치료를 제공하는 것이다. 이는 의료자원의 분배에 있어서 환자의 치료와 회복에 초점을 맞춰서 분배가 이루어지는 경우이다.

② 개인수준 - 히포크라테스적 원칙의 객관적 형태

담당 의사의 주관적 견해뿐만 아니라 동료 검사와 결과 연구를 통하여 효과적인 치료를 제안하는 것이다. 이 경우에는 불필요한 의료자원의 낭비를 막을 수 있다. 특히, 과도한 치료비용을 절감할 수 있다.

③ 개인수준 - 자율성의 원칙

위의 두 경우가 의사 중심의 의료자원 배분 원리였다면 이번의 경우는 환자 중심의 의료자원 배분 원리이다. 주로 환자들의 개인적 상황 때문에 치료를 거부하거나 치료를 중단할 수 있는 경우를 인정하는 것이다. 이는 일정 부분 시장 원리에 따라 의료자원을 분배하는 것을 옹호한다.

④ 사회수준 - 사회적 유용성

비용-편익 분석을 고려한 사회적 공리주의자들이 주장하는 내용이다. 즉, 특정 질병에 들어가는 평균적인 절차와 비용을 고려하여 그에 맞게 의료자원을 분배하는 시스템을 세우는 것이다. 이럴 경우, 중증환자나 최하층의 시민들에게는 불리하게 작용할 수 있는 문제가 발생할 수 있다. 왜냐하면 중상층의 시민들은 개인 여건에 따라 회복이 빠르고 간소한 치료 절차만으로도 병을 나을 수 있기 때문이다. 이런 점을 고려하여 전체 국민의 평균을 낸다면 병의 종류에 따라 다르겠지만 일반적으로 쉽게 치료할 수 있는 시민의 경우에 맞춰 분배원리가 결정되기 쉽다.

⑤ 사회수준 − 정의

일반적으로 롤즈의 정의론 중 최소수혜자의 원리가 적용된다. 최소수혜자의 원리란 사회적으로 열악한 환경에 놓인 사람들에게 우선적으로 혜택이 돌아가게 하자는 원리이다. 특정 질병을 치료하는 과정에서 병의 치료에 비용이 많이 들어가거나 심각한 환자에게 비용이 집중적으로 투입되는 원리이다. 이 원리는 전체 의료자원의 균형적인 배분에 나쁜 영향을 줄 수 있다. 즉, 적은 비용으로 다수를 치료할 수 있는 경우가 있음에도 불구하고 중병에 걸린 환자들에게 우선적으로 의료자원을 배분하는 문제가 발생할 수 있다.

이제까지 히포크라테스 선서를 바탕으로 두 가지 세계관을 살펴보았다. 히포크라테스 선서에서는 주관주의, 온정주의, 결과주의적 윤리 그리고 개인윤리 차원에서 의사의 의료행위가 진행되었다는 것을 알 수 있었다. 이에 반해 최근에는 객관주의, 자율성 원리, 의무론적 윤리 그리고 사회윤리 차원에서 의사의 의료행위가 요구되고 있다. 따라서 히포크라테스 선서의 내용을 온전하게 이해하고 난 다음에는 역사적 관점에서 선서의 유용성과 한계성을 따져보는 작업이 필요하다. 실제로 면접관도 히포크라테스 선서에 담긴 내용뿐만 아니라 이 선서의 유용성과 한계성을 역사적으로 밝혀준다면 보다 높은 점수를 부여할 것이다.

끝으로 히포크라테스 선서 이후에 나타난 주요한 의료규약들을 살펴보겠다.

유형에 따른 대표적인 선서와 규약

히포크라테스 선서와 유사한 선서	비히포크라테스 선서
• 플로렌스 나이팅게일 선서 • 제네바 선언 • 러시아 의사의 선서	• 1980년의 AMA원칙 • 1985년 미국 간호사협회 규약 • 소련 의사 선서(1971) • AHA 환자들의 권리장전

제네바 선언(세계의사협회 제정, 1948년)

이제 의업에 종사할 허락을 받음에 나의 생애를 인류 봉사에 바칠 것을 엄숙히 서약하노라.

① 나의 은사에 대하여 존경과 감사를 드리겠노라.

② 나의 양심과 품위를 가지고 의술을 베풀겠노라.

③ 나는 환자의 건강과 생명을 첫째로 생각하겠노라.

④ 나는 환자가 나에게 알려준 모든 것에 대하여 비밀을 지키겠노라.

⑤ 나는 의업의 고귀한 전통과 명예를 유지하겠노라.

⑥ 나는 동업자를 형제처럼 여기겠노라.

⑦ 나는 인종, 종교, 국적, 정당관계, 또는 사회적 지위 여하를 초월하여 오직 환자에 대한 나의 의무를 지키겠노라.

⑧ 나는 인간의 생명을 그 수태된 때로부터 더 없이 존중하겠노라.

⑨ 나는 비록 위협을 당할지라도 나의 지식을 인도에 어긋나게 쓰지 않겠노라.

⑩ 나는 자유 의사로서 나의 명예를 걸고 위의 서약을 하노라.

미국의료협회 의료윤리 원칙(AMA원칙, 1980)

서문

의료직은 기본적으로 환자에게 혜택을 주기 위하여 발전된 윤리적 언명에 기여해 왔다. 이러한 전문직의 일원으로서 의사는 환자뿐만 아니라 사회에, 다른 건강 전문인과 자신에게 책임을 자각해야만 한다. 미국의료협회에 의해 채택된 아래의 원칙들은 법률이 아니라 의사에게 명예스러움의 본질을 정의내리는 행위의 기준이다.

• 의사는 동정심과 인간 존엄성에 대한 존중을 가지고 유능한 의료서비스를 제

공하기 위해 헌신해야 한다.

- 의사는 환자들과 동료들에게 정직해야 하며, 성격이나 능력이 결여된 의사들이나 오만과 기만적인 의사들을 폭로하는 데 힘써야 한다.
- 의사는 법을 존중해야 하며 환자의 최상의 이익과 정반대되는 요구들을 변경시키기 위한 책임 또한 자각해야 한다.
- 의사는 환자, 동료, 그리고 나이 많은 건강 전문인의 권리를 존중해야 하며, 법의 제약 내에서 환자에게 신뢰를 주어야 한다.
- 의사는 지속적으로 공부하고, 과학적 지식을 적용하고 발전시키고, 환자, 동료들, 그리고 공공에 적절한 정보를 이용 가능하게 하며, 협의를 얻고 드러낼 때 다른 의료 전문인들의 재능을 사용해야 한다.
- 의사는 적절한 환자진료의 공급에서 응급한 경우를 제외하고는, 누구에게 제공되는지, 누구와 결부되어야 할지에 대한 선택에 자유로워야 하며, 의료서비스를 제공하는 환경도 자유로워야 한다.
- 의사는 공동체의 향상에 공헌하게 될 행동에 참여할 책임을 자각해야 한다.

다중미니면접 실전(1)
의료윤리적 사고 형성하기

이번에는 상황면접의 단골메뉴인 의료윤리에 대해서 다룰 것이다. 대학마다 일상적 상황을 소재로 윤리적 판단을 묻거나 의료상황을 소재로 윤리적 판단을 묻는다. 특히, 의료윤리는 윤리학 분야 중 하나로 최근 거의 모든 의대에서 필수이수 과목으로 지정해 놓고 있는 실정이다.

따라서 의대면접을 준비하는 학생이라면 기본적인 윤리적 사고원리와 생명 의료윤리의 네 가지 사항을 이해하고 암기해야 할 것이다.

대표 문제

불치병에 걸린 환자에게 의사가 당신은 불치병이 아니라고 거짓말을 하는 것은 도덕적으로 옳은 일인가?

해설 – 의사 중심의 답변

한번쯤 들어봤을 법한 질문이다. 그런데 이런 질문에 대해 답변하는 내용은 다양할 수 있지만 답변 방식에 따라 평가가 달라진다. 대표적으로 공리주의적 답변(행위 공리주의와 규칙 공리주의), 칸트주의적 답변, 공동체주의적 답변 등으로 나눠볼 수 있다. 다만, 어떤 방식을 선택하느냐에 따라 평가가 달라지기보다는 자신이 선택한 방식 내에서 답변을 하되, 추가 질문에 대해서 일관성이 있게 답변을 이어가는 것이 중요하다.

먼저 불치병 환자가 겪을 심적 고통을 생각하여 거짓말을 할 수 있다고 생각한다면 행위 공리주의에 해당하는 답변이다. 즉, 행위의 결과에 따른 손익을 계산해 보고 이익이 큰 행위를 선택하는 것이다.

이에 비해, 대표문제와 같은 유사한 상황마다 거짓말을 하는 것보다는 진실을 말하는 것이 사회적으로 바람직한 일이라고 생각한다면 규칙 공리주의적 답변을 한 것이다. 규칙 공리주의는 행위 자체보다는 행위에 적용되는 규칙에 대해 평가한다. 즉, 거짓말을 하는 것이 규칙이 되는 사회보다는 진실을 말하는 것이 규칙인 사회가 더 살기 좋다는 것이다.

그런데 규칙 공리주의자들은 대표문제를 이렇게도 바라본다. 이 환자에게 거짓말을 하는 것을 예외의 경우로 받아들인다고 했을 때, 발생할 수 있는 손익은 무엇인가? 만약 불치병에 걸린 환자에게 거짓말을 하는 것을 예외로 받아들이는 것이 환자의 심리적 안정을 위해서 도움이 된다면 받아들일 것이다. 그러나 이런 관행 때문에 의사와 환자 간의 신뢰가 깨어질 수 있고 이것이 더 큰 사회적 손실을 가져올 수 있다면 규칙 공리주의에서는 환자에게 거짓말을 할 수 없다고 결론 내릴 것이다. 즉, 독자가 규칙 공리주의의 입장에서 답변을 했을 때, 손익 계산에 대한 추가질문이 이어질 것이다.

칸트주의적 답변은 의사는 언제나 환자에게 진실을 말해야 한다는 것이다. 행위의 동기를 따져본다면, 손익에 대해 비중을 두면 거짓말을 할 수 있지만, 사람에 대해 비중을 둔다면 언제나 그에게 진실을 말해야 할 것이다. 즉, 내가 진실을 말할 것인지 아니면 거짓을 말할 것인지를 선택하는 동기가 선해야 함을 칸트주의에서는 강조하고 있다.

결국, 환자를 자유의지를 가진 인간으로 본다면 의사는 그에게 진실만을 말해야 할 것이다. 추가질문을 한다면 환자가 진실을 알았을 경우, 심리적 타격이 올 수 있다는 사실을 알았을 때에도 사실을 말할 것인지에 대해 물을 수 있다. 즉, 공리주의 답변이 보다 적절한 순간에도 칸트주의적 답변을 지킬 것인지에 대한 문제이다. 이때 심적 안정으로 안정되었을 때 진실을 말하겠다는 답변을 제시하면 적절하다.

칸트주의적 답변 중에 로스의 조건부 의무론에 기초한 답변이 있다. 로스는 도덕적 판단 상황에서 하나의 도덕 원리를 지키느냐 마느냐로 문제를 보는 것이 아니라, 두 가지 도덕 원리의 충돌로 상황을 가정한 뒤, 이 두 가지 원리 중 더 우선시 되는 원리를 따르는 해법을 제시한다. 대표문제 상황에서 칸트주의적 접근은 '진실을 말해야 한다'는 도덕 원리를 준수하느냐 아니면 그 원리를 준수하지 않고 의사가 환자에게 거짓말을 하느냐의 문제로 보는 것이다. 그런데 로스는 이것을 두 가지 원리의 상충으로 보았다. 진실을 말해야 하는가, 아니면 해악을 끼치지 말아야 하는가? 거짓말을 하는 것은 해악 방지의 의무를 따르는 것이고, 진실을 말하는 것은 신뢰의 의무를 지키는 것이다. 일반적으로 해악 방지의 의무가 우선적으로 고려되므로 의사의 거짓말은 허용될 수 있다.

공동체주의적 답변은 특정 문화나 종교권에서 지켜야 하는 관행을 따르는 답변이다. 원래 도덕이라는 말은 관습이나 습관이라는 말에서 그 어원을 찾을 수 있다. 이처럼 자신이 속한 사회에서 일반적으로 통용되는 도덕원리에 따르는 것이다. 이슬람 국가에서는 종교적 원리가 사회 전반을 지배하고 있기 때문에 대표문제의 상황에서 제시될 수 있는 답변은 거의 정해져 있다고 봐야 할 것이다.

🔔 해설 - 환자 중심의 답변

한편, 이 문제를 온정적 간섭주의 문제로도 볼 수 있다. 즉, 의사는 환자의 자율성이나 권리를 어느 정도까지 제한할 수 있느냐의 문제이다. 과거에는 의사의 주관적 판단에 따라 진료나 의료방식을 결정했다. 이때는 의사가 환자의 자율성이나 권리를 제한했다고 볼 수 있다. 그러나 현대 사회로 오면서 상황이 바뀌게 되었다. 환자의 입장에서 본다면, 환자는 자신의 병명에 대해 알 권리가 있다.

그리고 이는 윤리의 문제가 아니라 민주사회에서는 당연히 요구할 수 있는 권리의 문제이다. 따라서 의사는 환자와의 관계를 민주질서에 따른 관계 혹은 계약의 관계로 인식해야 한다. 즉, 의사는 의료 서비스를 제공하는 입장이기 때문에 환자의 요구를 받아들여야 하는 것이다.

그런데, 이러한 접근 방식에도 다음과 같은 추가질문이 들어올 수 있다. '만약 환자의 상태가 정상적인 판단을 하기 어려운 상황이라도 진실을 말할 것인가?', '의사는 환자의 요구를 어느 정도까지 수용해야 하는가?', '만약 환자에게 거짓말을 하여 심리적 안정을 취하게 하는 것이 '치료 과정'에서 필요할 때도 진실을 말해야 하는가?' 등의 질문이다. 이때에는 질문의 요지에 맞게 자신의 의견을 피력해야 할 것이다. 다만, 추가질문의 의도는 의사의 간섭주의와 환자의 자율성이 충돌할 때 발생하는 문제에 초점을 맞춘 것이다. 그리고 이에 대한 해결방안으로는 '충분한 설명에 근거한 동의'라는 것이 있다. 입원 전에 동의서를 작성하거나, 대리인의 의견을 반영하거나 아니면 유언 등의 매개체를 통해서 환자에게 일정부분 동의를 얻는 절차가 있다. 따라서 환자의 자율성을 보장하거나 제한할 수 있는 제도적 장치를 활용해야 할 것이다.

✒️ 추가 문제

10년 동안 식물인간 상태인 환자가 있다. 현재 인공호흡기로 연명하는 상태에서 앞으로도 계속 이러한 상태를 유지할 것인지, 아니면 다른 조치를 취할 것인지 의사의 입장에서 답하시오.

🔔 해설 – 개인적 차원의 접근

무의미한 연명치료의 문제에서 의사는 환자의 의료적 혜택을 위해서만 의료 행위를 한다는 히포크라테스 선서를 따른다면 계속 인공호흡기를 사용해야 할 것이다. 그러나 환자의 가족이나 사회적 유용성을 생각한다면 문제는 달라질 수 있다. 먼저 환자의 가족을 고려한다면, 그들은 살아날 수 있다는 일말의 희망 때문에 환자를 포기하지 못하고 있을 것이다. 혹은 종교적인 이유로 계속적인 치료를 요구할지도 모른다. 한편, 그들이 지닐 수밖에 없는 심리적 그리고 경제적 고통을 감안한다면 치료의 중단이 요구될 수 있다.

칸트주의는 연명치료의 중단을 금하고 있다. 여기서는 생명의 존엄성을 유지하기 위한 최선의 노력을 다해야 할 것이다. 인공호흡기를 제거하는 것은 일종의 살인행위로 간주될 것이다. 따라서 인간생명을 보존하는 것이 인간의 의무로서 요구된다.

그런데 가족 구성원 중 다른 한 명이 생명이 위독해져서 치료를 받아야 하는 상황이 발생할 수 있다. 이때 연명치료를 중단하고 그 비용으로 이 사람을 치료할 수 있다고 한다면 어떻게 해야 하는가?

이러한 문제에 대해서 칸트주의는 답변하기 어렵다. 이렇게 환자 이외의 사람이나 요소를 고려하기 시작하면 우리는 정의의 문제로 이것을 바라보아야 한다.

공리주의는 이런 상황에서 손익계산을 통해 해결책을 제시한다. 환자의 죽음과 환자의 가족들이 느끼는 고통을 비교하여 그 중 이익이 되거나 혹은 손해가 적은 선택을 옳은 선택이라고 할 것이다. 이것을 일반화한다면 의료적 유용성과 사회적 유용성의 문제로 볼 수 있다. 즉, 사회제도적인 측면에서 볼 때, 무의미한 연명치료에 대해 의료자원을 어떻게 분배할 것인지에 대한 문제가 등장한다.

이때 우리는 '정의'의 문제와 만나게 된다. 어떤 기준에 따라 의료자원을 시민들에게 나눠줄 것인가란 문제는 현대 사회에서 중요한 이슈가 되고 있다. 예를 들어 장기매매가 가능한지, 가난한 사람에게 어디까지 치료를 해줘야 하는지 등이다.

정의는 형식적 정의와 실질적 정의로 구분해 볼 수 있다. 형식적 정의는 모든 사람에게 동등한 양의 재화가 돌아가는 것이다. 이와 달리 실질적 정의는 사람들 각자가 처한 상황을 고려하여 분배 기준을 정하는 것이다. 실질적 정의는 전통적으로 ① 성과에 따른 분배, ② 능력에 따른 분배, ③ 노력에 따른 분배 그리고 ④ 필요에 따른 분배로 나눌 수 있다. 의료자원의 경우에는 성과에 따른 분배는 의학적 유용성에 따른 분배와 일치한다. 그리고 능력에 따른 분배는 사회적 유용성에 따른 분배와 일치한다. 이 외에 롤스의 정의론이 있다.

먼저 의학적 유용성에 따르면, 연명치료는 계속되어야 한다. 소생가능성이 희박하더라도 모든 장기의 기능이 멈출 때까지 치료를 해보는 것이 의학적 유용성을 만족시킨다. 이에 비해, 사회적 유용성에 따르면 연명치료는 중단되어야 한다. 의료자원은 한정되어 있기 때문에 연명치료와 같이 자원을 투입해도 좋은 결과가 나오지 않는 치료는 무의미하다. 오히려 여기에 투입되는 의료자원을 회복 가능성이 높은 환자들에게 사용하는 것이 사회적으로 유용하다. 이 두 가지 해결책은 각각의 유용성을 최대화하는 것이 목적이다.

롤스는 기본적 재화가 분배될 때, 불평등이 심각한 상태의 환자들에게 우선적으로 이점을 제공하라는 차등의 원칙을 제시한다. 그리고 이러한 조치가 취해지지 못하는 상황이라면 재화를 평등하게 분배하는 것이 정의롭다고 그는 주장한다.

추가문제의 상황에서는 롤스의 정의론을 적용하기 어렵다. 사회적 조건에 제시되어 있는 환자 간의 의료자원 배분 문제가 아니기 때문이다. 롤스의 견해는 주로 장기이식의 기준, 포괄의료수과제 등의 문제에서 논의될 수 있다.

✍ 추가 문제

식물인간이 된 환자를 인공호흡기로 치료하고 있는 병원에 응급환자가 도착하였다. 응급환자는 인공호흡기를 사용해야 하고 1시간 이내로 수술을 해야 한다. 그런데 이 병원에는 인공호흡기가 하나밖에 없다. 이때 당신이 의사라면 어떻게 하겠는가?

🔔 해설 – 개인적 차원의 접근

생명의료윤리에는 네 가지 원칙이 있다. 자율성 존중의 원칙, 악행금지의 원칙, 선행의 원칙 그리고 정의의 원칙이다. 추가질문의 상황을 각 원칙에 따라서 해설해 보면 쉽게 이해할 수 있을 것이다.

먼저 자율성 존중의 원칙은 환자의 의견을 존중해 주는 것이다. 추가질문의 사례에서는 식물인간이 된 환자는 자신의 의사를 표명할 수 없다. 사전에 유언이나 불치병에 걸렸을 때 어떤 조치를 원하는지에 대한 사전언약이 없었다면 환자의 대리인의 의견을 받아들이거나, 대리인이 없을 경우 유사한 질병을 앓았던 사람들이 내렸던 결정에 비추어 치료 여부를 결정할 수 있다. 그러므로 식물인간이 된 환자라 하더라도 그의 직접적 혹은 간접적 동의를 얻어서 그의 치료중단 여부를 결정해야 한다.

악행금지의 원칙은 환자에게 해를 입히지 않는 것이다. 만약 식물인간 환자의 치료를 계속한다면, 식물인간인 환자에게는 악행금지의 원칙이 적용되지 않는다. 그러나 의사는 인공호흡기가 필요한 위급한 환자를 죽게 내버려둠으로써 악행금지의 원칙을 범하는 것이 된다.

한편, 선행의 원칙은 환자의 이익을 위해 노력해야 하는 것이다. 이때 선행의 원칙이 타인에게 해를 입히지 말아야 한다는 소극적의 의미라면 이는 악행금지의 원칙과 유사하다. 만약 타인의 이익을 적극적으로 향상시켜야 한다는 적극적 의미로 보았을 때는 악행금지의 원칙과 구분된다.

선행의 원칙에 따르면, 식물인간이 된 환자와 위급한 환자가 왔을 때 어느 쪽을 먼저 구해야 하는지 판단하는 구체적인 기준을 제공해 주지 못한다. 그럼에도 불구하고 일반치료와 특수치료라는 관점에서 생각해 본다면, 의사는 위급한 환자에게 인공호흡기를 제공하는 것이 맞다. 즉, 식물인간이 된 환자에게 인공호흡기는 그 상태를 유지하는 일반치료로 볼 수 있다. 이에 반해 생명유지가 위급한 환자에게 인공호흡기를 제공하는 것은 특수치료로 볼 수 있다. 따라서 특수한 경우의 치료에 있어서는 우선적으로 선행의 원칙을 제공하는 것이 가능하다고 해석할 수 있다.

끝으로 정의의 원칙에 따르면, 식물인간인 환자에게서 인공호흡기를 제거할 수 있다. 사회적 유용성을 고려한다면, 불필요한 의료재화가 낭비되고 있는 상황이다. 즉, 환자의 상태를 개선할 수 없음에도 불구하고 의료자원을 분배하는 것은 무의미하다. 따라서 의료자원이 분배되었을 때, 환자의 이익이 증대될 수 있는 곳에 자원을 배분해야 할 것이다. 만약 다른 정의의 원칙을 제시할 수 있다면, 다른 결론을 도출할 수도 있을 것이다.

🌱 Point

앞서 윤리적 사고원리와 생명 의료윤리의 네 가지 원리에 대해서 알아보았다. 이러한 사고방식을 상향식 접근과 하향식 접근으로 나눠볼 수 있다. 공리주의처럼 특정 사례를 중심으로 윤리적 원칙을 제시하여 문제를 해결하는 것을 상향식 접근이라고 한다. 이에 반해, 하향식 접근은 칸트주의처럼 윤리적 원칙에 따라 해당사례를 평가하는 것이다.

그러므로 주어진 문제의 내용을 살펴보고, 어떤 방식의 접근이 유용한지에 대해 판단해야 한다. 이번에 배운 내용들은 일상을 소재로 한 면접에도 유용하게 쓰일 수 있으므로 본문을 여러 번 읽어서 내용을 숙지하자.

윤리적 사고방식의 기본원리

윤리학의 기본원리

윤리의 개념과 종류

윤리라는 말은 '인간과 인간 사이에 지켜야 할 원리'로 풀이할 수 있다. 구체적으로 살펴보면, '인간과 인간 사이'라는 말에서 인간의 범위를 어떻게 정할 것이냐에 따라서 윤리의 의미가 달라질 수 있다. '태아도 성인 인간과 동등한가?', 또 역사적으로 본다면, '임금과 신하를 동등한 인간으로 볼 수 있는가?', 아니면 '남성과 여성이 동등한 지위를 가졌는가?' 등의 물음을 던져본다면 '인간과 인간 사이'라는 말의 범위를 정하는 것이 중요하다는 점을 깨닫게 될 것이다.

다음으로, '지켜야 할 원리'에 주목해 보자. '과거의 윤리 원리와 현재의 윤리 원리가 같은가?', 또는 '지역마다 동일한 윤리적 기준을 적용하는가?' 등의 질문을 던져본다면 윤리 원리는 다양할 수 있다는 점을 인식할 수 있다. 따라서 학자들마다 윤리에 대한 정의가 다르고 그것의 종류도 다양하다고 보고 있다. 이를 간략하게 정리하면 다음과 같다.

절대주의 윤리설	상대주의 윤리설
의무론적/목적론적 윤리설	결과론적 윤리설
형식주의 윤리설	목적론적 윤리설
칸트주의	공리주의

주로 절대주의 윤리설과 상대주의 윤리설로 나눠볼 수 있다. 절대주의 윤리설은 시공간에 관계없이 인간이 지켜야 할 윤리 원리가 존재한다는 입장이다.

이는 세부적으로 인간이라면 마땅히 추구해야 할 삶의 목적이 정해져 있다는 '목적론'과 인간이라는 마땅히 지켜야 하는 윤리원리가 있다는 '의무론'으로 나눌 수 있다. 특히, 의무론을 행위의 결과와 상관없이 지켜야 하는 형식과 같은 것으로 볼 때는 형식주의로 불리기도 한다.

상대주의 윤리설에서 윤리는 문화의 산물이기에 시공간에 따라 가변적인 것이 된다. 윤리원리는 시공간에 따라서 인간에게 유익한 원리만이 받아들여진다고 보았기에 결과론적 윤리설로 불린다. 또 인간은 행위의 결과의 유익을 추구해야 한다는 단일한 목적을 갖는다는 의미에서 목적론적 윤리설로 불린다.

이 외에도 덕윤리, 담론윤리, 배려윤리 등 다양한 윤리설이 있지만 이는 의대 면접 범위를 넘어간다고 판단하여 다루지 않기로 한다.

좋음과 옳음의 문제

우리는 도덕적 판단을 할 때, 도덕적 기준을 가지고 평가하게 된다. 그런데 이러한 도덕적 기준이라는 것이 행위를 평가할 때와 행위의 의도를 평가할 때 구분될 수 있다. 먼저 어떤 사람의 행위를 평가할 때는 그 행위가 가져온 결과에 대해 고려하게 된다. 예를 들어, 거짓말을 하더라도 선의의 거짓말이라고 하여 우리가 용인할 수 있는 것이 존재한다. 이에 반해, 행위의 의도나 동기를 평가할 때는 선한 동기로 그 행동을 했느냐가 문제시된다. 행위의 결과가 좋더라도 타인을 이용하려는 목적을 가지고 그 행위를 했다면 그것은 옳지 못한 행위가 된다.

만약 어떤 행위가 행위의 의도도 좋고 결과까지 좋다면, 우리는 굳이 그 행위에 대해서 도덕적 판단을 내릴 필요가 없을 것이다. 따라서 우리가 도덕적 판단을 내린다고 할 때에는 도덕적으로 고려할 요소가 발생했다는 것이다. 혹은 특정 행위의 동기가 더 중요한지, 또는 결과가 더 중요한지라는 선택의 문제가 될 수도 있다.

이중효과의 원리

　이중효과의 원리는 하나의 행위로 인해서 좋은 결과와 나쁜 결과가 동시에 나타나는 경우이다. 이런 상황에서는 행위의 도덕적 판단이 어렵겠지만 다음의 네 가지 조건을 만족시킨다면 이는 이중효과의 원리에 따른 것으로 봐야 한다.

　① 행위의 성격 : 행위 자체는 선한 행위이거나 적어도 중립적이어야 한다.
　② 행위의 의도 : 선한 의도를 가지고 행한 것이어야 한다.
　③ 행위의 인과성 : 좋은 목적을 위해 악한 수단을 사용해서는 안 된다.
　④ 행위의 균형성 : 선악을 계산할 수 있을 경우, 선의 산출량이 더 많아야
　　　한다.

　의료윤리에서 낙태 시술이나 안락사의 문제 등을 다룰 때 이중효과의 원리가 빈번하게 등장한다.

온정주의, 온정적 간섭주의, 간섭주의

　온정주의, 온정적 간섭주의 또는 간섭주의로 불리는 윤리 원칙이 있다. 이것은 정상적인 의사결정이 어려운 사람들을 대신해서 대리인이 중요한 사안을 결정하는 것이다. 여기에는 소극적 온정적 간섭주의와 적극적 온정적 간섭주의가 있다. 소극적 간섭주의는 일시적 혹은 정상적인 사고가 어려운 특정인의 권리행사를 제한하거나 타인이 권리행사를 대신하는 것이다. 그리고 적극적 간섭주의는 정상적인 사고를 할 수 있을지라도 사태의 심각한 정도에 따라 권리를 제한하거나 타인이 권리행사를 대신하는 것이다. 이러한 간섭주의는 종종 자율성의 원리와 충돌한다.

공리주의 윤리설

공리주의 윤리설의 개념과 주요원리

공리주의의 기본원리는 옳은 행위란 좋은 결과를 발생시키는 행위란 것이다. 대표적인 공리주의자인 '벤담'은 도덕의 원리는 '양적인 쾌락'으로 보았고 '밀'은 '질적인 행복'이라고 보았다. 이상적 공리주의자로 불리는 사람들은 쾌락이나 행복 대신에 '본래적 선'이라고 보았다. 쾌락, 행복 그리고 본래적 선을 유용성이라는 표현으로 단순화하여 보면 결국 공리주의는 유용성을 추구하는 윤리설이다. 한편, 공리주의에서는 유용성의 원리뿐만 아니라 공평성의 원리가 준수되어야 한다. 공평성의 원리란 자신의 쾌락과 타인의 쾌락이 똑같이 계산되어야 함을 의미한다. 따라서 공평성의 원리에서 보면 인간은 자신의 이익을 충족하는 데 있어서 타인과 동등한 권리를 가지고 있다.

행위 공리주의와 규칙 공리주의

유용성의 원리를 적용하는 방식에 따라서 행위 공리주의와 규칙 공리주의로 나눌 수 있다. 먼저 유용성의 원리를 특정 행위를 한 뒤에 나온 결과에 적용하면 행위 공리주의이다. 선택할 수 있는 행위가 두 가지 있을 경우, 둘 중 어떤 행위를 해야 더 나은 결과가 나오는지 따져보는 것이다.

이와 달리, 규칙공리주의는 유용성의 원리를 일반적인 도덕적 명령 '거짓말을 하지 마라, 살인을 하지 마라' 중 어느 것을 따를 때 더 나은 결과가 산출되는지 고려하는 것이다. 일상생활에서 '약속을 지켜라'라는 규칙을 준수하는 사람들은 집단 내의 유용성을 증대시키기 쉬울 것이다. 만약, '약속을 지키지 마라'라는 규칙을 준수하는 사람들이 많다면, 해당 집단이 오랫동안 지속되기 어려울 것이다.

한편, 공리주의를 적용하는 과정에서 유의해야 할 것이 있다. 유용성의 원리는 단순히 최대 선을 보장하는 행위나 규칙을 선택하는 것은 아니다. 때에 따라서는 피해를 최소화할 수 있는 행위나 규칙을 선택하는 것, 그리고 어떤 행위나 규칙 준수를 금지하는 것도 유용성의 원리를 따르는 것이다.

행위 공리주의와 규칙 공리주의의 평가

행위 공리주의와 규칙 공리주의로 구분할 필요가 있을까? 규칙 공리주의는 행위 공리주의의 한계를 극복하기 위해 탄생한 것이다.

만약 동일한 범죄를 저지른 두 명의 범죄자가 있다고 가정해 보자. 이때 A는 완전범죄로 인해 처벌을 받지 않았고 B는 처벌을 받게 되었다. 그럴 때 공리주의자들은 이 둘의 행위에 대해 어떻게 평가할까? 행위 공리주의자는 A의 행위가 B의 행위보다 나은 것으로 판단한다. 왜냐하면 행위의 결과에 따른 손해를 따졌을 때, A가 적기 때문이다. 물론 행위 공리주의자들 중에는 A는 평생 양심의 가책을 느끼거나 경찰에 대한 두려움 때문에 더욱 큰 고통을 받을 것이라고 평가할 수 있다. 그러나 행위 공리주의자들 사이의 상반된 견해로 인한 혼란스러운 평가와는 달리, 규칙 공리주의자들은 A와 B 모두 살인을 하지 마라는 규칙을 어겼기 때문에 나쁜 사람이라고 동일하게 평가할 것이다.

다른 측면에서 본다면, 행위 공리주의와 규칙 공리주의는 평가하는 대상이 다르다. 행위 공리주의는 개별적 행위의 도덕성을 판단하는 것에 초점을 맞추었다면, 규칙 공리주의는 사회체계 전체의 도덕성을 판단하는 것에 초점을 맞추고 있다. 즉, 도덕적인 행위는 무엇이냐는 질문과 어떤 사회가 도덕적으로 살기 좋은 사회인가라는 서로 다른 물음에 답하는 것이다.

의무론적 윤리설

의무론적 윤리설의 개념

의무론적 윤리설은 도덕적 행위의 규칙이 행위의 결과에 근거한 것이 아니라 도덕적 의무의 준수에 따른 것이다. 즉, 내가 어떤 행동을 하면 그 행동이 어떤 결과를 가져오느냐에 따라서 행위를 평가받는 것이 아니라 인간으로서 마땅히 지켜야 할 의무목록을 지켰느냐에 따라 행위를 평가받게 된다. 특히, 의무목록은 다른 말로 '도덕법칙'이라고 한다. '도덕법칙'은 인간세계를 초월하여 실천 이성에 의해 만들어진 법칙이며 이러한 법칙을 준수하려는 인간의 의지를 '선의지'라고 했다. 이런 의무론은 칸트가 정립하였고 그의 윤리학을 이해하기 위해서는 몇 가지 기본 개념을 이해해야 한다.

가언적 명령과 정언적 명령

도덕규칙으로 인정받기 위해서는 정언적 명령으로 진술되어야 한다. 정언적이라는 말은 어떤 목적이나 결과를 언급하지 않고 당위적으로 서술되어야 한다. 예를 들어, 학생이라면 마땅히 열심히 공부해야 한다는 것이다. 이와 달리, 가언적 명령은 어떤 목적이나 결과가 포함되어 있다. 예를 들어, '출세하기 위해서는 열심히 공부해야 한다'라는 표현이 여기에 해당한다.

도덕법칙의 요건

칸트는 정언적으로 된 도덕법칙이 있더라도 그것이 일정한 형식을 갖추어야 도덕법칙으로 인정될 수 있다고 하였다. 이러한 형식적 조건을 갖추어야 한다는 것에 주목하여 칸트의 윤리학을 형식주의 윤리학으로 부른다.

① 보편화 가능성의 원칙 : 어떤 규칙이 도덕법칙이 되려면 모든 구성원들이

동일하게 준수할 수 있는 규칙이어야 한다.

② 인격주의 원칙 : 어떤 규칙이 도덕법칙이 되려면 그것을 준수하는 사람들이 서로를 수단이 아니라 목적으로서 대우할 수 있어야 한다.

③ 자율성의 원칙 : 어떤 규칙이 도덕법칙이 되려면 각자가 그 규칙을 자신과 타인들의 행위에 대한 지침으로써 채택하기로 결정해야 한다.

이러한 요건을 만족시킬 때 어떤 규칙은 도덕법칙으로써 대우받을 수 있게 된다.

의무론의 평가

칸트의 윤리설은 현실에 적용하기에는 어려운 점이 많다. 원칙주의를 고수하기 때문에 도덕적 딜레마에 빠질 수 있다. 예를 들어, 2차 세계대전 중 덴마크 어부들이 유태인 피난민들을 태워 영국으로 밀입국시키는 과정에서 나치 순시선에 발각된 상황이다. 이때 칸트의 윤리설을 존중하는 어부들은 진실을 말해야 하는 의무와 타인의 생명을 구해야 하는 의무 사이에 충돌이 일어나 어떻게 답변해야 할지 곤란을 겪었을 것이다. 이처럼 상반되는 의무가 상충하는 경우에 대해서는 칸트가 해결책을 제시해 주지 못하고 있다.

삶과 죽음의 문제 이해하기

이번에는 의료윤리에서 삶과 죽음의 문제로 대표되는 낙태와 안락사에 대해서 알아볼 것이다. 안락사가 옳다 또는 낙태를 찬성한다는 등의 찬반논의에 대한 내용보다는 안락사와 낙태에 대한 기본적인 사항들을 점검해 보고 이 과정에서 제기될 수 있는 문제들에 대해서 생각해 보는 시간을 가질 것이다. 결국, 하나의 사태를 가지고 다양한 논쟁점을 찾아낼 수 있는 민감성을 기르는 시간이 될 것이다.

✎ 대표 문제

다음의 논증을 바탕으로 낙태에 대한 자신의 입장을 밝히시오.

대전제 : 무고한 인간의 생명을 빼앗는 것은 잘못된 일이다.
소전제 : 태아는 무고하며 살아있는 인간이다.
결론 : 그러므로 태아의 생명을 빼앗는 것은 잘못된 일이다.

🔔 해설

만약 당신이 낙태를 옹호한다면, 소전제를 공격해야 한다. 즉, 태아를 '인간'으로 보는 것이 문제가 있다는 것이다. 태아는 성인 인간처럼 정상적인 사고를 할 수 없으며 자신의 의사를 표시할 수 없다는 근거를 제시할 수 있다. 그러나 낙태를 반대하는 사람들은 태아에게 인간과 유사한 지위를 부여하거나 인간이 될 수 있는 잠재성을 지닌 존재라는 근거를 제시할 것이다. 그렇다면 우리는 태아의 지위에 관한 세 가지 입장을 먼저 살펴보자.

유전학파	• 인간의 유전 인자를 지닌 모든 존재를 사람으로 인정한다는 입장
발달학파	• 수정은 개별적인 인간에 대해 단지 유전적인 기초를 설정해 주는 것에 지나지 않으므로, 하나의 태아가 인간으로 인정받기 위해서는 어느 정도의 발달이 필요하다는 입장
사회결과학파	• 태아가 인간인지 아닌지의 여부는 이 결정이 사회에 미치는 영향에 따라 달라진다는 입장

여러분이 대표문제의 소전제와 관련된 논의를 하게 될 때, 위의 세 가지 학파의 입장 중에 하나를 선택하게 될 것이다. 발달학파의 경우, 의료과학기술이 발전함에 따라 태아의 지위에 대해 시대에 따라 다른 의견을 내놓을 수 있을 것이다. 어떤 학자는 뇌의 활동이 시작되는 시점을, 다른 학자는 뇌파 활동이 시작되는 시점을 생명활동의 시초로 봐야 한다는 등 다양한 입장들이 존재한다.

사회결과학파의 경우에는, 시대적 조건에 따라 입장을 달리할 수 있다. 출산율 저하로 인해 인구가 감소되고 있는 곳에서는 되도록 낙태를 금지할 것이다. 이에 반해, 기아로 시달리고 있는 아프리카 대륙에서는 낙태를 인정할 수도 있을 것이다. 따라서 이 학파에서는 시대를 초월한 보편적인 기준을 제시하기는 어렵다.

태아의 지위에 대한 구체적인 주장들은 열거해 보면 다음과 같다.

• 수정과 동시에 유전학적 주체성을 갖게 되면서부터 인간으로서의 생명이 시작된다는 학설
• 수정 후 3주부터, 즉, 기관 형성이 시작되는 단계인 배아기부터 인간 주체로서의 생이 시작된다는 학설
• 최종 월경일 이후 9~10주부터, 즉, 태아의 성장과 발육이 일어나는 태아기로부터 인간으로서의 생이 시작된다는 학설
• 태아가 모체 밖으로 나와서도 생존이 가능한 시기부터 인간으로서의 생이 시

작된다는 학설

• 분만 이후부터 인간으로서 생명이 시작된다는 학설

결국, 대표문제에서 소전제에 대해 낙태를 반대하는 사람들과 낙태를 찬성하는 사람들 사이의 의견차이 때문에 낙태에 대한 찬반의견이 달라지게 된다. 그러므로 낙태에 대한 찬반입장을 정한 후에, 예상되는 반론을 생각해 보자. 그런 뒤에 반론에 대한 재반론을 준비하면 된다.

✎ 추가 문제

낙태를 해야만 산모의 생명을 구할 수 있는 경우가 발생했다고 하자. 이때 낙태를 하는 방법 외에는 산모의 생명을 구할 다른 방법이 없을 경우, 낙태를 해야 하는가?

🔔 해설

먼저 앞에서 언급한 태아의 지위와 맞물려 낙태에 대한 세 가지 입장이 있다.

보수주의	• 어떤 상황에서도 낙태는 금지되어야 한다는 입장
자유주의	• 임신한 여성의 신체적 자율권을 인정하여 여성의 의사에 따라 낙태가 결정된다는 입장
절충주의	• 태아의 생명권과 여성의 신체적 자율권이 충돌할 때 가능한 한 피해가 최소화되는 방식으로 낙태가 이루어질 수 있다는 입장

그리고 이와 동시에 고려해 봐야 할 원리가 있다. 인간 존엄성의 원리와 이중효과의 원리이다. 낙태를 하는 과정에 있어서 이 행위가 정당성을 얻기 위해서는 인간 존엄성의 원리에 비춰봐야 할 것이다. 아래는 다섯 가지 인간 존엄성의 원리를 정리한 표이다.

인간 종족의 보존	• 인간종족이 멸종되지 않기 위해 노력해야 함
가계의 보전	• 각자 자신들의 가족 크기를 결정하는 데 있어서 자율권을 가져야 함
신체적 생명 존중	• 인간은 다른 인간에 의해 보호받고 있다는 확신을 가져야 함
자기 결정 존중	• 인간은 개인적인 선택에 있어서나 자기 자신의 복지에 관계되는 문제를 결정하는 데 있어서 자유로워야 함
신체적 온전성의 존중	• 개인은 자신의 신체가 침해되는 것으로부터 보호받아야 함

다음으로 이중효과의 원리는 하나의 행위로 인해서 좋은 결과와 나쁜 결과가 동시에 나타나는 경우이다. 이런 상황에서는 행위의 도덕적 판단이 어렵겠지만 다음의 네 가지 조건을 만족시킨다면 이는 이중효과의 원리에 따른 것으로 봐야 한다.

① 행위의 성격 : 행위 자체는 선한 행위이거나 적어도 중립적이어야 한다.
② 행위의 의도 : 선한 의도를 가지고 행한 것이어야 한다.
③ 행위의 인과성 : 좋은 목적을 위해 악한 수단을 사용해서는 안 된다.
④ 행위의 균형성 : 선악을 계산할 수 있을 경우, 선의 산출량이 더 많아야 한다.

추가문제의 경우, 이중효과의 원리로 설명이 가능하다. 즉, 낙태의 이유가 산모를 구한다는 순수한 동기에서 나온 행위이다. 그리고 산모를 살리기 위해 불가피한 선택으로 낙태를 결정하는 것이기 때문에 인과성의 문제로부터 자유롭다. 균형성 문제에 있어서는 낙태 반대론자와 찬성론자 간에 다른 의견이 존재할 수 있다. 이 부분에 대해 자신의 입장을 정리해 두는 것이 중요하다.

끝으로, 낙태를 반대하는 사람과 찬성하는 사람 사이에는 두 가지 세계관이 존재한다고 볼 수 있다. 첫 번째 입장은 임신에 대해서 신의 섭리라고 받아들이는 입장이다. 이 입장에서는 출산을 제한하거나 낙태를 하는 것은 신의 섭리를 거스르는 것으로 받아들인다. 두 번째 입장은 신의 섭리는 인간의 생명 내에서 자비를 베푸는 행위로 간주된다. 즉, 인간은 자유의지에 따라 자신이 행한 행동에 대해서 책임을 지는 것이다. 자신이 책임을 질 수 있는 행동을 한다는 것은 타인에게 해악을 끼치기보다는 선을 베푸는 행위일 경우가 많을 것이다. 하지만 이러한 그레고리 바움의 견해가 절대적인 것은 아니다. 단지, 세상을 바라보는 하나의 틀로 받아들이면 될 것이다. 특히, 종교계열 학교를 지원하는 학생들은 바움의 논의에 대해서 반드시 생각해 보기 바란다.

✎ 대표 문제 2

불치병에 걸린 환자가 치료를 중단하고 죽음을 택하겠다고 했을 때, 의사는 환자의 의견을 받아들여야 하는가?

🔔 해설

안락사는 한 사람의 최선의 이익을 위해 행위하거나 또는 행위를 하지 않음으로 인해서 그 사람을 의도적으로 죽게 하는 행위를 말한다. 여기서 자살과 구분되는 것은 안락사의 당사자가 죽음으로써 이익을 극대화하는 것인지 아닌지의 문제이다. 또한 안락사 당사자의 이익을 위한 것이어야 하지, 주변의 이익을 위해서 안락사가 행해졌다면 이것은 안락사라고 볼 수 없다.

안락사는 안락사 당사자와 안락사 행위자로 구분하여 여러 유형으로 분류해 볼 수 있다.

환자 입장	자발적 안락사	• 환자가 안락사에 대해 적극적 요청 또는 소극적 동의
	반자발적 안락사	• 안락사에 대해 의사표현을 할 수 있는 능력이 있지만 동의하지 않은 사람에게 안락사가 진행될 경우
	비자발적 안락사	• 안락사에 대해 의사표현을 할 수 있는 능력이 없는 사람이 안락사를 당하는 경우
의사 입장	소극적 안락사	• 죽음의 과정에 있는 환자에게 치료를 중단하거나 보류하는 경우
	적극적 안락사	• 환자의 생명을 단축시킬 의도로 안락사를 행하는 경우

대표문제의 경우, 환자의 입장에서는 자발적 안락사에 해당한다. 국가마다 자발적 안락사에 대한 법률 규정이 다르며 대부분 이를 허용하지 않고 있다. 하지만 네덜란드는 1971년부터 안락사를 인정하고 있으며, 다음의 네 가지 지침을 제정하였다.

① 의사결정능력이 있는 환자만이 안락사를 요구할 수 있다.
② 환자의 요구는 반드시 반복적이고 명확하며 강요되지 않아야 하고, 문서로 남겨야 한다.
③ 의사는 반드시 다른 의사에게 제2의 의견을 구해야 한다.
④ 환자는 반드시 호전 가능성이 전혀 없거나, 참을 수 없는 통증이나 고통을 겪고 있어야 한다.

이러한 조건을 만족하는 경우에 네덜란드에서는 안락사가 허용되고 있는 실정이다.

그리고 대표문제의 경우, 의사의 입장에서 보면 적극적 안락사 또는 소극적 안락사를 행할 수 있다. 적극적 안락사는 생명을 단축시키는 행위를 구체적이고 적극적으로 하는 것을 의미한다. 이에 비해 소극적 안락사는 생명을 연장시키는 의료 과정에서 치료를 중단하거나 치료를 보류하는 것 또는 처음부터 치료를 하지 않는 것을 의미한다. 그런데 의사의 행위 자체로 본다면, 소극적 안락사와 적극적 안락사가 구분되지만 도덕적 관점에서 본다면 이 둘의 구분은 어렵다. 왜냐하면 죽임을 당하는 입장에서 볼 때는 적극적으로 안락사를 행하거나 아니면 치료를 중단하여 죽음에 이르는 것이나 별반 차이가 없기 때문이다.

만약 현행법을 고려하지 않고, 안락사에 대해 자신의 견해를 밝히는 것이라면, 네덜란드의 사례를 참고하여 답변하는 것도 하나의 방법이라고 생각된다. 오히려 안락사와 관련된 문제가 제시되었을 때는 안락사의 분류기준을 생각해 보고 이 기준들을 바탕으로 답변을 준비하는 것을 제안하는 바이다.

✏️ 추가 문제 2

죽어가는 딸을 둔 어머니의 경우에, 치료를 중단해 달라는 어머니의 요구를 의사가 받아들여야 한다고 생각하는가?

🔔 해설

환자의 입장에서 보면 비자발적 안락사인지 아니면 반자발적 안락사인지 구분해야 할 것이다. 죽어가는 딸이 자신의 의사를 표현할 수 있고 정상적으로 사고할 수 있는 상황에서 딸과 어머니의 의사가 일치했다면 자발적 안락사일 것이다. 그러나 두 사람의 의견이 일치하지 않아 어머니만 안락사를 원하고 있다면 이것은 반자발적 안락사에 해당한다. 그리고 딸이 자신의 의사를 표현할 수 없는 혼수상태에 빠져 있다면, 비자발적 안락사에 해당할 것이다.

일반적으로 반자발적 안락사에는 ① 계속 살기를 원하는 사람에게 안락사를 행하는 경우, ② 안락사에 동의를 하지는 않았지만 적극적으로 환자의 의사를 물었다면 안락사에 동의했을 경우로 나눌 수 있다. 그런데 ②의 경우에는 현실에서 일어나기 어려운 경우이다. 아마도 자신이 인체실험의 대상인 줄 알고 그 실험과정에서 발생할 끔찍한 고통을 사전에 알고 있는 사람 정도 되어야 ②의 경우처럼 안락사에 동의할 것이다.

비자발적 안락사는 ① 신생아, 무뇌아, 저능아처럼 애초에 자신의 의사표현을 할 수 없는 부류, ② 치매환자처럼 질병이나 노환으로 인해서 자신의 의사표현을 할 수 없는 부류, ③ 사고로 인해 혼수상태에 빠져 자신의 의사를 표현할 수 없는 부류로 나눌 수 있다.

그런데 ①과 ②의 경우에는 환자의 자율성 개념이 안락사 찬반논의에서 논의 기준이 되기 어렵다. 왜냐하면 ①과 ②에 속하는 사람들은 정상적인 판단 자체가 불가능하기 때문이다.

안락사의 분류 기준에 따르면 대표문제와 추가문제의 성격이 다르다는 것을 알 수 있다. 만약 주어진 상황에 대해서 안락사 찬반의견을 묻는다면, '충분한 설명의 근거한 동의'를 활용할 수 있을 것이다. 'informed consent'라고도 불리는 이 장치는 자발적 안락사 또는 비자발적 안락사의 경우에 사용할 수 있다. 입원 전에 입원 동의서 항목에 안락사와 관련된 사항을 넣을 수도 있을 것이다. 또는 유언이나 대리인을 통해서도 이와 관련된 내용을 확보할 수 있다.

호스피스의 이해

호스피스의 정의

　호스피스의 어원은 라틴어의 호스피탈리스(hospitals)와 호스피티움(hospitium)에서 기원된 것으로 알려져 있다. 원래 호스피탈리스는 '주인'을 뜻하는 호스페스(hospes)와 '치료하는 병원'을 의미하는 호스피탈(hospital)의 복합어로서, 주인과 손님 사이의 따뜻한 마음과 그러한 마음을 표현하는 '장소'의 뜻을 지닌 '호스피티움'이라는 어원에서 변천되어 왔다. 오늘날 널리 사용되고 있는 현대적 의미의 호스피스 개념은 영국 여의사 시실리 손더스에 의해 시작되었으며 웹스터 사전(1972년)에는 '여행자를 위한 숙소 또는 병자, 가난한 사람들을 위한 집(inn)'으로 설명하고 있고, 미국호스피스협회(NHO)에서는 '말기환자와 가족에게 입원간호와 가정간호를 연속적으로 제공하는 프로그램'으로 정의하였다. 이를 종합하면 호스피스란 말기환자와 그 가족을 위한 프로그램으로 편안하게 죽음을 맞이할 수 있도록 의학적으로 관리함과 동시에 말기에 발생할 수 있는 여러 가지 부정적 증상을 경감시키기 위해 신체적, 정서적, 사회적, 영적으로 도우며 사별 가족의 고통과 슬픔을 경감시키기 위해 지지와 격려를 제공하는 총체적인 돌봄이라고 할 수 있다.

　호스피스의 기본이 되는 정신은 "내가 진실로 너희에게 이르노니 너희가 여기 내 형제 중에 지극히 작은 자 하나에게 한 것이 곧 내게 한 것이니라."(마 25:40)라는 성경에 기초한 것으로, 기독교인들이 병든 이웃을 그리스도의 사랑으로 돌보는 데서 시작되었다고 한다. 사실 이 정신은 "사랑은 오래 참고 사랑은 온유하며…… ."로 시작되는 참사랑(고전 13: 4-7)의 의미를 알고 있는 사람에게 이해될 수 있으며 호스피스 봉사를 하는 사람은 누구나 대상자를 예수 그리스도라고 생각하고 그 분이 자신에게 베푸신 은혜와 사랑을 생각하며 지극한 정성으로 돌볼 수 있게 된다.

호스피스의 철학

호스피스 운동은 과학의 발달로 인한 인간 존엄성에 대한 경시와 노인소외, 임종자에 대한 소홀, 그리고 윤리관 및 가치관의 혼란에 대한 반응으로 생겨났다. 부분으로서의 인간이 아닌 신체적, 사회적, 영적 또는 그 이상의 합(合, sum)으로서의 인간을 이해하는 총체주의(holism) 즉, 인간은 여러 부분의 합 이상이라는 사상과 철학을 기반으로 호스피스의 이론과 실제가 발전되어 왔으며, 과거의 치료 중심에서 돌봄의 개념 및 그 사상을 강조하게 되었다. 따라서 대상자에 대한 연민(compassion)으로 표현되는 사랑이 이 돌봄에 깊이 내재되어 있다. 이러한 배경에서 호스피스에 대한 철학을 다음과 같이 열거할 수 있다.

① 호스피스 대상자(치유 불가능한 말기환자와 그 가족)들을 돌보고 지지한다.
② 호스피스 대상자의 여생을 가능한 한 편안하게 하고 충만한 삶을 살게 해준다.
③ 호스피스 대상자가 삶을 긍정적으로 수용하게 하고 죽음을 삶의 일부로 자연스럽게 받아들이게 한다.
④ 호스피스 환자의 여생을 연장시키거나 단축시키지 않으며 살 수 있는 만큼 잘 살다가 자연스럽게 생을 마감할 수 있도록 돕는다.
⑤ 환자와 가족의 요구에 맞추어 가능한 모든 자원을 이용하여 그 요구를 충족시키고 지지하여 죽음을 잘 준비하게 한다. 환자로 하여금 소외된 채 외롭게 죽음을 맞이하지 않고 마지막 순간까지 인간답게 가치 있는 삶을 살

수 있도록 그리스도의 사랑으로 돌보는 것이다.

호스피스의 역사

고대 그리스나 로마에서는 손님이나 여행자들을 가정집에서 따뜻이 맞이하고 의·식·주를 제공하는 풍습이 있었으며, 손님에게 편안한 장소나 공간을 제공하고 돌보는 데서부터 호스피스가 시작되었다. 기록에 보면 AD 475년 건축가 Turmanin이 Christian Monastic Hospice 건물을 지어 성지 순례자나 아픈 사람, 죽어가는 사람에게 장소를 제공하여 돌본 것을 예로 들 수 있다.

중세시대에서는 십자군 운동(AD1096~1271)을 들 수 있다. 죽음의 과정이 인간의 마지막 여행이고 성지를 순례하러 가는 것과 비슷하다고 생각하여 성지를 순례하는 여행자와 병든 사람을 위해 휴식처로 호스피스를 세우고 음식과 옷을 제공하고 간호를 베풀어 주었으며 주로 성직자들에 의해 운영되었다. 오늘날의 병원이나 의료기관도 이러한 휴식처에서부터 발전되었다.

유럽에서는 17세기 초에 성 빈센트 드 폴이 소외되고 버림받은 거리의 환자를 돌보는 활동을 전개한 자선수녀단(Sisters of Charity)을 창립했다. 1836년 독일의 플리드너/뮌스터(Fliedner/Münster) 목사 부부가 Kaiserswerth에 여집사단을 창립하여 소외되고 병든 사람과 임종자를 돌보았는데 나이팅게일도 3개월 동안 이 여집사단에 머물면서 실습을 한 바 있다.

1920년대 자선수녀단(Sisters of Charity)은 런던에 성 요셉 호스피스를 설립하였다. 이곳에 근무 중이던 여의사 시실리 손더스(Cicely Saunders)는 옥스포드 대학에서 정치, 사회학을 공부하다 후에 간호학도 전공한 약리학 교수로서 임종 환자들 대부분이 통증을 호소하는 것을 관찰하였다. 이것이 현대 호스피스 환자들을 위한 통증관리의 기초가 되었다.

1967년 시실리 손더스는 호스피스 환자를 위한 약물치료의 경험에다 간호학,

정치학, 사회사업학 등의 다양한 학위과정 이수를 배경으로 호스피스 간호를 시도하기 위해 54병상의 성 요셉 호스피스(St. Joseph's Hospice)를 설립하였다.

이 독자적 호스피스 프로그램의 도입이 현대 호스피스 운동의 효시가 되어 오늘날 미국과 캐나다에서 체계화되고 전문화된 현대 호스피스로 발전되었다.

미국에서는 1963년 시실리 손더스(Cicely Saunders)가 방문하여 호스피스 강의를 한 것을 계기로 1968년 뉴헤이븐(Yale New Heaven)에서의 가정 호스피스가 그 시작이 되었다. 이어 코네티커트 가정 호스피스가 1971년에 시작되었고, 그 후 1975년에는 뉴욕의 성 누가 루스벨트 병원의 프로그램이 미국의 유일한 호스피스 모델이 되었다. 이는 내과나 암병동에 호스피스 환자가 분산되어 있는 유형(inpatient scattered-bed)이다. 1979년 코네티커트 호스피스가 44개의 병상을 갖게 되었으며 그해 미국에 약 210여 개의 호스피스 프로그램이 확산되었다.

구미에서는 호스피스 환자들의 특수한 요구 충족과 의료비 상승, 평균수명의 연장이나 의료장비의 고급화에 따른 의료비 지출 감소를 위한 의료서비스의 방안으로 호스피스 프로그램이 활성화되었다.

1978년 미국호스피스협회(NHO)가 결성되어 호스피스 간호의 정의, 철학, 목적, 특징을 확인하고 호스피스 간호 프로그램 원칙과 표준을 마련하였다. 1981년 미국 의회에서 호스피스 법안(Hospice Bill)이 입법으로 통과되었다. 1986년 미국에는 1,400개, 1991년 1,700개, 1993년 1,800개, 1995년에는 약3,000여 개의 호스피스 프로그램이 운영되었다. 캐나다의 경우 1975년 몬트리올 왕립 빅토리아 병원(Royal Victoria Hospice)에 12개 병상의 호스피스 병동이 생겨나 점차 확산되고 있다.

일본에도 요도가와 병원이나 시라이 병원 등에서 호스피스 병동을 운영하고 있으며 1996년부터 현재까지 30여 개의 호스피스 프로그램이 운영되고 있다.

우리나라에서는 1965년 강원도 강릉에 마리아의 작은 자매회 수녀들에 의해

갈바리의원(14개병상)에서 임종자들을 간호하기 시작한 것이 체계적으로 실시된 임종환자의 첫 관리였다고 할 수 있으며, 그 후 1981년 가톨릭대학교 의과대학과 간호학과 학생들을 중심으로 호스피스 활동이 시작되어 1988년에 호스피스 병동이 생겨났고, 연세의료원에서는 1988년부터 세브란스 암센터에 가정 호스피스 프로그램이 시작되었으며, 1992년부터 이화여자대학교 간호과학대학에 가정 호스피스 프로그램이 개설되어 운영 중이다.

지금은 계명대학교 동산의료원, 여의도 성모병원, 성바오로병원, 전주예수병원, 고신의료원, 부산대학교 병원 등이 호스피스과를 두어 호스피스 환자를 관리하고 있다. 의료기관은 아니지만 충북 음성의 꽃동네에서는 무의탁 부랑인 정신질환자, 장애자, 알코올 중독자를 수용하는 시설과 함께 임종의 집을 마련하여 1976년부터 임종환자를 돌보고 있으며, 광주 대학생 선교회에서도 사랑의 호스피스를 개설하여 가정호스피스를 실시하고 있다. 대부분의 호스피스 기관에서 자원봉사자를 위한 정규적인 교육을 실시하고 있으며 1991년에 한국 호스피스협회가 창립되어 활발하게 활동하고 있다.

호스피스와 전통적인 치료와의 차이

임종환자를 위한 전통적 접근방법은 치료를 적극 지지하고 모든 시스템을 유지하면서 생명을 연장시키려 하지만, 호스피스는 삶을 단축시키거나 연장시키지 않고 삶의 한 과정으로서 죽음을 생각하면서 환자와 가족이 가능한 한 남은 삶을 충만히 살 수 있도록 돕고 치료와 통증, 증상의 관리를 중심으로 환자와 가족이 참여하도록 격려한다.

전통적 치료에서는 아무것도 할 수 없는 상태로 생각함으로써 환자가 실의에 빠질 수도 있지만 호스피스에서는 모두가 환자를 위해 무엇인가 더 할 수 있음을 강조하며 통증완화나 증상관리 등에 대해 성장의 시기로 간주하여 환자와 가족이 가치 있는 삶을 살도록 돕는다.

전통적 치료에서는 정맥주사나 위장관 등을 이용하고 임상검사와 진단이 반복되고 치료와 생명지지를 위한 시스템을 지속하며 심리적 의존이나 중독에 대한 두려움으로 통증에 제한된 투약을 필요시에 제공하지만, 호스피스에서는 환자를 개별적으로 돌보며 증상관리를 위한 치료만 제공하고 개개인의 요구에 따라 필요한 경우에는 마약성 진통제를 사용하여 통증을 조절한다.

전통적인 치료에서는 사별 이후 가족과의 모든 접촉이 끝나며 환자가 간호의 대상이지만 호스피스에서는 환자와 가족이 간호의 대상이 되며 사별 이후의 지속적인 프로그램으로 가족을 지지하고 개별적인 간호를 제공한다.

전통적 치료에서는 임종에 직면한 환자라도 중환자실에서 특수관리를 받으며 가족과의 접촉이 제한되거나 가정에서 적절하지 못한 돌봄을 받게 되지만, 호스피스에서는 환자가 원하는 곳에서 가족과 함께 하며 1일 24시간, 주 7회의 호스피스 봉사자의 간호제공이 가능하다.

전통적인 치료에서는 환자를 돌보는 간호사나 직원의 이동이 있지만 호스피스에서는 지속적이고 일관성 있게 한 환자를 돌볼 수 있다.

전통적 치료에서는 임종환자들에게 주의를 잘 기울이지 못하여 환자들이 소외될 수 있고 정해진 병원 규정에 따르도록 하여 비인격화되는 경우가 있지만 호스피스에서는 자원봉사자들을 활용하여 환자에게 더 많은 간호시간을 할애할 뿐 아니라 자유로운 분위기 속에서 인격적인 의사소통과 지지를 할 수 있다.

호스피스 프로그램의 표준

미국호스피스협회(NHO)에서 마련한 호스피스의 표준과 원칙, 미국병원합동평가위원회(JCAH, 1986)에서 제정한 원칙과 표준 등이 있다. 다음은 JCAH에서 제정된 원칙과 표준이다.

① 환자와 가족은 호스피스 간호의 한 단위이다.

② 호스피스 활동은 전문직 팀에 의해 이루어진다.

③ 호스피스는 지속적인 간호를 제공한다.

④ 호스피스는 가정간호를 제공한다.

⑤ 호스피스는 입원환자 간호도 제공한다.

⑥ 호스피스에서는 의무기록을 문서화하고 보관한다.

⑦ 호스피스는 통제기관이 있어야 한다.

⑧ 관리 및 행정적인 업무가 유지되어야 한다.

⑨ 자원이용의 재검토가 필요하다.

⑩ 호스피스에 대한 질보장 제도가 확립되어야 한다.

호스피스의 대상자

호스피스 대상자의 선정은 대개 다음과 같은 기준을 갖는다.

① 암으로 진단받은 후 수술이나 항암요법 등 의학적 치료를 시행하였으나 더 이상의 치료효과를 기대하기 어려운 경우

② 의사로부터 6개월 내지 1년 정도 살 수 있다는 진단을 받은 자

③ 의사의 동의나 의뢰가 있는 경우

④ 환자나 가족이 증상완화를 위한 비치료적 간호를 받기로 결정한 경우

⑤ 가족이나 친지가 별로 없어 호스피스의 도움이 필요하다고 선정된 경우

호스피스의 유형

호스피스의 유형은 대개 다음과 같이 다섯 가지로 구분된다.

① 독립형 호스피스(Free Standing Hospice)

이 유형은 호스피스만 독립적으로 운영하는 형태를 의미하며, 이 경우 누구든지 환자 의뢰를 할 수 있으며, 자원봉사자 교육을 어느 기관에서 받았는지에 관계없이 봉사자로 참여할 수 있고 환자의 기존 주치의가 호스피스 가입 후에도 그대로 주치의로 연결될 수 있는 장점을 가지고 있다.

② 병원 내의 산재형 호스피스(The Inpatient Scattered-Bed Consultative)

1975년 미국에서 시작한 제2의 호스피스 프로그램으로 성 누가 루스벨트(St. Luke's Roosevelt) 병원에서 처음 시도되었다. 즉, 병원 내에 호스피스 팀이 구성되어 간호를 수행하는 유형으로 주로 내과나 암병동에 호스피스환자들이 병실 내의 다른 환자들과 함께 입원하여 호스피스 간호를 받는다. 호스피스 환자의 경우 일정기간 입원하여 퇴원하는 다른 환자들과는 다르게 일반 환자들과 함께 생활해야 하는 점 등의 어려움이 있다.

③ 병원 내의 병동 호스피스(Hospice unit within a Hospital)

병원 내 확보된 병동에서 호스피스 활동을 하는 유형으로 의료시스템이나 의료 인력을 활용할 수 있는 장점이 있으나 타직원이나 사람들이 죽음의 장소로 볼 수도 있는 부정적인 측면도 있다.

④ 가정호스피스(Hospice Home care)

호스피스 요원이 환자의 가정을 방문하여 돌보는 형태로써 전 세계적으로 가장 널리 이용되고 있는 보편적인 유형이다. 소요 경비가 적게 들고 환자로서는 자신의 집이라는 편안한 환경에 있을 수 있는 장점이 있는 반면에 가족의 부담이 크다는 단점이 있다. 그러나 증상조절이 어려운 경우나, 임종을 위해 또는 가족의 휴식을 위해 일시적인 입원을 허용하고 하루 24시간 언제라도 아무 때나 호스피스 요원과 연락이 가능하도록 함으로써 보완이 가능하다.

⑤ 시설호스피스(Nursing Home for Hospice)

병원에 입원하기도 어렵고 가정에 있을 수도 없는 환자를 위해 가정과 같은 분위기에서 호스피스 간호를 받을 수 있도록 마련된 시설의 형태로, 간호사가 24시간 상주하며 돌보게 되고 의사는 정기적으로 방문하여 처방을 하게 된다. 미국의 경우 환자가 시설호스피스에 입원해 있어도 가정호스피스 관리를 받고 있는 것으로 간주하여 보험금이 지급된다.

혼합형은 이상의 여러 유형 중 두 가지 이상의 유형으로 혼합 운영되는 경우를 말하며 병원 내에 호스피스 병동을 운영하면서 가정호스피스 사업을 병행하거나 산재형 호스피스를 병원 내에서 운영하면서 가정호스피스 프로그램도 시행하는 등 다양한 유형이 있다.

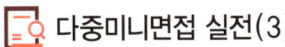 **다중미니면접 실전(3)**

인성면접 정복하기

일반적으로 상황면접이라고 불리는 면접에 대해서 준비해 보는 시간을 가질 것이다. 상황면접은 구체적으로 인성면접과 역량면접으로 세분화할 수 있다. 여기서는 인성면접을 다루고 다음 파트에서 커뮤니케이션 방법론을 중심으로 역량면접을 다룰 것이다. 인성면접은 지원자의 성격, 경험 그리고 주어진 상황에 대한 대처 방식 등을 가지고 인성을 평가한다. 특히, 특정한 상황이 주어지고 그것에 대해 답하는 면접을 중점적으로 알아보자.

📝 대표 문제

1) 자신의 장단점은 무엇인가요?

2) 지금까지 본인이 이룬 가장 큰 성취는 무엇인가요?

🔔 해설 1)

자신의 장단점을 묻는 문제는 순수하게 자신의 성격과 관련된 것을 묻는 것이 아니다. 출제자의 의도는 학교의 인재상이나 학과에서 요구하는 인재상에 맞는 인물인지 알아보고자 함이다.

유형	평가요소 1	평가요소 2
성격의 장단점	지원 대학의 인재상	의학대학에 맞는 인재상 또는 지원 분야와 맞는 인재상
단점과 극복과정		
지원자를 선발해야 하는 이유		
지원자가 갖춘 의사로서의 자질		

따라서 지원 대학의 인재상과 학과 인재상에 대해서 알아보고 합격자 수기 등을 통하여 이러한 인재상이 구체적으로 어떻게 구현되는지 알아봐야 한다. 그런 뒤에 자신이 가진 성격의 특성을 바탕으로 하여 질문에 대한 답변을 준비해야 한다. 답변은 '주장 + 근거'의 형식으로 이뤄져야 한다. 그리고 근거는 단점을 보완하거나 장점을 극대화하는 방향으로 제시하되 단계적으로 발전한다는 느낌을 줄 수 있을 때 좋은 평가를 받을 수 있다.

주장	• 저의 장점은 가르치는 것을 좋아하는 것입니다.
근거 1	• 고등학교 1학년 학기 초에, 수학 문제를 어려워하는 친구들을 위해서 비공식적으로 수학 모임을 만들어 리더로 활동하였습니다.
근거 2	• 고등학교 1학년 여름방학부터 저소득층 자녀들의 교육봉사를 하면서 학년이 다양한 학생들을 동시에 지도하면서 학년별 그리고 개인별 특성에 맞는 교육방법을 익힐 수 있었습니다.
근거 3	• 고등학교 2학년 때에는 수학모임과 교육봉사활동의 경험을 바탕으로 친구들과 수학 문제집을 만들 수 있었습니다. 이것을 만드는 과정에서 동기뿐만 아니라 후배들을 참여시켜 서로 교육과정에서 어려운 점을 공유하고 이것을 해결할 수 있는 방법 등에 대해 논의하면서 중학교 과정과 연계된 고등 수학 기초 문제집을 만들 수 있었습니다.
결어	• 이렇듯 저는 제가 가진 장점을 개발하고 타인을 위해 봉사하는 데 활용할 수 있도록 노력하여 왔습니다.

위의 사례에서 학생은 필자가 제시한 틀에 맞는 답변을 하고 있다. 문제는 자신의 경험 중에 적절한 '소재'를 찾는 일이다. 인성형 상황면접에서 지원자의 성격을 묻는 문제는 정형화되어 있다. 그러므로 위에 열거한 네 가지 유형의 질문에 대한 답변을 잘 하기 위해 미리 적절한 소재를 찾아 준비해 두어야 할 것이다.

🔔 **해설 2)**

　지원자의 경험을 통해 인성을 평가하는 문제이다. 주로 5개 영역에서 문제가 출제되기 때문에 이에 대해 준비하면 된다. 즉, 리더십, 역경극복, 팀워크, 창의성 그리고 성취수준이 잘 나타나는 경험을 생각해야 한다. 각 물음에 대한 평가 기준을 제시하면 다음과 같다.

유형	대표질문	평가기준
리더십	고교 생활 중 리더십을 발휘한 사례에 대해 말하시오.	• 공동체의 목표 달성을 위해 주도적으로 활동하였는가? • 공동체의 목표를 달성하기 위해 구성원들에게 적절한 동기부여를 하였는가? • 구성원들과 업무를 어떻게 나누었는가? • 자신만의 리더십 스타일은 무엇인가? • 리더십을 발휘한 결과 공동체의 목표가 달성되었는가?
역경극복	고교 생활 중 역경극복 사례가 있다면 무엇인가?	• 주어진 역경은 일상적으로 경험하기 어려운 것인가? • 역경극복을 위해 노력한 기간은 얼마인가? • 적극적·주체적으로 상황을 극복해 갔는가? • 이를 통해 배운 점은 무엇인가? • 이런 경험이 다른 어떤 어려움을 극복하는 데 도움이 되었는가?
팀워크 (팔로우십)	고교 생활 중 공동체를 위해 헌신한 경험이 있는가?	• 팀워크를 유지하기 위해 어떤 노력을 기울였는가? • 갈등을 조정하고, 원만한 대인관계를 유지하기 위한 나만의 노하우는 무엇인가? • 공동체를 위해 희생을 감수했는가? • 팀워크 발휘로 공동체가 이룬 것은 무엇인가? • 자신은 어떤 팔로우십 스타일을 지녔는가?
창의성	자신만의 아이디어를 가지고 문제를 해결한 적이 있는가?	• 평소에도 호기심을 가지고 사물이나 문제를 바라보는가? • 일반적인 문제 해결방식과 다른 자신만의 문제 해결 방식이 있는가? • 창의력을 가지고 만든 결과물은 어떤 평가를 받았는가? • 결과물이 현실의 어떤 문제를 해결하는 데 도움이 되었는가? • 창의적인 활동이 언제부터 시작되었으며 현재까지 지속되고 있는가?

성취수준	고교 생활 중 자신이 이룬 업적 중 가장 기억에 남는 것은?	• 성취한 일이 일반적으로 우수하거나 탁월하다고 평가 받을 수 있는 수준인가? • 남들이 쉽게 하기 어려운 경험인가? • 목표 도달과정에서 얼마만큼의 노력을 하였는가? • 자신만의 자질이나 장점이 어떻게 발휘되었는가?

위의 다섯 가지 유형의 질문들이 자주 면접에서 출제된다. 그리고 위에서 열거한 순서대로 중요성을 지닌다고 생각하면 된다. 즉, 리더십, 역경극복 그리고 팔로우십에 대한 내용은 언제나 물어본다고 생각하면 된다. 아마도 의대 지원자들 중에는 특기할 만한 역경극복 사례가 없는 경우가 많을 것이다.

이럴 때에는 개인적인 역경극복 사례를 생각해 내기보다는 공동체 생활을 하면서 겪게 되었던 어려움을 중심으로 역경극복 사례를 준비하면 된다. 예를 들어, 기숙사가 있는 학교라면 집을 떠나서 처음으로 기숙사 생활을 하면서 겪었던 어려운 점과 그것을 극복한 과정을 제시하면 된다. 결국, 좋은 소재를 찾아내고 그것을 스토리라인(주장+근거+결어)에 맞춰 질문 항목에 맞게 준비하는 것이 중요하다.

✍ 대표 문제 2

상사가 뇌물을 받는 상황을 목격하였다. 이를 회사에 신고하면 본인이 회사 내에서 불이익을 받을 수 있는 상황이다. 당신은 어떻게 하겠는가?

🔔 해설

이상과 현실 사이의 갈등 상황을 바탕으로 만든 문제이다. 즉, 이상적인 가치와 현실적인 가치가 대립되는 상황이다. 이를 윤리적인 방식으로 해결하는 것도 하나의 방법일 것이다. 공리주의적으로 생각해 본다면, 신고로 얻는 이익과 신고 후에 내가 받을 불이익에 대해서 고민해야 할 것이다. 이에 비해, 칸트주의적으로 생각해 본다면, 뇌물을 받은 사실을 회사에 알리는 것은 당연하다. 그럼에도 불구하고 현실에서는 이런 사고방식을 통해서 결론을 내렸다고 하더라도 행동과정에서 상황에 맞는 추가적인 검토가 요구된다.

구체적으로 문제의 상황을 다각적인 측면에서 접근해야 할 것이다. 먼저 뇌물을 받은 사람과 뇌물을 준 사람에 대해서 알아보아야 한다. 뇌물을 받은 사람은 뇌물이란 것을 인지하고 있는지 아닌지, 혹은 회사일과 관련이 없는 일로 받은 것인지 등에 대해서 확인해야 할 것이다. 그리고 뇌물을 준 사람에 대해서도 알아봐야 할 것이다. 회사 업무와 관련해서 청탁의 대가로 뇌물을 준 것인지 아니면 다른 이유가 있는지 등이다. 즉, 외형적으로 뇌물이라고 판단되지만 당사자 간의 이해관계를 살펴본다면 다른 결론이 나올 수도 있다.

다음으로 뇌물을 받은 상사에게 스스로 뇌물을 받은 사실을 회사에 신고하도록 기회를 줘야 한다. 얼떨결에 뇌물을 받은 상사가 먼저 회사에 알리려는 계획을 가지고 있을 수도 있기 때문이다. 만약 이런 과정을 거쳐도 상사가 뇌물을 받은 사실을 숨기려 한다면 그때는 회사에 알리는 것이 바람직하다고 생각된다.

결국, 문제를 어떻게 처리하느냐를 면접관들은 평가하고 싶은 것이다. 실제로 의대 교수가 밝힌 평가기준을 보면 얼마나 다각적인 측면에서 사려 깊게 문제를 해결하는가를 평가한다.

✎ 추가 문제

당신보다 나이가 어린 선배 사원이 반말로 일을 지시하면 어떻게 하겠는가?

🔔 해설

공동체와 개인 간의 이익이 대립되는 상황을 문제화한 것이다. 공동체의 규율에 따르면 입사 순으로 선후배가 결정된다. 자신의 입장보다 공동체의 규율이 우선시되어야 하는지 아니면 자신의 입장이 우선시되어야 하는지를 묻고 있다. 따라서 자신보다 나이가 어린 선배가 반말을 하더라도 그의 지시에는 따르는 것이 바람직하다. 다만, 나이 어린 선배가 서로의 나이를 모르고 반말을 쓰는경우를 생각해 볼 수 있다.

그렇다면 이 문제는 두 가지 상황을 구분하여 생각해야 한다. 공동체의 일원으로서 상사의 지시를 따를 것인가란 문제와, 공동체 구성원들 간에 개인적 상황을 어느 정도까지 고려할 수 있는지 여부이다. 첫 번째 문제는 이미 결론이 나 있고 두 번째 문제는 나이 어린 선배와 내가 풀어야 할 문제이다. 만약 두 사람이 개인적으로 대화를 할 기회가 생긴다면 서로 존칭을 사용하자고 제안해 볼 수 있을 것이다. 즉, 업무지시를 이행하는 과정은 그대로 진행되도록 하고 이에 추가적으로 선후배 간의 호칭 문제를 해결하는 것이 바람직하다.

결론적으로 일의 우선순위를 결정하고 그것에 맞게 실행한 후에 그 과정에서 발생하는 문제는 업무에 지장을 주지 않는 범위 내에서 해결하는 것을 요구하고 있다. 이 외에도 '개인적으로 중요한 일이 있는데 야근을 시킨다면 어떻게 할 것인가', '당신이 생각하기에 불합리한 일을 상사가 시킨다면 어떻게 할 것인가' 등의 질문이 주로 나온다. 이 역시 추가문제의 해법과 같은 맥락에서 해결하기를 바란다.

🌱 Point

자연계 학생들이 상황면접을 어려워하는 이유는 분명하다. 일반적으로 사물에 대해 관심을 가지고 학업을 수행해 왔기 때문이다. 힘의 원리, 원자의 특성 등과 같은 문제를 꾸준히 학습해 왔기 때문에 인간의 문제에 대해서는 관심을 기울이기 어려웠다. 그럼에도 불구하고 의학도에게는 사물에 대한 흥미뿐만 아니라 인간에 대한 관심도 동시에 요구되고 있다. 의사가 되면 환자를 상대로 의사소통을 해야 하는 상황이 빈번하게 일어나기 때문이다.

이런 맥락에서 인문학적 소양과 의사소통 능력을 평가하기 위해 상황면접을 실시하고 있다. 평소에 가족들 간 그리고 급우들 간의 인간적인 문제들에 대해서 관심을 가지고 딜레마적인 상황을 어떻게 풀어나갈지 고민하는 자세가 요구된다. 특히, 봉사활동을 하는 과정에서 단순히 주어진 일을 열심히 하기보다는 주도적으로 내가 할 수 있는 일을 찾아내고 어려움에 처한 사람들이 무엇을 원하는지 묻고 그런 문제를 개인적으로 혹은 사회적으로 해결할 수 있는 방안을 찾아보자. 그리고 이러한 노력들은 실제로 면접 과정에서 눈빛이나 답변의 태도에서 은연중에 드러나게 된다.

실제로 대학에서 면접관으로 있을 때, 노인목욕봉사를 100시간 이상 했던 학생에게 "치매 할머니들의 목욕 수발을 들 때, 옷을 벗기는 노하우는 무엇인가요?"라고 물었다. 수동적인 봉사를 한 학생은 이 질문에 답하기 어려울 것이다. 상황면접에서는 예상하기 어려운 질문들이 공격적으로 들어올 수 있다.

인성과 인성교육

인성 개념 이해하기

인성이란 물성(物性)에 상응하는 개념으로 사람의 성품(human nature), 즉, 인간성을 의미하며 교육학 용어로써의 해석은 Personality의 번역어로 '성격을 의미한다'고 간략하게 정의하고 있다(서울대학교 교육연구소 편, 교육학 용어사전, 1994).

심리학 용어로써의 Personality는 실로 다양한 의미를 내포하고 있는 지극히 폭넓은 개념으로, 쓰이는 양태에 따라 인격, 성격 또는 인성으로 번역되어 쓰이고 있다.

한 사람의 인성은 곧 그 마음의 바탕과 사람된 모습이 어떠하다는 의미와 직결된다고 볼 수 있다. 여기서 우리는 인성의 개념이 '마음'과 '사람됨'이라는 두 가지 요소로 구성되어 있음을 알 수 있다.

마음(정신)은 지(知), 정(情), 의(意)의 세 요소로 구성되는 것으로 알려져 있다. 지(知)는 사물을 인식하고 이해하고 판단하는 마음의 작용이다. 정(情)은 사물에 느끼어 일어나는 마음의 작용이며, 의(意)는 무엇을 하겠다고 속으로 다짐하는 마음의 작용이다. 이렇게 볼 때 마음의 작용이란 지(知), 정(情), 의(意)의 근원으로 정신 작용의 총체라 할 수 있다. 사람의 사람다운 모습은 개인적 차원에서는 자아를 실현하는 사람에게서, 사회적 차원에서는 도덕적 삶을 사는 사람에게서 찾아볼 수 있을 것이다. 인성(人性)이란 사람이 지니고 있는 인간적인 특성 가운데서 전인적 반응 양식 내지 행동 양식을 가리키는 개념으로, 인성에 대한 정의는 인성 이론가의 숫자만큼이나 다양하다고 볼 수 있다. 여러 가지 이론을 종합해 보면 인성이란 사람이 여러 가지 환경에 대하여 제각기 반응하는 일관적인 행동의 구조와 역동의 특성을 가리키며 적어도 다음과 같은 다섯 가지 특징을 가지고 있다.

첫째, 인성은 사람과 환경과의 유기적 관계 속에서 형성된다. 왜냐하면 사람은 환경 속에 살고 있으며 결코 사회·문화·자연을 떠난 진공 속에서 행동하는 것이 아니라 환경과의 유기적인 관계 속에서 생활하고 있기 때문이다.

둘째, 인성은 궁극적으로 행동으로 규정할 수 있다. 여기에서 행동이란 단순한 신체적 동작만을 가리키는 것이 아니라 인간의 사고, 신념, 가치, 태도, 감정, 동기, 생리적 운동과 같은 인간이 유기체로서 나타내는 모든 반응을 가리킨다고 할 수 있다.

셋째, 인성은 구조적 측면과 역동적 측면을 지니고 있다. 따라서 여러 부분으로 나누어질 수 있다.

넷째, 인성은 상당한 수준의 일관성, 항상성 그리고 규칙성을 함유하고 있다. 즉, 개인의 행동 양식은 외견상으로는 시시각각으로 변화되는 것 같아도 인성의 구조와 역동은 상당히 오랫동안 지속하여 동일한 특징을 유지하는 경향이 있다.

다섯째, 인성은 사람들이 다른 사람들과 어떤 인간관계를 형성하는가를 결정해 주는 데 매우 중요한 역할을 한다. 그리하여 성숙하고 건전한 인성은 개인의 정신 건강을 증진하고 창조적이고 현실적인 활동을 돕는데도 지대한 영향을 미치게 된다.

오늘날 우리가 말하는 인성은 대체적으로 도덕적인 가치가 개입된 인격과 개인이 지닌 독특한 특성의 총체를 가리키는 성격이 결합되어 양쪽의 격(格)을 떼고 생겨난 용어이다. 그러므로 인성교육은 개인의 심리적 특성으로써의 성격과 윤리·도덕적 특성으로써의 덕성, 이 둘 모두를 포괄적으로 추구하는 교육 행위로 해석할 수 있을 것이다.

인성교육의 특징 알아보기

첫째, 인성교육은 옳음을 알고, 사랑하고, 실천하려는 인간을 만드는 데 중점을 두고 있다. 인성교육은 친절, 사랑, 충성, 책임, 정직, 재산권, 도움 주기 등과 같은 삶의 사실들과 도덕적 관념들을 가르치는 것이다.

둘째, 인성교육은 두 가지 의미의 덕을 강조하고 있다. 즉, 올바르고 고상한 생활에 대한 인식, 그리고 그러한 삶을 사는 데 도움을 주는 구성 요소나 습관들 모두를 강조하고 있다. 또한 인성교육은 악덕(vices)에도 초점을 맞추고 있다. 인성교육은 덕을 지니도록 하는 것을 강조할 뿐만 아니라, 악덕을 제대로 인식할 수 있도록 해주는 것이다.

셋째, 인성교육은 덕목들의 주입을 포용하고 있다. 학교의 기본적인 사명은 공동체의 최상의 가치들을 학생들에게 주입시키는 것이다. 지역사회 혹은 공동체가 부모나 교사들을 통하여 그 지역사회나 공동체의 핵심 관념, 이론, 도덕적 가치들을 학생들에게 가르치지 않는 것은 사회적 자살 행위와 다를 바 없다.

넷째, 인성교육은 논쟁적인 이슈들에 대한 특정한 입장을 가르치는 것이 아니라, 기본적으로 덕에 초점을 맞추고 있다. 모든 공동체는 그 구성원 대다수가 합의에 도달할 수 있는 공통적이고 핵심적인 가치들을 지니고 있다. 학교는 그러한 공동체의 핵심 가치들과 가장 중요한 지식들을 보존해 나가는 데 기여하는 하나의 사회 통합력이다. 따라서 인성교육은 공동체를 하나로 묶어 주는 기본적인 도덕적 가치들, 즉, 공동체의 규범에 초점을 맞추고 있다.

다섯째, 인성교육은 인격을 발달시키기 위한 매우 다양한 접근들을 포괄하고 있다. 인성교육은 영웅 및 위인들의 교훈적인 이야기, 교사나 성인들의 모범, 덕에 대한 직접적인 학습, 다른 사람 및 지역사회를 위한 봉사활동의 실행, 사고 방법의 학습, 공동체로서의 학급과 학교 속에서의 삶 등을 다양하게 활용하고 있다. 인성교육은 학생들이 훌륭한 인격을 구성하고 있는 지속적인 습관을 지니도록 학교 경험의 총체성을 적극적으로 활용한다. 또한 인성교육은 학생들 스스로 그들의 인격을 함양하도록 지속적으로 고무시켜 준다. 학생들은 학교생활을 통하여 훌륭한 인성을 구성하고 있는 지속적인 습관들을 발달시킨다.

인성교육 덕목과 지도요소 살펴보기

인성교육 덕목 설정

경상남도 교육청은 인성교육의 지도 내용을 선정함에 있어 교육개혁추진단에서 제시한 내용을 중심으로 하되 전통적인 규범과 덕목은 물론 미래 사회와 진로에 대한 바른 태도와 가치관을 함양하기 위한 영역도 포함하여 지도 내용을 다음과 같이 발표하였다.

인성교육 영역 및 덕목

영역	덕목
도덕적 품성	효행, 예절, 성실, 정직, 근면, 검소 절약, 자주, 생명존중
기본생활 습관	협동, 질서, 준법, 책임, 봉사, 정의, 타인존중
진로 인식	자아이해, 일의 세계, 일에 대한 태도, 의사 결정 능력, 인간 관계기술, 신로계획

인성교육 덕목별 지도 요소 분석표

영역	덕목	지도 요소
도덕적 품성	효행	• 부모님의 은덕을 기리는 마음 • 부모님을 공경하는 태도 • 화목한 가정을 만들려는 태도 • 부모님을 기쁘게 해 드리는 마음
	예절	• 겸손한 태도 • 공경하고 사랑하는 마음 • 예절을 지키려는 실천 의지

도덕적 품성	성실	• 자아실현 • 반성하는 생활 • 약속과 생활
	정직	• 정직의 필요성 인식 • 정직에 필요한 용기 • 양심에 따른 판단 • 정직한 생활태도
	근면	• 창조적인 시간 활용의 지혜 • 목표 지향적인 극기의 정신 • 생활 속의 꾸준한 실천의지
	검소·절약	• 분수에 맞고 검소한 생활 • 아껴 쓰고 저축하는 습관
	자주	• 주체적 자아의식에 대한 가치관 확립 • 개성 존중의 다양성 추구 • 자율적 의사 결정에 따른 책임 인식 • 자주적인 실천의지 함양
	생명 존중	• 인간의 목적성과 생명의 외경심 자각 • 경건하고 주체적인 삶의 자세 • 사랑과 봉사의 정신발휘 • 생명 경시 풍조 극복
기본생활 습관	협동	• 협동에 관한 가치 인식 • 공동체와의 일체 의식 • 공동체의 보상에 대한 믿음 • 공동 목표에 대한 실천 의지
	질서	• 질서에 대한 가치 인식 • 공동 질서를 지키려는 태도 • 질서 생활을 실천하려는 의지
	준법	• 준법에 대한 가치 인식 • 준법에 대한 믿음 • 구성원 상호 간의 약속에 대한 실천 의지
	책임	• 책임에 대한 자각 • 맡은 바 임무의 성실한 이행 • 실천 결과에 대한 무한 책임

기본생활 습관	봉사	• 남을 사랑하는 마음 • 남의 어려운 처지를 살펴주려는 태도 • 대가를 바라지 않는 마음 • 이타적인 생활
	정의	• 합리적 판단으로 공동 선을 추구하는 마음 • 공동 선을 향한 실천 의지 • 공동 선을 실천하는 행위 규범
진로인식	타인 존중	• 관용의 태도 • 처지를 바꾸어 생각하는 태도 • 약속을 잘 지키는 태도
	자아 이해	• 자신의 소질, 적성, 흥미 발견 • 진로 선택에 소질, 적성, 흥미 활용
	일의 세계	• 사람과 일 • 산업과 직업 • 사회적 분업과 직업 • 일과 직업 수행을 위한 직업, 기술의 필요성
	일에 대한 긍정적 태도 가치관	• 일의 종류 • 일에 대한 긍정적 태도 • 일의 소중함 • 일의 보람
	의사 결정 능력	• 과학적, 합리적, 자료에 근거한 의사 결정 • 합리적인 자료 수집, 분석, 과학적 해석에 의한 진로결정
	인간관계 기술	• 개인 대 개인의 협동 • 집단 대 개인의 협동 • 화합과 이해 정신
	진로 계획	• 장래의 희망, 포부 설정 • 장래 희망을 성취하기 위한 방법 구상

📑 다중미니면접 실전(4)
커뮤니케이션 스킬로 상황극 대비

이번에는 커뮤니케이션에 대해서 알아보자. 경희대 의학전문대학원에서 최초로 도입한 상황극이 커뮤니케이션 능력을 측정하는 평가로 자리 잡았고, 이를 2012년에 서울대 지역균형 의예과 면접에 도입하였다. 특정한 상황이 주어지고 배우가 그에 맞는 연기를 하고 있는 상황에 학생이 특정 배역으로 들어가서 문제의 상황을 해결하는 형태로 진행된다. 의료상황으로 제시되거나 아니면 일상적인 상황이 제시되기도 한다. 이것은 학생의 커뮤니케이션 스타일이 어떠한지 알아보는 것인 동시에 의사로서의 인성과 자질을 평가하는 것이다.

✒️ 대표 문제

대학교 기숙사 2인실에 거주하는 A군은 청소를 제대로 하지 않는 B군과 청소 문제에 대해서 언쟁을 벌이는 상황에 놓여져 있다. 당신이 A군이라면 B군과의 문제를 어떻게 풀어나가겠는가?(상황은 당신이 먼저 B군에게 청소문제에 대해 이야기해야 한다.)

🔔 해설

다른 사람들이 지켜보는 가운데 자신이 A군의 역할을 하게 된다는 자체가 당황스러운 일이다. 만약 평소에 낯선 이들과 소통하는 시간을 많이 가지지 못했다면, 다양한 커뮤니케이션 유형을 이해하는 것이 우선적으로 요구된다. 먼저 커뮤니케이션이 낮은 사람들의 전형적인 특징을 살펴보자.

• 공동체 내에서 자신과 친분이 있는 사람들 위주로 대화를 한다.
• 상대방의 장점에 주목하기보다는 단점을 주목하고 그것에 대해 피드백해 준다.

- 자신의 생각이나 입장을 분명하게 정하여 표현하지 못하고 애매한 표현을 쓴다.
- "본론만 이야기 합시다."라는 식으로 대화를 시작할 때가 많다.
- 상대방의 능력을 과소평가하고, 자신의 경험에 대한 자신감이 강하다.
- 해야 할 말과 하지 말아야 할 말을 지나치게 구분하고 스스로를 통제한다.
- 의사표현 방식이 단조롭고 표면적인 내용만을 언급한다.
- 대화를 할 때 감정적으로 말하게 된다.
- 상대방이 무슨 말을 할지 미리 짐작하여 대화를 이끌어간다.
- 자신이 싫어하는 사람이나 대화의 유형을 정해 놓는다.

　　의대에 지원하는 학생들 대부분은 최상위 성적을 유지해 왔을 것이다. 그러므로 자신이 공부하는 방식이나 자신이 가진 지식이나 경험에 대해서 과신하는 경향이 간혹 있다. 그렇다면 이러한 성향을 완화시키기 위한 노력을 하지 않는다면 상황극 평가뿐만 아니라 일상적인 커뮤니케이션 상황에서도 좋지 않은 결과를 가져올 수 있다. 즉, 주관주의에서 벗어난다는 생각을 가지고 의사소통을 하도록 노력해야 한다.

　　그러면 효과적인 커뮤니케이션 방법에 대해서 알아보도록 하자. 태도, 질문, 그리고 기술이라는 측면에서 살펴보겠다.

감정이입의 태도를 취하라!

- 상대방의 '관점'을 존중한다. 상대방이 사태를 바라보는 관점에 대해서 이의를 제기하기보다는 그런 관점으로 같이 생각해 보는 태도를 취하자.
- 상대방이 말하는 내용뿐만 아니라 말투나 자세에서 드러나는 감정에 주목한다.
- 상대방이 말하는 내용이나 의도를 충분히 파악했을 때, 상대방의 의견에 대

해 자신의 견해를 밝히자.

- 상대방의 말을 잘 이해하고 있는지 확인해 본다. "저는 ~라고 말씀하신 것으로 이해합니다."와 같이 자신이 이해한 것을 설명해 보자. 이때, 단순히 상대방의 말을 반복하여 확인하는 것은 효과가 없다.
- 부연을 할 때는 상대방 말에 담긴 의도를 어떻게 받아들였는지 밝히자. 대화 중에 적절한 질문이나 부연을 하면 상대방이 말한 바를 심층적으로 이해할 수 있다.

효과적인 질문을 하라!

개방형 질문 : 상대방에게 질문에 대한 설명을 요구할 때 사용한다. 상대방의 생각이나 느낌, 의도, 계획 등을 추가로 파악할 때 유용하다.

"청소구역을 나누어서 청소를 하는 것에 대해 어떻게 생각하니?"

"청소를 하면서 힘든 점은 무엇이니?"

폐쇄형 질문 : '예', '아니오'로 대답할 수 있도록 묻는 질문이며 사실관계를 확인할 때 사용한다.

"지난주에 청소당번이었던 것을 알고 있었니?"

"청소할 때 환기를 시켰니?"

촉진형 질문 : 상대방의 생각이나 느낌, 의도 등을 분명하게 표현하도록 질문할 때 사용한다.

"너도 일주일에 한 번은 청소를 해야 한다고 생각하니?"

"청소 구역을 나누어서 하는 것이 맞다고 생각하니?"

탐구형 질문 : 상대방의 말을 구체화하여 상대의 의도를 정확히 파악하려 할 때 사용한다.

"지금 한 말의 의도가 무엇이니?"

"다음 주 금요일까지 이 일이 끝나기를 바라는 것이 맞니?"

커뮤니케이션 기술을 익혀라!

• 대화하고 싶은 사람과 하기 싫은 사람을 구분하지 말아야 한다.

　사람을 가려서 대화를 하는 이유가 바꿀 수 없는 생각(종교, 정치성향, 문화적 배경 등)이나, 나 자신의 문제(이유 없이 상대방이 싫을 경우 등)일 경우, 이것들을 개선하지 못하면 더 많은 사람과 대화하기 어렵다.

• 상대방이 말한 내용을 요약·정리해서 말해 본다.

　내용 확인하기 : "이렇게 말씀하신 것이 맞는지요?"

　논리 확인하기 : "그렇게 생각하신 특별한 이유가 있나요?"

　의도·심층적 의미 확인하기 : "이 부분을 좀 더 구체적으로 말씀해 주실 수 있는지요?"

• 알고 있는 내용이라도 성급하게 상대방의 말을 끊지 않는다.

　상대방의 말이 끝날 때까지 들어주는 것이 대화의 매너이다. 상대방이 말을 장황하게 하거나 지나치게 오래할 경우에는 상대방이 불쾌감을 느끼지 않을 정도로 요약해서 말할 수 있도록 유도하는 것이 필요하다.

• 내가 듣고 싶은 것만 듣는 습관을 고친다.

　특히, 내가 싫어하는 사람이나 싫어하는 내용을 말할 때 이런 성향을 나타내게 된다. 이럴 때는 상대방과 상대방의 말을 구분하여 생각해 보자. 즉, 상대방의 역할이나 입장 때문에 그렇게 말하는 것은 아닌지 확인해 본다. 그리고 대화가 일어나는 상황적·문화적 맥락을 이해하고 편견이나 고정관념에서 탈피하여 상대방이 전달하려는 말의 내용과 의도에 집중하여 경청하자.

그러면 상황극의 평가지침은 무엇인지 알아보자. 일반적인 상황극에서는 다음과 같은 내용을 토대로 평가하게 된다.

항목	평가 요소	점수
1	상대방의 말에 관심을 기울이는가?	A, B, C, D, E
2	상대방의 대화를 끊지 않는가?	A, B, C, D, E
3	상대방의 말을 자기중심적으로 해석하는가?	A, B, C, D, E
4	목적과 상황에 맞는 대화를 하는가?	A, B, C, D, E
5	지나치게 말을 많이 하지 않는가?	A, B, C, D, E
6	감정이입을 하여 경청하는가?	A, B, C, D, E
7	끝까지 효과적으로 커뮤니케이션이 진행되는가?	A, B, C, D, E

추가 문제

진료예약을 어기거나 사전에 예약 없이 진료를 요구하는 등의 불성실한 태도를 가진 환자가 어느 날 담당의사에게 찾아와서 의료비 환불을 요구하는 상황이다.

환자 : "고장 난 자동차나 기계는 고치지 못하면 수리비를 요구하지 못하는데, 의료도 마찬가지 아닌가요? 병원에 수개월째 다녀도 제 병이 낫지 않으니 치료비를 환불해 주세요."

당신이 의사라면 어떻게 응대하겠는가?

🔔 해설

이번 문제는 의료상황을 가정한 상황극을 제시해 보았다. 현실에서 쉽게 접할 수 있는 상황이며 이 상황에 적절히 대응하기 위해서는 의료 커뮤니케이션에 대한 이해와 의료자원의 특성에 대해 이해하고 있어야만 적절히 대응할 수 있다.

먼저 상황극을 분석해 보면 환자는 크게 두 가지 문제점을 지닌다.

① 환자는 의료 수칙을 지키지 않고 있다.

② 의료의 불확실성을 이해하지 못하고 있다.

①의 경우에는 예약제로 운영되는 병원의 진료시스템을 따르지 않고 있다. 그러므로 이 부분에 대한 규칙을 준수하지 않은 것에 대해 논의해야 할 것이다. 동시에 의사가 지시한 약의 복용이나 생활 수칙의 준수에 대해서도 살펴보아야 한다.

②의 경우에는 기계와 달리 살아있는 사람의 몸을 대상으로 치료하는 것이 의료이기 때문에 언제나 불확실성이 존재한다. 구체적으로 치료효과를 얻기 어려운 경우와 부작용이 발생하는 경우 등이 대표적이다. 또한 주어진 시간에 한정된 환자만을 치료할 수 있는 의료특성을 생각해 본다면, 환자가 치료를 받는 것 자체도 의료자원이 배분된 것으로 볼 수 있다. 그러므로 여기서 불확실성과 경제성이라는 의료자원의 특성을 발견할 수 있다.

특히 ②와 관련해서는 의사가 책임져야 할 부분도 존재한다. 의료지식이 많은 의사가 환자에게 사전에 의료의 불확실성에 대해서 알려주어야 할 것이다. 이런 과정이 없었다면 장기간 동안 병이 낫지 않는 환자의 경우에는 불만을 제기할 가능성이 높다.

문제는 상황극이라는 특수한 상황이기 때문에 또 다른 문제를 생각해 봐야 한다. 즉, 어떻게 의사와 환자 사이에 커뮤니케이션이 이루어지느냐이다. 이에 대한 해답을 얻기 위해서 환자와 의사 간에 이루어지는 전형적인 커뮤니케이션 유형을 알아보자. 의료영역에서 커뮤니케이션 유형을 나누는 기준으로는 '환자', '의사' 그리고 '질병'이라는 변수를 가지고 나눠볼 수 있다.

유형	특성	장점	단점
정보 수집형	• 질병 중심 • 의사 주도적·일방적 태도	• 의사 주도로 진료를 진행할 수 있고 환자의 상태에 대한 정보를 얻기에 효율적임	• 환자의 감정을 받아들이기 어렵고 환자는 취조당하는 느낌을 받을 수 있음
분석형	• 환자 중심 • 과학적·분석적 태도	• 질병을 객관적 문제로 인식하여 체계적이고 과학적인 해법 제시	• 환자의 질문에 반응이 느리고 감정적 교류가 어려움
주도형	• 질병 중심 • 지시적·명령적 태도	• 환자의 질문에 빠르게 반응하고 통제적이며 환자의 잘못을 야단치는 모습을 보임	• 환자는 의사가 자신을 무시한다고 여길 수 있고 부정적으로 반응하게 만듦
설명형	• 환자 중심 • 과학적·중립적 태도	• 환자의 질문에 빠르게 반응하며, 환자의 의사결정을 존중하며, 의사와 환자 간의 질병에 대한 지식적 차이를 줄여나가 상호 간에 질병에 대한 이해를 넓힘	• 의사는 환자에 대해 참을성과 관용을 가지고 대해야 하며 진료 시간이 길어질 수 있는 단점이 있음
관계 중심형	• 환자 중심 • 공감적 태도	• 환자의 질문에 빠르게 반응하고 공감하며, 질병 치료에 있어 환자의 동기를 부여하고 설득하여 신뢰 관계를 형성함	• 지나치게 관계에 신경을 쓰면 환자는 의사가 질병 치료에 관심이 없다고 느낄 수 있음
경청형	• 환자 중심 • 헌신적·지지적 태도	• 환자의 질문에 느리게 반응하고 환자의 마음에 상처나 충격을 주지 않으려고 노력함	• 지나치게 조심스러우면 환자가 의사의 실력이 부족하고 수동적인 사람으로 여기게 됨

위의 유형들을 보면 일반적으로 정보수집형, 분석형, 주도형은 부정적인 커뮤니케이션 유형으로 보인다. 그러나 상황에 따라서는 이러한 유형의 커뮤니케이션이 필요하다.

예를 들어, 쇼크나 혼란 상태에 있는 환자에게는 정보수집형으로 소통해야 한다. 그리고 새로운 질병이나 기존 질병에 다른 반응을 보이는 환자일 경우에는 분석형으로 소통하는 것이 바람직하다. 그러므로 어떤 유형이 맞다라고 생각하기보다는 어떤 상황에서 어떤 방식으로 소통하는 것이 적절한지에 대해 고민해야 할 것이다.

결론적으로, 추가질문의 상황에서는 여러 커뮤니케이션 유형을 활용해야 한다. 초반에는 관계중심형으로 시작하여 환자의 상태를 안정시키고 질문 의도를 파악하는 것이 좋다. 중반에는 분석형으로 대화를 이끌어가면서 환자가 처한 상황과 병원 진료예약 문제를 소홀히 취급한 이유를 밝히는 것이 요구된다. 마지막으로는 설명형으로 대화를 이끌어가면서 의료의 불확실성이나 한정성에 대해 알려주어야 한다. 따라서 문제의 상황을 단계적으로 분석하고 이해하여 각 단계에 맞는 커뮤니케이션 유형을 선택하는 것이 중요하다.

의료상황에서의 커뮤니케이션 사례 연구

의사의 커뮤니케이션의 사례 연구

여러 학자들의 커뮤니케이션 이론을 바탕으로 생각해 볼 때, 기본적으로 의사가 취할 수 있는 여섯 가지 태도가 있다. 평가적, 해석적, 조사적, 도피적, 지지적, 공감적 태도가 그것이다. 이 유형들은 의사 자신의 행동을 반성하거나 관찰할 때 유용한 지표가 된다.

아래에서는 예약을 하지 않고 진료를 받으러 온 환자사례를 통해 여섯 가지 커뮤니케이션이 어떻게 일어나는지 살펴보도록 한다.

의사 중심의 대화

"이 시간에 오시면 안 됩니다."

: 상대방에게 선악의 판단을 나타내는 평가적 태도

"술을 드셔서 위궤양이 재발한 것 아닙니까?"

: 병의 상태에 대해 일방적으로 이유를 붙이는 해석적 태도

"제대로 약도 먹지 않았군요. 무슨 일이 있어서 술을 드신 것입니까?"

: 상대를 개의치 않고 파고드는 조사적 태도

"암 걱정은 없습니다. 어쨌든 주사를 맞읍시다."

: 상대방의 불안을 외면하는 도피적 태도

환자 중심의 대화

"3일 전부터 아팠는데 괜찮아지겠지 하고 상태를 보아 왔는데 더 이상 참기는 어려워진 사정은 이해가 갑니다."

: 상대방의 행동이나 생각을 인정하고 지지하는 지지적 태도

"지금까지 배도 아팠고 암이 염려되는 것도 무리는 아닙니다."

: 상대방의 입장이 되어 이해하려 하고 노력하는 공감적 태도

이처럼 여섯 가지 의사의 커뮤니케이션 방법을 다시 의사 중심의 대화와 환자 중심의 대화로 나눠볼 수도 있다.

의사와 환자와의 관계 모델

부권적 권위 모델 : 의사의 역할은 부모나 보호자와 유사함

의사가 환자에게 제일 좋다고 생각하는 치료법에 대해서 자신의 의견을 제시하여 환자의 동의를 얻으려는 의사소통 방식으로 의사의 생각이 우선시되고 환자의 반응이나 선택은 중시되지 않는다.

토론 모델 : 의사의 역할은 선생님이나 친구와 유사함

의사는 환자의 의사결정에 필요한 사항을 모두 설명하고 전문가로서의 의견과 생각도 제시함으로써 환자의 합리적 선택을 유도한다.

통역 모델 : 의사의 역할은 카운셀러와 유사함

의사는 환자의 의사결정에 필요한 정보를 제공하고 환자가 어떤 가치관을 가지고 있으며 어떤 것을 고민하고 있는지 파악하여 그에게 적절한 치료법을 선택

할 수 있도록 도와준다.

정보 제공 모델 : 의사는 의료전문가로서 역할을 함

의사는 환자의 결정에 필요하다고 생각되는 사항들을 설명하고 그 후의 결정은 전부 환자에게 맡긴다. 부권적 권위 모델과는 정대반의 모델로써 의사는 자신의 생각을 밝히거나 조언을 하지 않고 어디까지나 환자의 판단을 존중한다.

의료상황에 따른 사례 분석

가족 간의 의사가 다른 케이스

노령의 여성 환자는 심각한 질병으로 거동이 어려워 집안에서 누워있는 상태이다. 환자는 장녀의 집에서 살고 있으며 차녀는 장녀의 집과 약간 떨어져 있는 곳에 살고 있다. 어느 날 환자의 상태가 심각해져 주치의가 내진을 온 상황이다.

장녀 : "어머니가 연세도 많으시고 저희 집에서 계속 사셨으므로 집에서 계속 치료를 받았으면 합니다."

차녀 : "아니에요. 회복 가능성이 있다면 병원에서 치료하는 것이 맞다고 생각합니다."

장녀와 차녀 간에 의견 차이를 좁히지 못하고 서로 싸우는 상황으로까지 번졌다. 이 경우, 의사는 어떻게 대응해야 할까?

답변 : 주치의는 환자를 병원에 입원시키는 방법과 고령이라는 점을 고려해 자택에서 치료하는 방법을 동시에 제안하였다.

위의 사례에서 장녀와 차녀의 의견이 서로 다르다. 이 경우에 환자와 가족 간의 커뮤니케이션을 통해 해결해야 한다. 이는 의사와 환자와의 관계 모델을 적용하여 해결의 실마리를 찾을 수 있다.

의사로서 안정적인 해결을 원한다면 토론 모델이나 통역 모델을 선택할 수도 있다. 예를 들어, 치료법은 A, B 그리고 C가 있는데, 의사라면 B를 선택할 것인데 가족들은 어떤 치료방법을 선택할지 묻는 것은 토론 모델이다. 그리고 의사는 가족들에게 치료법은 A, B 그리고 C가 있다는 점을 설명하고 가족들의 심리 상태를 고려해 볼 때, A와 C중에서 선택하는 것이 좋을 것이라고 제안해 주는 것은 통역 모델이다.

의사로서 빠른 결정을 원한다면 부권적 권위 모델을 선택할 수 있다. 예를 들어, 이 환자에게는 A치료법이 가장 적절하므로 A를 선택하라고 말하는 것이 부권적 권위 모델이다. 그리고 의사로서 타인과 거리를 두고 싶다면 정보 제공 모델을 선택한다. 예를 들어, 치료법은 A와 B가 있으니 가족들의 의견에 따라 치료하겠다고 말하는 것이 정보 제공 모델이다.

답변의 내용을 보면, 토론 모델이나 통역 모델에 따른 답변을 의도했을지라도 장녀와 차녀의 불화 때문에 부권적 권위 모델이나 정보 제공 모델 중에 고민을 할 수밖에 없었을 것이다. 답변자는 이 두 모델 중 정보 제공 모델에 따른 답변을 해야 평가자로부터 감점을 덜 당할 수 있거나 공격적인 질문을 피해갈 수 있다고 생각했을 수 있다. 그러나 이렇게 단순하게 답변을 하기보다는 상황을 단계적으로 나눠서 생각해 보고 답변하기를 제안한다.

우선, 동거하는 장녀의 의견을 우선적으로 존중하는 것이 자연스럽다. 왜냐하면 환자를 봉양해 왔기에 차녀보다 더 큰 영향력을 가지고 있기 때문이다. 그러므로 우선은 가정에서 치료를 하다가 장녀와 차녀를 따로 불러 토론 모델의 형태로 차녀를 설득하는 것이 현명한 답변일 것이다.

의사와 간호사와의 관계

점과 선의 비유

오전과 저녁 회진을 통해 의사는 환자의 상태를 살펴본다. 그런데 오전과 저녁 때 모두 환자의 상태는 정상일 수 있다. 그러나 그것만으로는 환자의 정확한 상태를 알 수 어렵다. 왜냐하면 회진 이후에 고열이 발생하였거나 구토 증상을 겪었을 수도 있고 체온의 변화가 일어났을 수도 있다. 그러므로 간호사의 꾸준한 관찰이 전제되지 않는다면 환자의 상태를 온전히 알기 어렵다.

이런 상황을 염두에 둔다면, 의사는 '점'으로서 환자를 접하지만 간호사는 그것을 '선'으로 바꾸어 준다.

그리고 환자들 중에는 의사가 자신의 상태를 모두 안다고 생각하고 의사에게 자신의 정확한 상태를 말하지 않는 경우도 있다. 또한 의사에게는 말하지 않았던 내용을 간호사에게 부담 없이 말하는 경우도 있다. 그런 의미에서 간호사의 관찰과 보고는 매우 중요하다.

중증 환자의 경우, 장기간 병상에 누워있게 되고 이런 환자들에게 의사는 채혈이나 혈압측정과 같은 단순한 치료 지시를 내리게 된다. 이때, 간호사들은 환자의 병상 위치를 변화시키거나 생리적 현상에 대해 대응해 주는 등의 일을 하게 된다. 따라서 의사들이 하는 의학적 관리와 비교하면 간호사들이 환자를 관리하는 영역은 치료의 중요한 일이기도 하지만 힘든 일이기도 하다.

환경에 따라서 질병의 치료 이외에 환자가 가지고 있는 심리적 문제, 경제적 문제 등을 해결해야 하는 경우가 있다. 이런 경우 모든 것을 의사 혼자서 해결하기에는 벅차다. 또한 간호사가 치료나 검사를 포함해 모든 것을 관리한다는 것도 불가능한 일이다.

이렇듯 환자 치료에 있어서 의사를 지원하는 일, 점이 아닌 선으로 환자를 관찰하는 간호사의 업무는 의사의 진료행위 못지않게 중요한 일이다. 따라서 의사와 간호사가 원활하게 협력하기 위해서는 자연스러운 커뮤니케이션 과정이 요구된다.

의사와 간호사의 장점과 단점

의료와 간호는 별개의 영역에서 환자를 치료하기 위해 노력하는 것으로 이해하는 것이 자연스럽다. 환자를 치료하기 위해서는 의사의 힘만으로는 부족하기 때문에 간호사나 관련 의료 스태프의 업무협조가 중요하다. 상호 간의 충분한 커뮤니케이션은 물론 원활한 관계를 유지하면서 환자 중심으로 사고를 하여 각각의 방법론이나 기술을 효율화시키는 체제를 만들어 가는 것이 환자 치료에 가장 이상적이다.

의료팀의 일원으로서 의사와 간호사의 장점과 단점을 분석해 보니 의사의 단점은 간호사의 장점이고, 간호사의 단점은 의사의 장점으로 상호보완적이다. 즉, 의사와 간호사 사이에 커뮤니케이션이 원활하다면 서로의 단점들을 어느 정도 극복할 수 있을 것이다.

	장점	단점
의사	• 의학 지식 풍부 • 강력한 리더십 소유 • 자격상으로 거의 완벽하게 간호사, 관계 의료 스태프의 업무를 할 수 있음 • 고도의 전문성 보유 • 주치의로서 환자에게 중심적인 역할 수행	• 독선에 빠지기 쉬움 • 환자를 진찰하지만 환자를 종합적으로 관찰하기는 어려움 • 다른 의료진과의 관계, 커뮤니케이션에는 취약 • 병상을 잠깐 들여다보고 '점'으로서만 환자를 관찰
간호사	• 의학과 간호의 지식 소유 • 환자와 접촉기회가 많음 • 의사가 얻을 수 없는 환자의 정보를 접할 수 있음 • '점'이 아닌 연속된 '선'으로서 환자를 관찰 가능 • 전문성에 얽매이지 않는 유연한 간호 가능	• 자격상으로 간호 업무 이외의 의료 행위에 제한을 받음 • 간호사 개인으로서 평가를 받는 기회가 적음 • 이른바 힘든 직업군에 속해 전문직으로 자긍심을 가지기 어려움 • 전문성을 확보하기 어려움

기술주의 의학 패러다임

세계관

분리의 원칙

분리의 원칙은 사물이 그것이 속한 맥락을 떠나서 지각할 때 더 잘 이해할 수 있다는 가정을 전제로 한다. 과학자들은 모든 현상들을 기계적이고 측정 가능한 것으로 보고 양적으로 나타낼 수 있는 방법을 고안해 왔다. 따라서 양적으로 나타낼 수 없는 현상이나 이론은 배척하게 된다.

선형적 원리

과학자들은 실재의 현상들을 개념적으로 분할하고 이러한 내용을 선형적 방식으로 이해하여 왔다. 하나의 아이디어가 다음번의 아이디어를 이끌어 내고 이러한 연속적 과정을 선형적 원리로 이해할 수 있다. 선형적 원리에 따라 규범적 사고가 나타난다. 왜냐하면 연속적 과정에 논리성이 부과되어 일상에서 일어나는 현상은 선형적인 것이 되는 동시에 필연적으로 일어나는 것이 되어 하나의 법칙이나 규범으로써 받아들여지기 때문이다. 이러한 사고를 극단적으로 추구하게 되면, 실체들 사이의 비선형적, 비논리적 상호연결성과 관계들은 무시될 수밖에 없다.

기술주의 의학의 기원

역사적으로 기술주의 의학은 유럽의 '과학혁명'에서 이어 받은 기계론적 모델에서 나온다. 17세기부터 우주의 본질에 대해 유기체가 아니라 기계적인 것으로

234

인식하게 되었다. 그 이전에는 고대에서 데카르트에 이르기까지, 유럽의 민중은 대지를 여성적인 '세계의 혼'으로 살아 숨 쉬는 유기체로 보았다. 그것은 인간과 자연이 함께 상호작용하는 생명이었다. 그러나 데카르트 시대때부터 베이컨, 홉스 등 여러 학자들이 발전시킨 철학으로 말미암아 인간과 자연 사이의 상호연관성에 대한 감각은 해체되고 말았다.

기술주의는 세계가 유정한 것이 아니라 기계적인 것으로 보고 있으며 관여적인 것이 아니라 무심한 것이라고 주장했다. 이후, 자연과 사회와 인간의 육체는 외부적으로 수리되거나 교체될 수 있는 부품들의 집합체로 여겨지게 되었다. 이러한 기계적 비유를 인간 육체에 적용함으로써 몸을 종교와 철학의 영역에서 제거하여 과학에 넘겨주는 과정이 시작되었다. 몸을 하나의 기계로 여기는 것은 개인의 영성과 온전성과 같은 문제들을 사제나 철학자들이 담당하는 것으로 남겨두고, 인간의 육체를 과학적 연구의 대상으로 삼는 것이 가능해졌다.

기술주의 의학의 열 가지 특징

몸과 마음의 분리

기술주의에서는 마음은 실제로 몸속에 있지 않고 몸을 초월한 것으로 간주된다. 정신과 영혼의 문제도 기술주의에서는 설명할 수 없다. 실제로 모든 측정 불가능한 현상들은 무시되거나 종교라는 이름의 영역으로 밀어낸다.

> 서구 의학은 인간에 대한 환원주의적이며 육체 중심적인 관점을 토대를 두고 있다. 기본적으로 서구 의학은 우리의 몸속에서 일어나는 모든 것은 원자들과 분자들의 움직임의 결과라고 본다. 건강이나 질병에는 어떠한 의미가 있을 수 없다. 우리가 아프든 안 아프든 그것은 자연의 맹목적인 질서에 따른 원자와 분자들의 운동일 뿐이다. (중략) 따라서 모든 치료는 물리적인 것이어야 한다는 결론에 이른다.

이러한 기계론적 모델 이전에는 종교가 보이는 몸과 보이지 않는 영혼에 대하여 책임을 졌다. 기계론적 접근이 서구 세계에 뿌리를 내리자 몸과 영혼은 갈라지게 되었다. 이제 영혼은 종교의 영역에 남아있게 된 반면 인간 육체에 대한 1차적 책임은 의학에 속하게 된다. 의학에 의해 유기적인 인간 육체는 하나의 기계로 전환되었다.

기계론적 관점에서 보는 육체

기계론적 모델이 지배하는 세계에서 물건의 작동 방식을 이해하고 망가진 물건을 수리하는 방법은 그것을 분해하는 것이다. 1989년 2월 '라이프'지에서 "우리가 인간의 몸을 일종의 기계로 생각한다면 미래의 의사들은 고칠 수 없는 부품을 교환해 버리는 기계공 같은 존재가 될 것이다."고 밝히고 있다. 영혼의 중요성을 강조하는 의사라 할지라도 육체를 하나의 물리적 구조로 보는 기계론적 관점을 갖는 데는 무리가 없을 것이다.

의료진과 환자 사이의 거리감

인간의 몸을 기계로 보고, 육체-기계를 의료 행위의 고유대상으로 설정하는 한, 기술주의 의료 시술자는 환자의 마음이나 정신에 대하여 책임감을 느낄 필요가 없어진다. 그래서 의사들은 개별 환자와의 인간적 접촉의 필요성을 느끼지 않으며 대신 '102호실의 위궤양 문제'로 그들의 환자를 생각하게 된다. 한 의사는 "당뇨병에 걸린 한 아이가 생명이 위급한 상태에 이르러 병원에 들어온 것을 두고 내 동료들이 '흥미로운 케이스'가 방금 입원허락을 받았다고 흥분해서 떠드는 소리를 들으면서 나는 충격을 받았다."고 고백하였다. 심각한 생명의 위험에 처한 아이와 절망에 빠진 그 부모의 경우를 하나의 '케이스'로 대하는 태도는 의사들과 환자들 사이에 엄청난 거리가 존재한다는 것을 의미한다.

의사의 소외

미국에서 흔히 시행하는 생의학이 질병의 증세와 환자를 다루는 방식은 환자를 한 사람의 온전한 인간이 아닌 병든 육체 부품들의 집합체로 대한다. 생의학의 관점에서 병든 사람은 육체적으로 건강하지 않기 때문에 온전한 인간이 아니다. 그리하여 환자가 겪는 첫 번째 어려움은 자신의 병과 처지에 관해 자기의 의견을 공정하게 들어줄 의사를 만나지 못한다는 점이다. 환자는 자신에 대한 의사의 일방적인 판단을 받아들이도록 강요당한다.

이와 같이 의사의 소외는 정서적 개입의 회피를 통한 자기보호를 가르치는 의학교육에서부터 시작된다. 현대 의학 모델이 질병과 관련하여 정서적인 면이 갖는 역할의 중요성을 인정하는 것이 아니기 때문에 당연히 의사가 환자의 정서적인 욕구에 관심을 가져야 할 아무런 논리적 이유가 없다. 따라서 그들은 곧 죽을지 모르며, 또는 다시는 볼 기회가 없을지 모르는 사람들에 대하여 지나치게 마음을 써서 겪을 고통에서 자신들을 미리 보호할 수 있게 되는 것이다.

밖에서 안으로의 진단과 치료

기술주의 의학 패러다임의 특징은 외부에서 안으로의 진단과 처치를 하는 것이다. 이는 의사, 환자, 질병, 치료 사이의 관계를 직접적으로 드러낸다. 그런데 역사적으로 보면, 안에서 밖으로의 진단과 치료 패러다임도 존재했다. 역사적으로 보면 기술주의 모델과 전일적 모델이 대립하면서 기술주의 모델이 패권을 차지한 것으로 보면 된다.

기술주의 모델의 전신인 합리주의자들은 의학에 대해 기계론적, 유물론적, 개인주의적 접근을 취하고, 그 기초를 뉴턴 과학의 인과관계에 두었다. 여기에 해당하는 치료방법은 대증요법으로 타자에 대한 처지이다. 이는 질병의 확산을 저지하기 위해 외부적 요소를 도입하는 것을 의미한다. 전일적 모델의 전신인 경험주의주자들은 자연에 대한 존경에 자신들의 기초를 두고, 몸과 협력하면서 몸을 강화하고 생명력을 지지하는 약초와 기타 자연 치료제들의 치유효과를 믿었다. 이와 같은 경험주의에 근거한 유명한 치료에는 동종요법과 자연요법이 있다.

의사에게 집중된 권위와 책임

의사는 전문가로 인식된다. 의사는 신속한 결정을 내리고 그 결정을 고수하도록 훈련받는다. 신속한 결정은 응급 상황에서는 도움이 되지만, 임상에서는 다른 의미를 가질 수 있다. 그러나 그러한 결정 방식은 사실상 의사가 배운 유일한 모델이기 때문에, 그것은 전형적인 의사 – 환자 사이의 대화를 규정짓는다. 직관적인 사고, 허심탄회한 토의, 개방적인 질문 등은 대부분 금기사항이다. 의사의 타이틀이나 흰 가운은 그들의 권위를 나타내는 표지가 된다.

의사에게 권위가 집중될 때, 환자에게는 책임감이 부족해진다. 왜냐하면 삶의 다른 영역에서와 마찬가지로 의료에서도 권위와 책임은 나란히 가기 때문이다. 많은 의사들은 환자의 치료를 위한 방법을 결정하는 것이 자기의 권한이라고 여긴다. 그들은 자연요법과 같은 대안적 방법을 택하거나 의학적 처치 자체를 중단하는 것의 이점에 관해 환자와 의견을 나누는 것을 거부한다. 그들은 자기가 선택한 방법을 절대적인 해법으로 제시하고 그렇게 할 수 있어야 유능한 의사라고 믿는다. 이런 환경에서 환자로서 가장 편안한 역할은 개인적 선호를 포기하고 의사의 선택을 그대로 따르는 것이다.

단기적 성과를 노린 공격적 의료 개입

밖에서 안으로의 치료에 초점을 맞추는 방법은 필연적으로 질병의 행로를 변경하는 공격적 전술의 사용으로 이어진다. 밖에서 안으로 접근할 때, 대부분의 만성 질병은 치유될 수 없다. 다만 그 증상이 통제될 수 있을 뿐이다. 그런 경우에도 강력한 약물 사용으로 인한 부작용이라는 대가를 치러야 한다.

단기적 해결을 위해 장기적 희생을 불가피하게 하는 것은 현대 의학의 공격적 개입방법의 특징이기도 하다. 강조점은 언제나 '신속한 처치'이며 이것이 초래할 장기적 대가는 무시된다. 아래의 사례는 그것을 한 의사의 경험적 사례를 통해 보여준다.

> 언젠가 나는 병원에서 회진하면서 진료 기록들을 보았다. 열 명의 환자가 있다면 그 중 일곱 명은 생활 스타일로 인한 병이었고, 나머지 세 명은 치료의 부작용 때문이었다.
> 무엇인가 근본적인 결함이 있었다. 그럼에도 나는 당장 불을 끄려고 바쁘게 뛰어다녔다. 그렇지만, 나의 이러한 노력이 이 환자들의 십 년 후의 재입원을 막을 수 있는 것은 아니었다. (중략)
> 만약 내가 그에게 생활스타일을 바꾸고 문제가 과연 어디에 있는지 알도록 도울 수 있다면, 그게 정말 그를 위하는 일일 것이다. 나는 내가 정말 쓸모 있는 일을 하고 있는지 진정으로 물어보기 시작했다.

의학 연구가 진전될수록 더욱 효과적인 약품과 의료 기술이 생산되어 왔다. 오늘날 기술주의 의학의 공격적 접근 방법이 강화된다는 것은 '가능하면 해야 한다'라는 기술주의 원칙에 따라 인체에 대한 가능한 모든 개입이 기하급수적으로 행해진다는 것을 의미한다. 그리고 그 결과는 우리의 생물학적 삶의 근본적 변화가 사실상 가능하게 되었다는 사실을 의미한다.

패배로써의 죽음

자연에 대한 궁극적인 통제를 추구하는 의학 체제에서 인간의 죽음은 의학의 패배를 의미한다. 죽음은 인간의 자연 지배가 망상에 지나지 않다는 것을 상기시킨다. 즉, 우리가 아무리 생명을 해부하고, 아무리 많은 수술을 하고, 인공 장기를 갈아 끼우더라도 우리는 죽음에서 벗어날 수 없다. 지금 의료 윤리는 삶의 질적인 문제를 해명할 수 없는 기계론적 의학 모델이 죽음의 문제에 직면하여 드러내는 난점을 어떻게 다룰 것인가에 대해 씨름하고 있다.

그러나 죽음의 영역에서는 여전히 의료 자원이 무한한 것처럼 보인다. 매년 집중 치료실에서 죽음을 저지하기 위해 쓰이는 비용은 해마다 높아지고 있다. 생의 마지막 날들에 사용되는 처치 비용은 대부분의 다른 의료 치료에 비해 훨씬 높다는 것은 상식임에도 불구하고 의사들은 가장 명백한 경우를 제외하고는 이러한 치료 행태를 변경하지 않는다. 의학적 영웅이 되기 위해서 점점 의학 기술의 발달을 요구할 뿐이다.

이윤 동기로 움직이는 의료체제

제약과 의료 기술 산업은 지금까지 미국에서 가장 이윤을 많이 올리는 분야 중 하나이다. 가장 잘 팔리는 처방약 제조업자들의 평균 이윤은 1993년 '포춘'지가 선정한 상위 500개 기업의 평균 이윤율보다 다섯 배나 높다. 제약 회사들이 의료계에 미치는 영향력은 '당신의 돈 또는 당신의 건강'에서 닐 롤드가 묘사한 다음과 같은 시나리오에서 명백히 드러난다. 심장 발작 환자의 응고된 혈액을 녹이는 데 사용되는 두 개의 약품이 있다. 하나는 1회 사용에 2200달러가 드는 TPA이며, 다른 하나는 일회 사용에 76내지 300달러가 드는 스트롭토키나제이다. 여러 연구들은 두 개의 약품이 동등한 효력이 있음을 보여주지만, 미국 의사들은 일반적으로 고가의 약품 쪽을 선택한다. 의사들이 좀 더 경제적인 약품을 선택했더라면, 거기에 따른 절약 액수는 1990년 한 해만으로도 2억 달러에 이르렀을 것이다.

1990년 한 연구의 충격적인 폭로에 의하면, 그 해 의사들은 항생제를 처방하는 처방전을 2억 4천만 개를 썼고, 그 중 거의 1백만 개의 처방전이 감기에 대한 것이었다. 감기는 항생제 요법에 더 이상 반응하지 않는 것으로 알려져 있는데도 말이다. 이러한 상황은 의사가 환자에게 '약'을 주어야 비로소 의사노릇을 제대로 하는 것이라는 대중적 믿음에 제약 회사들의 지원이 결합함으로써 발생한 것이다. 어떠한 항생제에도 저항하는 박테리아들이 폭발적으로 증가하였음에도 이런 믿음은 여전히 남아 있다.

대안적 의학 모델에 대한 불관용

플렉스너 보고서가 발간된 이후의 기술주의 의학 모델처럼, 하나의 이데올로기가 지배적인 것이 될 때, 다른 모든 경쟁적 관계에 있는 이데올로기들은 '대안적'인 것이 된다. 그리하여 카이로프락틱, 동종요법, 자연요법, 아유르베다 의학, 침술, 중국의학 등은 대증요법에 대하여 대안적인 것으로 간주되었다. 이러한 대안적 모델이 점점 갈수록 사람들에게 존경받고 실제로 광범위하게 이용되는 상황에서도, 기술주의 대증요법은 여전히 중심적 위치를 고수하면서 건강에 대한 표준과 규칙을 정하고 모든 유형의 질병에 대한 정의를 내리고 있다.

제도권에서 원하지 않는 과학적 정보는 처음부터 마비되게 마련이다. 그들은 증거를 대라고 끊임없이 요구한다. 발표된 정보는 '전문가들'에게서 공격을 받는다. 새로운 결과를 보고하는 논문들은 과학계의 비밀경찰로 행세하는 익명의 서평자들로부터 직접 검열을 당한다. 이들은 어떤 논문이 발표되고, 발표되지 말아야 하는지를 결정한다. (중략) 자연 현상들이 단순히 알려진 인과관계들로 환원될 수 있다는 맹목적인 믿음이 있으며, 지식과 권력의 추구 사이에 근원적인 모순이 있다는 것을 보지 못한다.

어떤 체계든 사회 문화적 헤게모니를 장악하여 스스로 굳어진 채 새로운 정보를 차단하고, 모순적인 증거를 받아들이기 거부할 때, 그것은 자기 자신과 자신이 봉사하는 공중에 대해서 도덕적 위기를 몰고 오게 된다.

용어해설

헤게모니

헤게모니란 어느 한 지배 집단이 다른 집단을 대상으로 행사하는 정치, 경제, 사상 또는 문화적 영향력을 지칭하는 용어이다. 이러한 지배 집단의 리더가 영향력을 갖기 위해서는 다수의 동의가 필요하다.

플렉스너 보고서

교육자 출신의 에이브러햄 플렉스너가 카네기 재단의 의뢰로 미국과 캐나다 의대의 개혁을 위해 작성한 실사보고서로 1910년에 발표했다. 이 보고서의 기준에 미달하는 약 90개 의과대학들은 폐교되었고, 기준을 만족하는 69개 의대들만이 살아남아 피나는 개혁 프로그램을 전개해 나갔다. 플렉스너 보고서의 평가기준은 상당 부분 실험과학, 투약의 여부 등 과학적 기준이었다.

다양한 유형의 문제로 실전 대비하기

마지막으로 다양한 유형의 상황면접 소재를 다뤄 보려 한다. 역사적 사실이나 판례 또는 문학작품 등에서 면접의 소재를 골라 출제하는 문제이다. 의학전문대학원 체제에서 다양한 유형의 면접이 개발되었기 때문에 앞으로 의대 면접은 이 문제들을 수용하여 변형한 문제들이 출제될 것이다. 따라서 지원하려는 대학에서 출제한 문제를 분석하는 것도 중요하겠지만 아직 출제되지 않은 유형의 문제도 미리 풀어보는 것이 요구된다.

✏️ 대표 문제 1

스탠리 투기 윌리엄스는 17살에 로스앤젤레스에서 친구들과 함께 조직폭력단을 만들었고, 1979년 편의점에서 근무하던 한 백인청년과 모텔을 운영하는 이민가족 세 명을 산탄총으로 잔인하게 살해했다. 그는 곧 체포돼서 유죄를 선고받았고, 1988년 사형이 확정되었다.

그런데 한참 후에 극적인 반전이 일어난다. 감옥에서 사형수로 복역하던 윌리엄스가 2001년부터 5년 연속으로 노벨평화상 후보에 오르고 노벨문학상 후보에도 4차례나 오르게 된 것이다. 24년간 샌프란시스코의 샌 틴 감옥에서 복역하던 그는 조직폭력에 가담했던 젊은날의 과오를 뉘우치고 청소년들의 폭력조직 가입 근절을 위한 국제적인 운동을 펼치는 한편 어린이들을 위한 동화책을 썼다.

그는 미국에서 가장 유명한 사형수였고, 그의 이야기는 영화로 만들어지기도 했다. 하지만 그는 여전히 사형수였다. 언제든지 사형집행이 내려지면 형장의 이슬로 사라질 죄수였다. 윌리엄스의 변호인과 사회운동가들은 그를 구명하기 위해 8차례에 걸쳐 주 법원과 연방 법원에 소송을 제기했지만 성과를 보지 못했고, 2005년 LA 상급법원은 윌리엄스의 사형집행일을 12월 13일로 결정하게 된다. 윌리엄스가 살인을 저지른 지 26년 만이었고, 주 법원에서 사형이 확정된 지 17년 만이었다.

「지식 EBS 프라임」 중에서

미국의 주지사에게는 사형집행에 대한 감형권이 있다.

만약 당신이 주지사라면 어떤 선택을 하겠는가?

🔔 **해설**

당시 캘리포니아주의 주지사는 터미네이터로 유명한 할리우드 출신 정치가 아놀드 슈워츠제네거였다. 그는 윌리엄스의 감형 청원을 기각했다. 그가 윌리엄스의 감형을 거부할 때 쓴 결정서의 요지는 다음과 같다.

윌리엄스가 저지른 범죄와 그 이후의 정황이 적법절차를 거쳐 확정된 재판의 결과를 번복할 만한 사정이 될 수 없다는 것이다. 어떠한 상황에서라도 법은 법대로 집행되어야 한다는 주장이다. 사회질서의 확립을 위해 필요한 제도라는 사회적 합의 하에 사형제도가 아직 존속하고 있다면 법대로 해야 할 것이다. 만약 사형이 필요하지 않다는 사회적 합의가 이루어진다면 빨리 법을 고쳐야 한다는 논리였다.

그의 논리에 동의한다면 '사실상 폐지'라는 식의 애매모호한 표현은 사라져야 할 것이다. 윌리엄스에게 사형판결을 내린 것은 주지사가 아니다. 그는 다만 권한이 있음에도 법의 결정을 번복하지 않았을 뿐인 것이다.

위의 문제는 칸트적 입장과 공리주의적 입장이 충돌하는 것으로 해석할 수 있다. 아놀드 슈워츠제네거의 입장은 칸트적 사고방식으로 약속은 지켜져야 한다는 것이다. 이에 반해, 공리주의 입장에서 아놀드가 윌리엄스의 감형권을 실행해야 한다고 생각하는 입장은 윌리엄스가 저지른 죄보다 사회에 끼친 긍정적인 영향이 더욱 크기 때문에 이에 대해 보상해 주어야 한다는 것이다.

따라서 위의 상황을 추상적인 원리로 환원하여 생각하는 것이 요구된다. 원리적으로 접근한 뒤에 자신의 생각을 정리하고 그에 알맞은 근거를 제시하는 순서로 답변을 준비하자.

1969년 10월 27일 Prosenjit Poddar가 Tatiana Tarasoff를 죽였다. 원고인 Tatiana의 부모의 진술에 의하면 2달 전에 Poddar가 버클리 대학 코웰 메모리얼 병원의 심리학자인 Lawrence Moore 박사에게 Tatiana를 살인하겠다는 의사를 밝혔다고 한다. 원고는 Moore의 요청에 따라 학내 경찰이 Poddar을 억류했으나 그가 이성적으로 보이자 다시 풀어주었다고 진술하였다. 또한 Moore의 상관인 Harvey Powelson 박사가 더 이상 Poddar에게 추가적인 조치가 취해지지 않도록 지시했다고 진술하였다. 아무도 원고에게 Tatiana가 처한 위험에 대해 경고하지 않았다.

Tatiana의 부모인 원고는 1969년 8월 20일에 Poddar가 코웰 메모리얼 병원에서 치료를 받던 자발적 외래 환자라고 진술하였다. Poddar을 치료해 주던 Moore에게 Poddar은 여름을 보낸 후 익명의 한 소녀를 죽이겠다고 말했으며, 그 소녀가 Tatiana라는 사실은 쉽게 알 수 있다. Moore 박사는 Poddar을 최초로 검진했던 Gold 박사와 정신의학과장의 보조인 Yandell 박사의 동의 하에 정신병동에서 Poddar을 수감하여 감시하도록 결정하였다. Moore는 학내 경찰인 Atkinson과 Teel에게 구두로 수감을 요청하였고, 경찰서장 William Beall에게 Poddar의 감금을 보장하도록 협조해줄 것을 요청하는 서신을 보냈다.

경찰관 Atkinson, Brownrigg, Halleran이 Poddar을 구금하였으나 Poddar이 이성적인 상태라고 판단한 후 Tatiana로부터 멀리 떨어져 있을 것을 약속 받고 그를 석방하였다. 그 후 코웰 메모리얼 병원 정신의학과장 Powelson은 Moore의 서신을 돌려줄 것을 요청하였고 Moore가 치료 과정에서 작성한 모든 서신과 메모를 파기하도록 지시하였으며, Poddar을 72시간 치료 및 평가 시설에 보내는 행위를 일절 금하도록 명령하였다.

원고의 두 번째 소송 사유인 "위험한 환자를 경고하지 않은 것"에서 주장하는 바에 의하면 피고는 Tatiana Tarasoff의 부모에게 그들의 딸이 Prosenjit Poddar에 의해 심각한 위험에 처해 있다는 사실을 알리지 않은 채로 부주의하게 Poddar을 경찰 구금에서 풀어주도록 허가하였다. Tatiana가 브라질에서 돌아온 지 얼마 지나지 않았을 때 Poddar은 그녀의 거주지에 찾아가 살인하였다.

Tatiana의 부모들은 Poddar을 치료한 의료진들을 살인방조와 피고의 의료적 위험 상태를 알리지 않은 죄로 고소하였다. 당신이 판사라면 어떤 판결을 내리겠는가?

 **해설**

유죄라고 생각하는 경우

단지 Tatiana가 피고의 환자가 아니었다는 이유만으로 피고인 치료사들이 혐의에서 벗어날 수는 없다. 치료사가 판단할 때, 또는 그의 직업상 표준에 따라 판단할 때 자신의 환자가 타인에게 폭력을 행사할 심각한 위험을 나타낸다면, 그에게는 피해대상자를 그러한 위험으로부터 보호할 수 있도록 타당한 주의를 기울여야 할 의무가 발생한다. 이 의무를 이행하기 위해 치료사는 사례의 성격에 따라 한 번 혹은 여러 번의 조치를 취해야 한다. 따라서 그에게는 위험에 처한 피해자에게 경고하거나 피해자에게 위험을 알릴 만한 다른 사람에게 경고하거나, 경찰에게 알리거나, 혹은 그 상황에서 합리적으로 필요한 다른 절차들을 밟아야 할 책임이 발생한다.

각각의 경우에, 치료사의 행동의 적절성은 그 상황에서의 합리적 주의에 대한 판결선고의 과실책임 원칙과 비교하여 평가되어야 한다. 요컨대, 치료사는 자신의 환자뿐만 아니라 그에 의해 희생될 수 있는 이에 대해서도 법적 책임이 있고, 두 가지의 모든 측면에서 판사와 배심원의 철저한 조사를 받아야 한다. 치료사가 취할 수 있는 대안들, 예를 들면 피해 대상자에게 미리 경고하는 것은 환자의 자유를 크게 박탈하지 않을 수 있다. 그러한 경고가 환자에게 준다고 주장되는 피해의 불확실하고 추측적인 성격과 피해 대상자의 생명에 대한 위험을 비교하여 검토했을 때, 폭력을 직업적으로 정확하게 예상하지 못하는 것이 결코 위협받은 피해자를 보호해야 할 치료사의 의무를 무효화하지 않는다.

정신 질환의 효과적 치료를 지원하고 환자의 사생활에 대한 권리를 보호하는 것에 대한 공공의 관심과 심리치료에서 발생한 의사소통의 비밀이 지켜져야 한다는 공공의 중요성을 인지하고 있다. 그러나 이러한 관심에 반하여 폭력으로부터 안전을 지키는 것에 대한 공공의 관심을 따져보아야 한다.

위의 상황에서 있었던 의사소통을 공개하는 것은 신탁 위반이나 직업 윤리 위반이 아니다. 미국의사회의 의학 윤리(1957) 9절에는 다음과 같이 언급되어 있다. "의사는 법에 의해 필요하거나 개인 혹은 공동체의 복리를 보호하기 위해 필요한 경우를 제외하고는 의료 과정에서 자신에게 위임된 비밀을 누설해서는 안 된다." 결론적으로 타인의 위험을 막기 위해 반드시 필요한 경우에는 환자와 심리치료사 간의 의사소통의 기밀적 성격을 보호하려는 공공의 방침이 완화되어야 한다. 공공의 위험이 시작되는 지점에서 보호적 특권은 종결된다.

무죄라고 생각하는 경우

오늘의 다수의견까지 법 및 의료 관계자 모두가 정신 질환을 효과적으로 치료하기 위해서는 기밀 유지가 필수적이며 의사로 하여금 잠재적 피해자에게 환자가 가한 위협을 공개하도록 하는 것은 치료를 크게 해칠 수 있다는 데에 동의하였다.

일반적으로 정책이 의무를 결정한다. 주요한 정책적 고려사항에는 위해의 예측가능성, 원고의 피해의 확실성, 피고의 행위와 원고의 피해의 근접성, 피고의 행위로 인한 윤리적 책임, 미래 피해의 예방, 피고의 부담, 공동체에 대한 결과 등이다.

압도적으로 많은 정책적 고려에서 심리치료사는 잠재적 피해자에게 발생할 수 있는 위해에 대해 경고할 의무를 가진다. 그러한 의무는 사회에는 거의 아무런 이익도 제공하지 않으면서 심리치료사의 치료를 방해하고 근본적인 환자의 권리를 침해하며 폭력을 증가시킨다.

심리치료의 중요성과 기밀의 필요성은 본 법정에서 인지되고 있다. "심리치료사가 발설하지 않을 것이라는 공동체의 믿음 때문에 심리치료행위가 정상적으로 이루어질 수 있었다."

기밀 유지 보장은 세 가지의 이유로 중요하다.

치료의 단념

첫째, 기밀 유지에 대한 충분한 보장 없이는 치료가 필요한 이들이 도움을 찾는 것을 단념할 것이다. 불운한 사실이지만 우리 사회에서는 심리치료적 도움을 구하는 이들에 대하여 선입관이 형성된다. 그러한 선입관에 대한 우려(치료를 고려하는 사람들이 스스로를 부정적으로 바라보는 경향에 의해 증가된)에 의해 잘 알려진 것처럼 도움을 찾는 것을 주저하게 한다.

완전한 공개

둘째, 기밀유지에 대한 보장은 효과적 치료를 위해 필요한 완전한 공개를 끌어내기 위해 필수적이다. 심리치료 환자는 자신의 내적 생각을 밝히는 것에 대해 의식적 및 무의식적 거리낌을 갖고 치료에 접근하게 된다.

성공적인 치료

셋째, 환자가 자신의 생각을 완전히 공개하더라도 기밀적 관계가 단절되지 않을 것이라는 확신은 심리치료사에 대한 신뢰를 유지하기 위해 필요하며, 신뢰는 치료에 영향을 주게 된다.

심리치료 행위에서 기밀유지가 갖는 중요성을 고려할 때, 다수에서 부과한 경고의 의무는 심리치료의 이용과 효과성을 심각하게 저해할 것이라는 사실은 명백하다. 많은 이들, 특히 잠재적으로 폭력적인(그러나 치료에 의해 변할 수 있는) 이들은 치료를 찾으려는 노력을 중단할 것이다. 치료를 받는 이들이 효과적인 치료를 위해 필요한 발설을 하는 것이 방해받을 것이다. 그리고 심리치료사로 하여금 환자의 신뢰를 저버리도록 강요하는 것은 치료에 영향을 주는 대인적 관계를 파괴할 것이다.

폭력과 치료감호

경고의 의무를 부과함으로써 다수는 정신질환자의 폭력과 구금이 필요 없는 사람에 대한 치료감호의 증가(자유의 완전한 박탈)라는 사회적 위험을 형성하게 된다. 새로운 경고의 의무로 인해 발생하게 될 치료의 악화와 부적절한 감호의 위험은 소수의 환자에게 한정된 것이 아니라 다수의 정신질환자에게 확장될 것이다. 현존하는 심리치료과정에서는 치료를 받고 있는 소수에 의해서만 폭력의 위험이 존재하나, 위협을 가하는 수는 매우 크며, 치료의 악화와 감호 위험의 증가에 의해 영향을 받는 이들은 전자가 아니라 후자이다.

『Principles of Biomedical Ethics』 중에서

위의 판결내용은 실제로 1976년 두 판사에 의해 작성된 내용이다. 유죄라고 생각하는 쪽은 Tobriner 판사에 의해, 무죄라고 생각하는 쪽은 Clark 판사에 의해 작성된 내용이다. 학생들의 입장에서는 두 판사의 판결을 보고 자신이 타당하다고 생각되는 것을 정한 뒤, 그 입장에서 다른 쪽을 다시 비판해 보자.

한편, 위의 판결을 들여다보면, 악행금지의 원칙과 자율성의 원칙 사이에 충돌이 일어나고 있음을 알 수 있다. 유죄판결은 악행금지의 원칙을 준수하는 것이고 무죄판결은 자율성의 원칙에 근간을 두고 있다. 그러므로 어떤 문제가 나오든지 생명윤리의 네 가지 원칙을 기억해 내고 그것을 적용해 본 뒤에, 다시 문제를 살펴본다면 보다 쉽게 접근할 수 있을 것이다.

> 김천의료원 6인실 302호에 산소마스크를 쓰고 암 투병 중인 그녀가 누워 있다.
> 바닥에 바짝 엎드린 가재미처럼 그녀가 누워 있다.
> …
>
> …
>
> 한쪽 눈이 다른 한쪽 눈으로 옮겨 붙은 야윈 그녀가 운다.
> 그녀는 죽음만을 보고 있고 나는 그녀가 살아 온 파랑 같은 날들을 보고 있다.
> 좌우를 흔들며 살던 그녀의 물 속 삶을 나는 떠올린다.
> …
>
> …
>
> 문태준의 『가재미』 중에서

1) '가재미'는 무엇을 상징하는가?

2) 시를 읽고 느낀 점은 무엇인가?

🔔 **해설**

1) 가재미는(두 눈이 한쪽에 몰려 붙어 있는 가재미는) 목전에 다가온 죽음만을 응시하는 환자를 상징하고 있다.

2) 자신이 느끼는 감정을 솔직하게 표현하는 것이 좋다. 다만, 그것이 개인적인 경험의 영역에서 그치는 것이 아니라 사회문제와 연관시켜 설명하도록 노력하자. 예를 들어, 죽음의 가치를 경제적으로 환산하여 생각하는 현대의 세태에 대해 비판해 볼 수 있을 것이다. 죽음이라는 자체가 엄숙하고도 비통한 것임에도 불구하고 사회적으로 영향력이 있거나 중요하다고 판단되는 인물의 죽음에 대해서만 애도를 하는 모습을 쉽게 볼 수 있다. 그러나 한 개인의 죽음은 그와 관련된 사람들에게 평생 가슴에 남을 슬픈 일인 것이다.

이 시는 죽어가는 사람의 곁에서 무기력하게 지켜볼 수밖에 없는 안타까운 화자의 심정과 죽어가는 이와 화자 간의 추억을 떠올리면서 느끼는 슬픔을 담담하게 서술하고 있다.

✍ 대표 문제 4

두 그림을 비교하라.

예수 의사

사람 의사

🔔 해설

아래의 내용은 한성구(서울대 의대 내과) 박사의 견해이다.

'예수 의사'는 허리춤에는 각종 진단도구를 차고 있고 심각한 표정으로 플라스크에 든 검체를 보고 있다. 이 의사는 지금 소변검사를 하는 중인 것 같다. 옛날에는 소변을 가열해서 침전이 생기는 것으로 단백뇨를 진단하였고 가장 믿을 만한 검사였으니 아픈 환자는 누구나 이 검사를 했을 것이다. 배경에는 아픔과 당황함에 어쩔 줄 모르는 다양한 환자와 가족들이 그려져 있다. 다리가 아픈 사람, 배가 아픈 사람, 아픈 아이를 안고 있는 젊은 엄마 등등. 요즘의 경황 없는 응급실과 흡사한 모습인데 지금 그림 속 환자나 가족들의 눈에 비친 침착하고 의연한 의사는 그림의 예수님 모습과 다름이 없다. 예수 의사의 머리 뒤로는 찬란한 금빛 후광까지 빛나고 있어 아픈 이들에게 의사가 얼마나 우러러 보이는 귀한 존재인지를 유머러스하게 표현하고 있다.

두 번째 '사람 의사'에서 배경의 환자나 가족들은 병이 호전되어 한결 여유를 찾은 모습이다. 퇴원을 앞둔 입원실의 모습이라고 할까. 이번에도 의사는 그림 중앙에 당당한 모습으로 큼지막하게 그려졌지만 더 이상 절대자의 모습이 아니라 환자나 보호자들과 똑같은 사람의 모습으로 그려져 있다. 게다가 자세히 보면 선하게만 보이던 예수 의사에 비해 조금은 심술궂은 표정이다. 이제 치료비를 낼 때가 된 것이다.

이 그림에서 '사람'으로 묘사된 의사는 더 이상 절대적인 존재가 아니다. 바로 뒤에는 다른 의사들과 병의 경과에 대해서 토론하는 모습이 그려져 있고 또 의사의 바로 앞에는 의학 서적이 펼쳐져 있어 '사람' 의사가 초인적인 존재가 아니라 책과 다른 사람들의 도움을 받고 있음을 시사한다. 순식간에 절대자에서 보통 사람으로 격하되었다. 바로 뒷간에 갈 때와 나올 때의 마음이 달라진 환자의 눈에 비친 의사의 모습을 시침 뚝 떼고 그림으로써 간사한 인간의 심리를 풍자하고 있다.

의료를 보는 시각

　의료문제를 보는 시각은 일곱 가지 정도로 나눌 수 있다. 대부분 인문사회학적 연구영역에서 접근하는 방식이다.

기능주의적인 시각

　사회학의 대표적인 시각인 기능주의가 의료문제에도 적용될 수 있다. 기본적으로 국가의 의료 정책 하에서 사람들이 자신이 맡은 역할을 수행할 때 사회 질서가 유지된다는 입장이다. 구체적으로 의사, 간호사와 같은 보건의료직을 수행하는 전문가들이 환자들의 질병을 어떻게 관리하고 치료하는가가 연구의 대상이다. 고전적인 기능주의 입장에서 질병은 사회적 기대와 규범에 순응하지 못하는 일종의 잠재적인 사회적 '일탈'로 파악된다. 질병은 신체적이고 사회적인 역기능의 원인이 되는 인간 신체의 부자연스러운 상황으로 간주되어 되도록 빨리 제거되어야 하는 것으로 인식된다.

　기능주의자들은 부끄러움이나 수치심 같은 감정들이 질병에 동반된다고 주장한다. 여기에서 의료전문직의 역할은 예전에 계획 했던 것과 같이 정상과 일탈을 구별할 수 있는 힘을 사용해서 사회를 통제하거나 도덕적 원칙을 제시하여 준다. 따라서 질병의 성격과 의료적인 상호작용에 대한 이론들은 기능주의에 기초하고 있으며, 의학은 질병으로 인해 발생하는 문제점을 통제하는 도구로 의미를 가진다.

정치경제학적인 시각

정치경제학적 이론가들은 의료를 통해 사회질서를 유지할 수 있다고 생각한다. 그런데 기능주의와 달리, 정치경제학적 이론가들은 의료가 사회질서를 유지하는 데 있어서 부정적인 기능을 한다는 데 주목하고 있다. 특히, 의료전문가들이 자신들의 권력을 남용하여 자신들의 이익을 추구하고 있다고 본다. 자본주의 체제하에서는, 의료는 의술을 베푸는 것이 아니라 하나의 상품으로 인식된다는 것이다. 그래서 의료인들은 질병의 예방이나 건강증진에 힘쓰기보다는 병의 치료에 초점을 맞춰 의료를 통해 수익을 추구하려는 존재로 이해된다. 그리고 정치경제학자들의 입장에서 보면 의료인이 되기 위해 어려운 시험을 치르고 오랜 기간 수련을 해야 하는 학습과정은 의료인의 숫자를 한정하여 의료인들의 수익을 보장할 수 있는 경쟁시스템을 유지하기 위한 방법이다. 또한 정치경제학자들은 질병의 원인을 자본주의 생산체계에서 찾고 있다. 노동 시간을 확보하기 위해 패스트푸드를 찾고, 조리시간을 줄여 수익을 남기기 위해 화학 조미료를 많이 쓰는 행위 등은 자본주의 사회에서 쉽게 찾아볼 수 있는 모습이다. 수익을 내야 한다는 자본주의적 삶의 방식 때문에 사회구성원들은 이러한 삶의 모습을 쉽게 받아들이고 용인하는 것이다.

사회구성주의적 시각

사회구성주의란 사회를 보는 시각이나 입장에 따라 사회구성이 달라질 수 있다는 입장이다. 이 관점은 여러 스펙트럼으로 분류된다. 중립적인 입장, 사회중심적인 입장 그리고 개인중심적인 입장으로 나눌 수 있다. 중립적인 입장에서는 의학지식은 중립적인 가치를 지니며 이는 인간의 질병을 예방하고 치료하는 역할을 담당하는 것으로 본다.

사회중심적인 입장은 의학지식을 통해 개개인의 행위를 통제하고 사회질서를 유지하는 것으로 보고 있으나 단순히 권력관계나 자본의 힘에 의해 지배된다고 생각하지는 않는다. 다양한 층위의 권력을 인정하고 권력과 자본뿐만 아니라 의학지식과 결합한 다른 요소들에 의해서 사회가 통제된다고 생각한다.

또 개인중심적 입장에서는 사회지도층이나 의료전문가들에 의해서 의학지식이 생성될 뿐만 아니라 개인들의 사회화 과정을 통해서 의학지식이 생겨나고 학습될 수 있다고 본다. 따라서 사회구성주의 관점에서는 단일한 요소가 사회에 영향을 끼친다고 생각하는 것에 대해 비판한다.

의료인류학적 시각

인류학적 시각은 인간의 행위가 가진 의미에 초점을 두고 연구하는 분야이다. 의료인류학에서는 의사와 환자 등 의료상황에서 발생하는 의사소통 과정을 연구하고 있다. 예를 들어, 질병에 대한 지식이 부족한 환자가 자신의 증상에 대해서 말하는 과정을 보고 이 과정에서 의사는 환자의 말을 어떻게 이해하고 받아들여야 하는지에 대해서 연구하는 것이 의료인류학적 연구주제이다.

최근에 의료인류학자들은 연구범위를 넓히고 있다. 예를 들어, 의료 지식의 사회적 생산, 사회 통제로써 의학과 공중보건의 기능, 건강 관련 행위와 신념에서 의식과 행위자의 중요성, 보건이나 의학 용어와 권력과의 관계, 질병의 정의와 이름 짓기, 그리고 질병 경험의 의미 등을 밝히려는 노력을 하고 있다.

이러한 연구는 개인적 특성을 지닌 환자들에 대한 이해의 폭을 넓히고 더 나아가 의료 행위가 개개인들에게 가지는 의미와 그들의 행위를 규제하는 방식이 시간적, 공간적 특성에 따라 어떤 차이를 나타내는지 등을 연구하게 되었다.

즉, 소수의 사람들을 관찰해서 얻은 결과를 미시적인 차원에서만 이해하려 하지 않고 거시적인 차원으로까지 확대하여 비교문화적 연구로 진행하고 있다.

역사적 시각

역사적 시각에서는 의료 문제에 대해서 시간적 흐름에 따른 변화양상을 보여주고 있다. 의료인류학처럼 비교문화적으로 의료문제를 바라보는 것이 아니라 시간의 연속성에서 의료문제가 사회구성원들에게 어떤 영향을 주었으며 그리고 어떻게 비춰져 왔는지를 보여준다.

이를 통해서 의료와 공중보건에 관련된 사건이나 문제들을 분석하는 데 다양한 차원의 해석 수준을 제공해 주는 역할을 한다. 따라서 현재는 당연시되는 것들도 역사적 맥락에서 본다면 일정한 비판이 가해질 수 있음을 인식하게 하여 건전한 비판의식을 형성하는 데 도움을 준다.

역사학적 관점을 통해 건강 문제에 대응하는 사람들의 행동이나 신념을 일반화하여 이해할 수 있을 것이다.

그래서 현대 서구사회가 건강에 대한 위협이나 질병에 대해 어떻게 반응하는가에 대한 중요한 시각을 제공할 수 있다. 특히, 왜 일정한 반응이 일어나는지에 대한 이유를 알아내는 데 유용하다.

예를 들어, 왜 일부 질병은 부끄러운 것으로 인식되고 광범위한 공포와 도덕적인 심판을 불러오는가, 왜 의학적인 문제를 다루는 대중매체들이 특정한 이미지와 표현 방식을 계속해서 사용하는가, 왜 현재 보건정책은 성공 또는 실패하는가와 같은 문제들이다.

문화연구의 시각

문화연구 분야는 주로 인공물이나 문화적 행위를 통해 의미가 생산되고 순환되는 과정을 기록하고 설명하는 데 관심을 기울이는 분야이다. 문화연구 분야에서 생산된 이론적 기반과 경험적 연구들은 의료의 사회문화적 측면에서 중요한 통찰력을 제공한다.

문화연구는 원래 문화사회학으로부터 발전된 학제 간 영역인데, 문화이론, 영화연구, 마르크스주의, 언어학과 정신분석학 이론 등을 통합하여 오페라, 순수예술, 영화와 문학 등과 같은 엘리트 문화의 산물뿐만 아니라 대량생산 상품과 대중 문화매체의 생산품까지도 연구하고 있다. 대중매체와 다른 사회제도들이 생산해내는 다양한 기호를 인식할 수 있도록 문화적 구조를 밝혀내는 것이 중요한 연구주제이다.

이 분야는 자본주의하에서 권력 집단의 이해관계를 보장하고 사회집단의 지위가 지속될 수 있도록 어떻게 매스미디어와 사회제도가 기능한지를 탐구한다. 결국 문화연구에서는 매스미디어와 사회제도를 비판적으로 바라보는 시각을 제공한다.

담론과 '언어적 전환'의 관점

우리가 말하는 방식이나 시각적으로 표현하는 방식이 일정한 틀을 형성할 때 담론을 형성하게 된다. 담론과 언어적 전환의 관점에서는 이러한 틀을 연구대상으로 삼고 있으며 그 틀 속에서 어떠한 운영원리가 담겨있는지 밝혀내는 데 주력하고 있다.

예를 들어 서구사회에서 산모의 신체와 태아가 묘사되고 시각적으로 표현되며 다루어지는 방식은, 다른 문화에서는 드러나지 않는 임산부와 태아 사이의 분리를 명백하게 보여주는 경향이 있다. 대중 사이에서 또는 법적인 상황에서 낙태에 대한 논쟁, 임신 중 흡연이나 음주를 하는 여성에 대한 비난, 산부인과를 공부하는 의대생들의 훈련, 임산부의 신체와 분리된 이미지로 태아를 보여주는 초음파의 사용, 공중에서 떠다니는 것과 같은 자궁 속의 태아를 보여주는 책과 대중 과학잡지의 사진들, 출생 이전에 잠정적인 성별과 이름을 가지고 있는 것으로 태아를 지칭하는 방식, 이 모든 것이 임산부와 태아의 분리를 강화시키고 있다는 점을 고발한다.

　담론과 언어적 전환의 관점에서는 텍스트라고 불리는 특정한 상황이나 내용을 연구대상으로 삼는다. 의학 교재, 병원 기록, 입원 신청서, 의학 소설, 의학을 소재로 한 드라마나 다큐멘터리 등 다양한 것들이 텍스트로 연구될 수 있다.

　이러한 텍스트 연구를 통해 사회변화의 모습을 파악하고 운영원리를 가늠해 볼 수 있다. 예를 들어, 성형외과 광고가 의료 광고의 대부분을 차지한다면 그 사회는 성형열풍이 일어나고 있는 사회라고 볼 수 있다. 또는 상조 관련 광고가 많은 사회는 죽음의 문제에 대해서 관심이 많고 한편으로 죽음이 하나의 상품으로 변질되고 있음을 알 수 있다.

　한편, 담론 분석이 의료와 사회문화적 분석에 적용될 때 생물학과 문화가 질병의 사회적 구성 과정에서 서로 상호작용하는 과정을 보여줄 수 있으며 서구 문화가 사회적 범위를 규정하기 위해 질병을 사용하는 방식을 보여줄 수 있을 것이다.

부록

미국 의학전문대학원 인터뷰 모음
성균관대 의과대학 인재상과 평가원리

A medical school entrance examination

미국 의학전문대학원 인터뷰 모음

✍️ 질문

- **Tell me about yourself.**

  당신에 관한 이야기를 해보세요.

"What brings you here today?", "Tell me why you are here."와 같이 질문하기도 한다. 이러한 질문은 자신에 대한 전체적인 그림을 그려볼 수 있고, 그에 대한 정보를 면접 중에 보여줄 수 있다. 이때 너무 상세하게 말할 필요는 없으며, 어느 정도 다음 질문으로 자연스럽게 이어질 수 있을 정도의 내용으로만 답변한다. 보통 첫 질문으로 인터뷰를 어떻게 이끌어 나갈지를 결정하는 중요한 질문이다.

🔔 좋은 예시

- Background
- Research experience(연구 경험)
- The reason why your grades were low(성적이 낮았던 그 이유)
- Shadowing experience(셰도우 한 경험)
- Tutoring experience(교사 경험)
- Academics
- Involvement in student government(학생부에 참여한 경험)

- Involvement in a free clinic(클리닉 무료 봉사 경험)

✍️ 질문

- **Why do you want to be a doctor?**
  왜 의사가 되고 싶은 거죠?

이 질문에 대한 답은 환자들에 대한 관심과 진료가 중심에 있어야 한다. 항상 환자에 대한 진료가 당신의 동기부여라고 이야기하자. '언제'와 '왜'의 두 가지에 대해 답변하는 것이 좋다. 또한 미래에 참여하고 싶은 프로그램이나 단체, 활동 등에 대해 이야기하는 것도 좋다.

🔔 좋은 예시

- Background to demonstrate the duration of his/her interest(배경을 설명함으로써 이 직업에 관심을 가지게 된 기간을 설명한다.)
- Demonstrate compassion, empathy and cultural competence(열정, 공감력, 그리고 문화에 대한 능숙함)
- What it means to practice medicine(진료를 하는 것이 무엇을 의미하는지)
- Imply intellectual curiosity(지적인 호기심을 나타낼 것)
- An idea of future plans. This will incorporate all of the past experience and it will seem directed and committed to a career in medicine.(미래 계획을 보여줌으로써 과거의 경험을 포함해서 어디로 나아가는지와 의학에 헌신적임을 보여줄 수 있다.)
- Understanding of others and issues related to the health system(타인을 이해하는 능력과 미국 의료 시스템 관련 이슈에 대해 이해하는 것을 보여줘야 한다.)

질문

- "Why our School?"

  왜 우리 학교에 오고 싶은가요?

대학에서는 본교에 가장 적합한 학생을 뽑고 싶어 하므로, 지원학교에 왜 내가(혹은 나의 경험, 열정 등) 적합한 인재인지를 잘 설명해야 한다.

🔔 좋은 예시

- That you are knowledgeable and informed about the school.(이 학교에 대해서 많이 알고 있고, 잘 알고 있다는 점)
- Specific reasons why you are interested in our school.(왜 당신이 이 학교에 관심이 있는지에 대한 정확한 이유들)
- Present yourself as an ideal fit for the school by identifying some of your own values that mirror the school's philosophy and mission. (당신이 중요시 하는 가치와 학교의 철학을 거울삼아 당신이 이 학교에 이상적인 인재라는 것을 알아보게 하기)
- Your own interest in research. This will likely distinguish you from other applicants and how you envision making a contribution to the school.(당신이 흥미 있어 하는 연구. 이것은 당신을 다른 학생들과 차별되게 할 것이고, 학교에 어떻게 기여할지를 보여줄 수 있다.)

✍️ 질문

- **Tell me about a challenging time in your life.**

  살면서 힘들었던 시간에 대해 말해주세요.

면접관은 지원자가 성공적이거나 실패했던 경험에 대해서 물어볼 수 있다. 지원자가 겪은 역경과 그것을 어떻게 헤쳐 나왔는지를 알고 싶어 한다.

🔔 좋은 예시

- 진실 되게 말하기
- 역경과 그것을 어떻게 헤쳐 나갔는지에 대한 해법을 말한다.
- 인내심을 보여준다.
- 경험에서 배운 점을 명확히 말한다.
- 그러한 역경은 또 다시 올 수 있다는 점을 명확히 말하고, 또 다른 역경이나 비슷한 역경이 닥쳤을 때 더 잘 헤쳐 나올 수 있게 준비된 사람이라는 것을 강조한다.

✍️ 질문

- **What would you say is one of the major problems with our health care system today?**

  오늘날 의료 서비스의 가장 큰 문제는 무엇이라고 생각하나요?

지원자가 의료서비스의 전문가라고는 어떤 면접관도 생각하지 않는다. 만약 이러한 질문을 받았을 때는 이 질문이 결코 쉽지 않은 질문임을 말한다.(물론 이 문제에 대한 전반적인 이해는 기본적으로 되어 있어야 한다.) 의료서비스(health care)

에 대한 뉴스나 정보는 그 주에 꼭 읽어보도록 한다.(하지만 이런 질문은 결코 쉽고 간단한 문제가 아니기 때문에 자주 나오는 질문은 아니다.)

🔔 좋은 예시

- 학생은 아직 배워야 할 것이 너무 많다.
- 스스로 생각했을 때 떠오르는 문제점들을 말해본다.(의료서비스의 문제, 환자 교육, 환자 관리의 애로사항 등)
- 문화적 유능성은 있지만, 특정한 사람들(인구)은 의료서비스를 받기 어려운 것을 인지하고 있다고 말한다.
- 문제점에 대한 스스로의 해답을 이야기해 본다.
- 의료서비스를 받지 못하는 그룹을 치료해본 경험이 있다면 말한다.(자원봉사 등)

✏️ 질문

- Do you have any questions for me?
  혹 궁금한 점, 질문이 있는지?

면접관으로부터 이런 요구를 받게 되면 항상 무언가 질문을 해야 한다는 압박감에 질문거리를 만들어 내는 경우가 있다. 하지만 실제로 궁금한 점이 있는 경우가 아니라면 군이 질문할 필요는 없다. 만약 압박감을 느껴 억지 질문을 할 경우에는 면접관이 곧바로 알아챌 수 있다. 이러한 경우 좋았던 분위기를 갑자기 떨어뜨리거나 망칠 수 있으니 불필요한 질문은 하지 않는 것이 좋다.

위의 질문은 어떠한 방식으로 묻고 있는지도 중요하다. 예를 들어, "So, What questions do you have for me?"라고 물었을 경우, 질문하기를 정말 원하는 경우이다. 하지만 만약 "Do you have any questions?"라고 물었을 경우에는 억지로 할 필요가 없다. 가장 좋은 것은 면접을 진행하면서(만약 대화의 형식으로 진행되는 경우) 중간중간에 질문을 하는 것이다. 그러면 당신이 면접관의 말을 경청하고 있고 이 면접과 학교, 프로그램 등에 큰 관심을 갖고 있다는 것을 보여줄 수 있다. 질문을 할 경우에는 절대 인터넷 웹사이트 검색만 해도 곧바로 답을 알 수 있는 질문은 하지 말자. 질문이 더 이상 없을 경우에는 "You have answered all my questions"라고 끝맺자.

🔔 좋은 예시

- 면접에 대한 준비가 되어 있다는 것을 보여준다.
- 지원학교에 대한 정보를 많이 알고 있다는 점을 부각한다.
- 진실성을 보여준다.
- 개인적으로 관심 있는 분야에 대해 물어본다.
- 의대 학생으로서 교실뿐만 아니라 교실 밖의 활동에서 활발하게 참여할 것을 보여준다.
- 면접에 참여하게 된 것에 감사함을 표현한다.

✍️ 질문

- **What is your greatest weakness?**
  당신의 가장 큰 단점은 무엇인가요?

장점인 듯한 단점을 말하는 것이 가장 인상적이다. 예를 들어, "저는 완벽주의자입니다", "기회를 거절하는 것을 잘 못합니다.", "개인적인 시간을 희생하면서까지 일을 할 때가 있습니다." 등의 답변이 좋다. 솔직하게 답하되, 의사로서의 치명적인 약점은 말하지 말자. "팀과 함께 일하는 것을 하지 못합니다"와 같은 것은 별로 좋은 답변이 아니다.

🔔 좋은 예시

솔직한 단점을 말한다. 그리고 이 단점에 조금의 긍정적인 반전을 주어서 장점으로 바꿀 수 있다는 점을 부각한다.

✍️ 질문

• Ethical and "behavioral" questions.
  역할과 상황에 관해 주어지는 문제들

Q ≫

16살 소녀가 어머니와 함께 병원을 찾아왔다. 의사인 당신은 어머니에게 잠시 자리를 비켜달라고 한 뒤 소녀와 이야기를 나누어보았다. 소녀는 현재 성관계를 맺고 있으며, 어머니 모르게 산아제한(birth control—임신을 막는 방법들)약들을 처방해달라고 한다. 하지만 그녀는 미성년자이기 때문에 부모의 동의가 필요하다. 당신이라면 이럴 때 어떻게 하겠는가?

이 문제는 '올바른' 답이 명확하게 보이지 않으므로 그 상황에 대한 모든 측면을 살펴봐야 한다. 면접관은 당신의 답을 듣고 싶어 하지만, 그 답보다는 그 답에 어떻게 해서 도달하게 되었는지의 사고 과정을 더 알고 싶어 한다. 이러한 질문은 당신의 전문성, 팀 협력성, 가치, 윤리, 문화 수용성 등을 알게 해주는 질문이다.

- 상황에 대해 모든 측면을 고려한다는 것을 보여준다.
- 학생의 행동(의사로서의 처방)이 그 소녀, 부모뿐만 아니라 그 소녀와 성관계를 맺고 있는 파트너에게까지 영향을 미친다는 것을 말한다.
- 객관적이고 명확하게 생각하고 있다는 것을 보여준다.
- 이 문제에 대한 법 규정을 정확하게 알고 있지는 않지만, 주(state)마다 다른 법 규정이 있다는 것을 말한다.
- 동정심, 공감성, 전문성과 상황에 대한 복잡성을 잘 알고 있다는 것을 말한다.
- 이 문제를 해결하기 위해 주위에 있는 자원을 활용할 수 있다는 점을 말한다.(팀 멤버들, 고문, 등)

그 외에 나올 수 있는 질문들 :

- If you have a free day what would you do?

  하루의 자유시간이 주어진다면 무엇을 하겠습니까?

- How do you achieve balance in your life?

  인생의 균형을 어떻게 잡나요? 일, 사회생활, 취미생활 등

- Tell me a joke.

  농담을 해주세요.

- Teach me something.

  저에게 무엇인가를 가르쳐주세요.

- What experience(s) made you want to pursue medicine?

  어떠한 경험들이 당신을 의대에 관심을 갖게 했나요?

- How would your best friend describe you?

  당신의 가장 친한 친구는 당신을 어떻게 묘사할까요?

- What would he or she say is your greatest weakness?

  당신의 친구들은 당신의 최대 약점이 무엇이라고 말할까요?

- What activity have you pursued on your own without the influence of your parents?

  부모의 영향 없이 스스로 참여했던 활동들은 어떤 게 있나요?

- What is something you tried really hard at but didn't turn out as expected or what has been your greatest challenge?

  최선을 다했지만, 결과가 좋지 못했던 경험이 있나요? 혹은 당신이 겪은 가장 큰 역경은 무엇인가요?

- Did you ever have to work to help support yourself or fund your education?

  스스로 학비를 벌기 위해 일한 경험이 있나요?

- How do you remember everything you have to do?

  당신이 해야 할 일들을 어떻게 다 기억하나요?

- How will you deal with debt?

  당신의 빚을 어떻게 갚을 것인가요?

- Where have you traveled around the world?

  해외여행으로 가본 나라가 있나요?

- Would you change anything in your background? What and why?

  당신의 배경 중 바꾸고 싶은 게 있나요? 무엇이고 왜인가요?

- What would you do if you could not pursue a career in medicine?

  의료 관련 직업을 더 이상 좇을 수 없다면 어떡할 건가요?

- Tell me about your research/clinical work/volunteer experience.

  당신의 연구·임상 실무·봉사활동 경험에 대해 말해주세요.

- Explain your academic path.

  당신의 학업에 대해 말해주세요-여기까지 오게 된 경로

- What strengths would you bring to the medical school?

  의대에 어떠한 강점을 가져올 건가요?

- Why did you do a special master's program/MBA etc?

  왜 석사 프로그램/MBA 프로그램에 참여했나요?

- Explain your poor grade/MCAT/academic performance.

  당신의 높지 않은 성적/MCAT점수/학업 성과에 대해 설명해주세요.

- How would you add to the diversity of our school?

  우리 학교의 다양성에 어떻게 도움이 될 건가요?

- What qualities should a physician possess?

  의사가 갖고 있어야 할 자질은 어떤 건가요?

- Tell me about the most influential person in your life.

  당신 인생에 가장 큰 영향을 끼친 사람에 대해 말해주세요.

- Tell me about your most valuable accomplishment.

  당신의 가장 소중한 업적에 대해 말해주세요.

- Tell me about your most valued mentor.

  당신이 가장 따르는 멘토에 대해 말해주세요.

- What direct clinical exposure do you have?

  어떠한 직접적인 의료 관련 경험이 있나요?

- What leadership roles have you held?

  어떠한 리더십 역할을 맡아본 경험이 있나요?

- Why should we choose you?

  우리가 왜 당신을 뽑아야 하는지 그 이유를 말해보세요.

- What should I tell the admissions committee about you?

  당신에 대해 입학처에 뭐라고 말해줘야 할까요?

- Describe your perfect day.

  당신에게 있어 완벽한 날이란 어떤 날인지 말해보세요.

- Where do you see yourself in the future?

  앞으로 미래에 당신 스스로 어디에 있을 거라고 생각하나요?

- If you could change anything about your education, what would that be and why?

  당신이 교육에 대해 바꿀 수 있다면, 어떤 것이고 왜인가요?

- What kinds of books do you read? Tell me about the book you read most recently.

  어떤 종류의 책을 읽나요? 가장 최근에 읽은 책에 대해 말해주세요.

- What do you do for fun?

  취미생활로 무엇을 하나요?

- In closing, is there anything else you would like to tell me?

  마지막으로 혹시 내게 말하고 싶은 것이 또 있나요?

- What have you done since you graduated from college?

  대학 졸업 후 어떤 활동을 하였나요?

면접관에게 물어볼 수 있는 질문들 :

General(일반적인 질문)

- How would you describe a typical medical student here?

  선배 의대생들의 전형적인 생활에 대해서 말씀해주세요.

- What are the most positive aspects of this school?

  학교의 가장 긍정적인 측면은 무엇인가요?

- How do you like being on faculty here?

  이 학교 의대교수로서의 직분에 대해 어떤 생각을 갖고 계시나요?

271

- What do you do/what is your specialty?

  당신은 어떠한 전문의인가요?

✎ Curriculum(교육과정)

- Do you anticipate any upcoming changes to the curriculum?

  교육과정의 변화를 예상하시나요?

- Can I access lectures via the web or online?

  수업을 인터넷이나 온라인으로 참여할 수 있나요?

- Do students typically do research for credit?

  재학생들은 학점을 위해 연구하나요?

- What do most students do during their first year summer?

  대부분의 학생들은 첫 여름방학에 무엇을 하나요?

- Are there global health opportunities?

  국제적인 의료 기회가 있나요?

✎ Mentoring(멘토링)

- Is there a formal guidance program here?

  공식적인 안내프로그램이 있나요?

- Do students receive help when applying for residency?

  학생들이 레지던트로 지원할 때 도움을 받을 수 있나요?

- Are clinical faculties supportive of students?

  병원의 교수진들은 학생들을 지원해주나요?

 Rotations(로테이션)

- Are rotations crowded; do students compete for patients, procedures or teaching?

  로테이션은 혼잡합니까? 학생들이 환자, 절차 또는 교육을 위해 경쟁하나요?

- Where do students complete most clinical rotations?

  학생들은 어디에서 가장 많은 임상 회전을 완료하나요?

After medical school(의대 졸업 후)

- What are the most popular specialties that students pursue?

  학생들에게 가장 인기 있는 전문과는 어디인가요?

- What percentage of students complete residencies at hospitals affiliated with the medical school?

  의과대학 부속병원에 거주하는 학생의 비율은 몇 퍼센트인가요?

현재 선배 의대생들에게 물어볼 수 있는 질문들 :

General(일반적인 질문)

- Are you happy?

  행복한가요?

- Why did you choose to come here?

  왜 이 학교를 선택했나요?

- What are the best things about the school?

  학교에서 가장 좋은 점은 무엇인가요?

- Do you think that what was presented to you on the interview day was accurate?

  제가 면접에서 알게 된 것들은 정확한가요?

- How do you like living here?

  이곳에서의 삶에 만족하나요?

Curriculum(교육과정)

- What are the strengths and weakness of the curriculum?

  교육과정의 장점과 단점은 무엇인가요?

- Do you know of any changes in the curriculum?

  교육과정의 변화에 대해 혹시 아는 게 있나요?

- Are faculty supportive of students feedback regarding the curriculum?

  교수진이 학생의 교육과정에 대한 질문에 피드백을 해주는 등 지지적인가요?

Clinical rotations(병원 로테이션)

- What do you think of the clinical sites?

  병원에 대해 어떻게 생각하나요?

- Is there a bedside teaching?

  머리맡 가르침이 있나요?

- Is most teaching done by housestaff or faculty?

  교육이 직원들에 의해 이루어지나요, 아니면 교수진에 의해 이루어지나요?

- What are the best/worst rotations here?

  최고와 최악의 로테이션은 무엇인가요?

- Are you learning how to practice evidenced based medicine?

  증거에 기반한 의술 실행연습을 어떻게 하는지 배우나요?

- Do you think you have enough flexibility to choose elective rotations?

  선택적 로테이션을 고를 수 있을 만큼 유연함이 있나요?

✎ Research(연구)

- Do most students do research?

  대부분의 학생들이 연구를 하나요?

- Do you have to seek out opportunities on you own?

  연구 기회를 스스로 찾아야 하나요?

✎ Teaching and mentoring(가르침과 멘토링)

- Do faculty and residents teach?

  교수진과 레지던트들이 가르치나요?

- Do you have enough 1:1 time with residents and faculty?

  레지던트와 교수진과 충분한 1:1 시간이 있나요?

- Do faculty help with specialty selection and the match process?

  교수진이 전문성을 고르고 적합성 매칭에 도움을 주나요?)

✎ Student life(학생들의 삶)

- How would you describe the camaraderie between students?

  학생들 간의 우정을 어떻게 표현하겠습니까?

- What do students do in their free time?

  학생들은 자유시간에 무엇을 하나요?

- Where do students live?

  학생들은 어디에 사나요?

- How do most students get to school?

  대부분의 학생들은 학교에 어떻게 다니나요?

- Do students participate in volunteer, community service or teaching activities?

  학생들은 봉사활동, 지역 봉사활동, 가르치는 활동 등에 참여하나요?

✎ Thank you note(감사 메일, 편지, 노트 보내기)

이러한 것들이 면접관의 마음을 움직이거나 결정에 영향을 주지는 않지만, 감사의 표현이라고 생각하면 좋다. 쓸 때는 짧게 쓰되 면접에서 일어난 특별한 상황이나 대화에 대해서 쓴다. 면접장에서의 분위기에 맞게 노트의 길이와 톤을 조정하자. 예를 들어 면접장의 분위기가 화기애애하고 긍정적이었다면, 길고 밝게 쓰는 것이 좋지만, 만약 면접의 분위기가 무겁고 짧았다면, 내용도 짧게 쓰도록 하자.

🔔 좋은 예시

- 면접관에게 시간을 내준 것에 대해 감사하기
- 새로운 교육과정에 대해 언급하기
- 어려운 사람들을 위한 봉사에 관심이 있다는 점을 부각하기
- 면접에서 했던 말들 언급하기
- 더 필요한 정보가 있다면 제공할 것을 말하기

성균관대 의과대학
인재상과 평가원리

아래의 사례는 참조용으로 보시기를 권합니다. 해마다 MMI면접이 업그레이드되고 있기 때문입니다. 그러면 본론으로 들어가 보겠습니다.

성균관대학교 의과대학 선발 인재상을 통해서 의과대학 인재상의 표본을 살펴볼 것입니다. 성균관대학교는 지적역량과 인성역량으로 나눠서 인재 역량을 측정하게 됩니다. 그 내용은 아래 표와 같습니다.

구분	주요역량	중요도
지적역량	1. 지적호기심	3
	2. 창의성	–
	3. 비판적/논리적 사고	5
인성역량	4. 공감/소통 능력	5
	5. 자기조절 능력	5
	6. 자기성찰	2
	7. 도덕성과 윤리의식	10

성균관대학교 의과대학은 인, 의, 예, 지의 교시에 바탕을 두고 장차 인류와 사회에 공헌할 의사를 양성하기 위해 입학생이 갖춰야 하는 역량 7가지를 정하였습니다. 이는 곧 성균관대가 추구하는 인재상을 구체화한 것으로 볼 수 있습니다.

다음으로 각 역량에 대해서 살펴보겠습니다.

1) 지적호기심

(1) 해설 : 지속적으로 새로운 지식을 습득하고 현실에 적용하여 해석하고 평가할 수 있어야 하며, 연구에 대한 이해와 기본적인 연구 능력을 갖출 수 있는 능력, 관련법과 제도의 사회적, 경제적, 문화적, 윤리적 의미를 이해하고 미래 변화 추세에 능동적으로 대응할 수 있는 능력

(2) 역량

- 과학적 원칙과 방법을 이해해야 한다.
- 현실에서 발생한 의문점을 해결하기 위해 과학적 방법을 선택해 적용해야 한다.
- 연구 결과들을 적절하게 분석하고 활용할 수 있어야 한다.
- 다양한 분야에 지적인 관심과 호기심을 갖는다.

2) 창의성

(1) 해설 : 새로운 생각과 개념을 찾아내거나 기존에 있던 생각이나 개념들을 새롭게 조합해 내는 것과 연관된 정신적, 사회적 과정으로 새롭고 가치 있으면서 유용한 것을 만들어낼 수 있는 능력

(2) 역량

- 모방이나 파생적인 것이 아니라 어떤 유기적인 원리에 의해 자발적으로, 자신의 생각으로 사물을 만들어 낼 수 있어야 한다.
- 특정한 문제 상황이나 주제에 대해 주어진 시간 안에 다양한 범주로 많은 양

의 아이디어나 해결책을 산출할 수 있어야 한다.

• 가상의 상황에 대해 개인의 과거 경험을 기반으로 하기 때문에 남들이 생각하지 않는 방식으로 참신한 아이디어를 산출할 수 있어야 한다.

• 사회의 일반적인 사고방식, 관점, 시각에서 벗어나 날카로운 문제의식을 느끼고 의견을 치밀하고 정교화된 형태로 발전시킬 수 있어야 한다.

3) 비판적/논리적 사고

(1) 해설 : 현재의 문제를 생각 없이 수용하지 않고 비판적으로 인식하며, 이를 기반으로 적절한 해결방법을 찾아내고 수행하는 능력

(2) 역량

• 기존 지식의 문제를 근거와 논리를 가지고 비판적으로 찾아낼 수 있어야 한다.

• 기존 지식에 대해 비판적 사고를 바탕으로 수용하거나 거부할 수 있어야 한다.

• 기존 지식을 개선하기 위해 필요한 해결 방법을 찾아내고 이를 수행할 수 있어야 한다.

• 여러 가지 기존 지식을 연결하고 통합할 수 있어야 한다.

4) 공감/소통 능력

(1) 해설 : 타인의 표현을 이해하고, 자신의 의사를 표현하여, 타인과 의사소통을 원활히 할 수 있는 능력

(2) 역량

• 상대방과 같은 마음으로 바라보는 것으로 나의 관점, 견해, 생각을 내려놓고, 그 사람의 관점, 견해, 생각을 가져야 한다.– 다른 사람이 경험한 것을 존중하

는 마음으로 이해할 줄 안다.

- 자신의 표현을 타인이 어떻게 해석하고 받아들일지 예측할 수 있어야 한다.
- 타인을 배려하는 자세와 관용의 미덕을 바탕으로 타인의 의사를 받아들일 수 있어야 한다.
- 상대를 배려하고 공감하는 태도를 갖추고, 집단 속에서 조화를 이루며 유연하게 적응하고, 공동체와 환경의 문제를 자신의 일로 받아들일 수 있어야 한다.
- 자신의 의사를 말하고 쓸 수 있어야 한다.
- 논리적이고 체계적이며 이해하기 쉽게 정보를 전달할 수 있어야 한다.
- 타인의 언어적·비언어적 의사 전달을 이해하여야 한다.
- 타인과 주위 환경에 적합한 상호작용을 할 수 있어야 한다.

5) 자기조절능력

(1) 해설 : 자신이 바라는 목표와 일치하는 상태를 이루기 위해 의식적이거나 무의식적으로 성실하게 노력하는 심리적, 행동적 자질. 타인의 반대나 적대적인 반응에 직면했을 때, 혹은 업무로 인한 스트레스를 경험할 때 감정을 조절하여 자제하며 침착하게 업무를 수행할 수 있는 능력. 혼란한 상황에서도 당황하지 않고 유연하게 대처할 수 있는 역량

(2) 역량

- 자기 개념이 행동으로 드러나도록 실행에 옮기고 자신의 행동을 수정하거나 외부를 변화시켜 자기 개념과 개인적 목표에 합치되는 결과를 가져오게 할 수 있어야 한다.
- 동기와 의지를 가지고 본능적 충동 또는 자극/반응 변화의 조건화를 넘어서 바람직한 행동의 기준에 부합할 수 있어야 한다.

- 자신의 직무와 개인 생활 간에 적절한 균형을 유지해야 한다.
- 자신의 건강을 적절한 수준으로 관리하고 유지해야 한다.
- 자신의 문제 등을 관리하고 조절할 줄 아는 방법을 모색하고 실천해야 한다.

6) 자기성찰

(1) 해설 : 자신의 특성을 명확히 파악하고, 감정과 생각을 정확히 인지하며, 단점을 인정하고 개선할 수 있는 자질

(2) 역량
- 자신의 내적 특성인 성격, 기질, 장단점 등에 대해 파악하고 있어야 한다.
- 자신이 어떤 감정 상태인지 파악하고 이를 고려해서 행동해야 한다.
- 자신의 단점을 받아들일 수 있어야 하고 이를 개선하도록 노력해야 한다.
- 자신의 가치관과 주체적인 의식을 갖고 가치관을 수립할 수 있어야 한다.

7) 도덕성과 윤리의식

(1) 해설 : 양심에 따라 지켜야 할 도리가 무엇인지 인지하고, 자신이나 타인의 행위가 옳고 그름을 판별하여 옳은 행동을 실천하는 도덕성을 갖추며, 전문 직업인으로서의 직무규범과 자율 규제를 바탕으로 높은 수준의 (직무)윤리를 준수하고자 노력하는 자질

(2) 역량
- 어떤 행동이 양심적, 도덕적, 윤리적인 행동이며, 어떤 행동이 비양심적, 비도덕적, 비윤리적인 행동인지 구별하여 어떠한 상황에서도 옳은 행동을 실천할 수 있어야 한다.

- 타인의 행동이 도덕적, 윤리적인 행동인지 판단할 수 있어야 한다.
- 타인이 도덕적, 윤리적으로 행동할 수 있도록 이끌 수 있어야 한다.

다음으로 의과대학 면접 모의문항과 그것의 평가 과정을 정리해 보겠습니다.

 **모의문항**

> 준희와 성민이는 초등학교 때부터 가장 친한 친구로 전교 1, 2등을 번갈아 해왔다.
> 준희가 가고 싶어 하는 대학교의 전형에서는 OO 경시대회 1등 수상 경력이 합격에 매우 중요하다.
> 반면 성민이가 가고 싶은 대학교의 전형은 중요하지 않다.
> OO 경시대회 결과 성민이가 1등을 차지했다. 인사를 잘 받지 않고 연락도 하지 않는다.
>
> **(질문)** 지원자가 성민이라면 어떻게 할 것인가?

해제

모의문항을 받은 수험생에게는 확인질문을 하게 됩니다. 여기서 확인질문이란 상황면접과 시뮬레이션 면접의 경우로 나눠서 생각할 수 있습니다.

1) 상황면접에서의 확인질문 : 문제점에 대한 인식 정도, 지원자가 문제점을 제기한 이유, 문제점에 대한 원인 및 보완, 개선에 관한 내용이다. 이때 비교적 구체적인 지원자의 행동전략 및 생각, 의견 등을 질문할 수 있어야 하며, 상황에 대한 지원자의 생각 및 의견을 알기 위한 질문을 해야 한다.

2) 시뮬레이션 면접에서의 확인질문 : 지원자가 제시한 의견의 이유, 지원자가 생각하는 문제점(논리적 모순, 잘못된 전제 등), 문제점에 대한 해결과 대안 등이 있다. 이때 유의할 점은 상황에 대한 지원자의 생각 및 의견을 알기 위한 질문으로 구성해야 한다는 점이다.

✎ **모의문항에 대한 확인질문**

예측상황	질문 예시
공통	지원자가 성민이라면 어떤 생각이 드나요? 지원자가 성민이라는 어떻게 할 것인가요? 지원자가 준희라면 어떻게 할 것인가요?
준희를 만나서 이야기를 하겠다고 할 때	앞에 준희가 있다고 생각히고 한번 이야기해 보십시오. 만약 지원자가 준희라면 그 이야기에 무엇이라고 답할 것인가요?
성민이의 입장만을 변호할 때	준희는 왜 인사나 전화를 피할까요? 준희는 무슨 생각을 하고 있을까요?
준희의 입장만을 변호할 때	준희의 행동에는 문제가 없나요?
준희를 피하겠다고 할 때	그렇게 생각한 이유가 있나요? 준희를 계속 피하면 어떻게 될까요?
준희와 다시 좋은 친구가 되고 싶다고 할 때	둘이 다시 친구가 되려면 성민이는 어떻게 해야 할까요? 둘이 다시 친구가 되려면 준희는 어떻게 해야 할까요?
자신이 성민이라면 경시대회에 응시하지 않았을 것이라고 할 때	만약 전교생이 참여해야 하는 경시대회였다면 어떻게 할 것인가요?

모의문항에 대한 평가기준

평가 기준	설명	행동예시
정서적 공감	상대방의 감정 상태를 인지하고, 왜 그렇게 느끼는지 이해하며, 그 감정을 자신도 느낄 수 있는 능력	준희의 감정이나 행동의 이유를 이해한다. 준희의 감정에 공감할 수 있다.
공감적 소통	의사소통을 할 때 상대방의 감정을 배려하고 위로하며 자기의 공감을 표현하는 능력	준희의 감정을 이해한다는 표현을 준희의 감정이 상하지 않게 이야기할 수 있다. 상대방의 상황을 이해하고 이를 상대방이 진심으로 받아들일 수 있게 표현할 수 있다.
대인관계 기술	친밀한 인간관계를 유지하고, 갈등이 생겼을 때 이를 해결할 수 있는 능력	갈등을 극복하고 우정을 회복하려는 노력을 한다. 우정을 회복하기 위한 현실적 계획이 있다.

이렇게 평가기준에 따라서 지원자의 답변을 평가자가 분석하고 평가한 뒤 3점 척도~10점 척도의 기준에 따라서 평가하게 됩니다. 5점 척도로 구성된 평가지를 예시로 보여드리겠습니다.

의예과 면접시험 평가 채점표

구분		평가내용	등급	특기사항
MMI 1	항목1			
	항목2			
	항목3			
	항목4			
	최종등급			

평가위원 : _____ (서명)

[채점기준]

– A등급 : 아주 탁월함 (반드시, 즉시 선발하고 싶은 정도)
– B등급 : 매우 우수함 (입학 권고 및 강력히 추천하고 싶을 정도)
– C등급 : 평범함 (입학해도 좋을 정도)
– D등급 : 미흡함 (여러 상황을 더 고려해 입학을 허가할 수 있을 정도)
– F등급 : 결격('F'등급을 부여할 경우 특기사항란에 사유 기재)